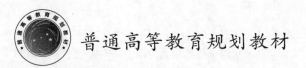

普通高等教育规划教材

Jianming Luojixue Jiaocheng
简明逻辑学教程

刘 滨 编

人民交通出版社股份有限公司
China Communications Press Co.,Ltd.

内 容 提 要

本教材在选材上兼顾了逻辑基本原理和批判性思维知识。在系统地介绍了概念、命题、推理、逻辑规律、逻辑方法、逻辑谬误等逻辑基本原理的基础上,又结合基础知识介绍了相关应试中的有关题型及其解析方法,弥补了过去逻辑学教材只讲基本原理,没有具体例题,抽象枯燥的不足。

《简明逻辑学教程》简明易懂,各章都以"趣味逻辑"开头,增强了趣味性,而且各章内容紧凑,便于使用,有实用性;教材针对性较强,每章都结合相关内容设置一定量的例题。

本教材既可作为高等院校法学、思想政治教育、行政管理、广告、中文、公共管理、财务管理、经济管理等专业学生使用的教材,也可作为 MBA、MPA、GCT 入学考试以及公务员录用考试的逻辑学辅导参考书。

图书在版编目（CIP）数据

简明逻辑学教程／刘滨编. —北京：人民交通出版社股份有限公司,2017.1
ISBN 978-7-114-13440-1

Ⅰ.①简… Ⅱ.①刘… Ⅲ.①逻辑学—教材 Ⅳ.①B81

中国版本图书馆 CIP 数据核字(2016)第 265961 号

书　　名：	简明逻辑学教程
著 作 者：	刘　滨
责任编辑：	郭　跃
出版发行：	人民交通出版社股份有限公司
地　　址：	(100011)北京市朝阳区安定门外外馆斜街 3 号
网　　址：	http://www.ccpress.com.cn
销售电话：	(010)59757973
总 经 销：	人民交通出版社股份有限公司发行部
经　　销：	各地新华书店
印　　刷：	北京市密东印刷有限公司
开　　本：	787×1092　1/16
印　　张：	15.75
字　　数：	376 千
版　　次：	2017 年 1 月　第 1 版
印　　次：	2017 年 1 月　第 1 次印刷
书　　号：	ISBN 978-7-114-13440-1
定　　价：	36.00 元

(有印刷、装订质量问题的图书由本公司负责调换)

PREFACE 前　言

　　自从开始讲授逻辑基础课程,我就想编写一本有关普通逻辑学方面的教材。其中一个原因是在准备此课程的过程中,一直未曾找到一本适合我和我校学生使用的,易教、易学,同时在课时量有限的情况下,学生们即使自学其中部分内容,也能一学就懂、一看就会的逻辑体系架构合理的逻辑学教材。因而,为在校大学生编写一本有实用价值的逻辑学教材,使之既能在课堂上作为课程教材学习时使用,又能作为今后参加社会上各类逻辑能力考试的参考书,同时还能通过自学提高逻辑素养,一直是我的心愿。

　　再者,近年来,随着中国综合国力的提升,对国人综合素质的要求越来越高,尤其是对提高逻辑思维的素养的呼声越来越强,逻辑知识已经成为国内相应的一些能力测试(如 MBA、MPA、GCT 等)的内容。我作为在教学第一线从事教学工作近30年的教师,也意识到有必要通过逻辑学基础知识的普及,来适应现代社会对国人素质的要求。

　　当然,近几年我国高校逻辑学教材建设也处于改革、探索之中,但有些教材体系变动较大,在现有教学条件下,很难适应教学要求。本教材的骨架仍然是传统逻辑体系,但在部分章节吸收了现代逻辑的内容和方法。

　　曾在《读者》上看到过这样的文章,谈到一些著名大学在评判"优质人"时,要求必须具备的品质:清楚的思维、表达、写作能力;形成概念和解决问题的能力;独立思考的能力;敢于创新和独立工作的能力;与他人合作的能力;熟悉不同的思维方式……

　　从这种择人规则看:评判标准是在高分之外,还应具备行动力、领导力、创造力、沟通力、协作力、理解力,具有无私、博爱的人文精神,具备懂得给予、知晓回报社会等综合素质,而其中很重要的一点就是人的逻辑素养。

　　对于许多大学生来说,他们学习逻辑学知识的目的,一方面是想提高自身思维的准确性和敏捷性,增强语言的表达能力和论辩能力,进而提高自己认识问题、解决实际问题的能力和综合水平,同时为学习其他专业知识提供必要的逻辑工具;另一方面是因为现在的许多能力考试(MBA、MPA、GCT 入学考试以及公务员录用考试)中,都要涉及逻辑问题。编写此书,既不是为了成名,亦不是为了某种测评,而是觉得,应该把自己这些年来的教学经验和感悟写下来,更重要的一点是用前辈及同行的教材授课,有很多内容是同行们教学经验的深刻总结,但那是别人的感悟,因为缺乏相互间的沟通,加之悟性不够,有时很难真切领悟其内涵与真谛,教学中难免有领悟不到位的感觉,而自己编撰整理的东西传授给学生们,那就非常轻松自如,而且讲解起来会很透彻。

普通逻辑课程不应只是少数专业要学习的公共基础课,而应是所有大学生都要学习的素质教育课。

本书原是供我校文科类各系部使用的内部教材,教材内容是在教学讲义的基础上逐步完善的,它吸取了大量前人的成果。在此,对所有参考文献的作者及同仁表示感谢。

《简明逻辑学教程》的出版,得到了"长安大学精品教材建设与专著出版基金"的资助,感谢学校相关部门对逻辑学教材建设的大力支持。

编者

2016 年 8 月

CONTENTS 目 录

第一章 绪论 ········· 1
　第一节　逻辑学科及"逻辑"概念 ········· 1
　第二节　逻辑学简史 ········· 2
　第三节　普通逻辑学的研究对象和内容 ········· 5
　第四节　普通逻辑学的性质 ········· 9
　第五节　学习逻辑学的意义 ········· 10
　练习题 ········· 11
　附录A　MBA、MPA、GCT等考试中涉及逻辑学内容说明 ········· 13

第二章 概念 ········· 14
　第一节　概念的概述 ········· 15
　第二节　概念的种类 ········· 18
　第三节　概念间的关系 ········· 20
　第四节　明确概念的逻辑方法 ········· 25
　练习题 ········· 34

第三章 演绎逻辑（一）——简单命题及其推理 ········· 38
　第一节　命题及其推理概述 ········· 39
　第二节　性质命题 ········· 45
　第三节　性质命题直接推理 ········· 53
　第四节　性质命题间接推理 ········· 56
　第五节　关系命题及其推理 ········· 65
　练习题 ········· 71

第四章 演绎逻辑（二）——复合命题及其演绎推理 ········· 77
　第一节　复合命题概述 ········· 78
　第二节　联言命题及其推理 ········· 81
　第三节　选言命题及其推理 ········· 83
　第四节　假言命题及其推理 ········· 88
　第五节　负命题及其推理 ········· 100

第六节	复合命题推理的扩展	107
第七节	多重复合命题与真值表判定作用	116
练习题		126

第五章 模态逻辑 … 135
第一节	真值模态命题及其推理	136
第二节	规范模态命题及其推理	142
练习题		146

第六章 归纳逻辑 … 150
第一节	归纳推理概述	151
第二节	完全归纳推理和不完全归纳推理	156
第三节	探求因果联系的逻辑方法	161
第四节	回溯推理和概率推理	169
第五节	类比推理与假说	172
练习题		180
附录B	抽样统计与"精确"数字陷阱	184

第七章 逻辑的基本规律 … 187
第一节	同一律	188
第二节	矛盾律	190
第三节	排中律	192
练习题		196

第八章 逻辑论证 … 200
第一节	论证概述	201
第二节	论证种类及规则	204
第三节	论证中的谬误	213
练习题		215
附录C	论辩	220

附录 模拟试题与综合练习题 … 222

参考文献 … 245

第一章 绪 论

逻辑学是一门历史悠久且具有强大生命力的科学,有三大源流,是以思维的逻辑形式及其基本规律和简单逻辑方法为研究对象的一门科学。通过逻辑学的学习,既有助于培养逻辑精神,提高批判性思维的能力;也有助于培养人们认识世界的逻辑方法,提高沟通交际的能力,为学习其他知识提供必要的逻辑工具。

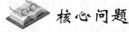

1. 什么是普通逻辑学研究的对象?
2. 什么是思维的逻辑形式?区分各种逻辑形式的标志是什么?

思维形式结构　逻辑常项　逻辑变项

第一节　逻辑学科及"逻辑"概念

初次接触逻辑学的人,总感觉逻辑学抽象、玄奥、难以把握。殊不知,我们每个人在思维中或多或少都包含有自发的逻辑意识,自觉或不自觉地应用着逻辑学的有关知识和要求进行思维。

那么,什么是逻辑学?何为逻辑?

逻辑学是一个相当庞大而又多层次的学科系统。逻辑学属于思维科学,主要研究思维的形式结构及其规律。作为一门思维科学,逻辑学主要包括两大门类,一个是形式逻辑,另一个是辩证逻辑。人们平常提到的逻辑学,通常是指形式逻辑。形式逻辑又分传统形式逻辑和现代形式逻辑。传统形式逻辑也称普通逻辑,主要是指以演绎推理为基本内容的演绎逻辑,也包括以归纳推理和类比推理为基本内容的归纳逻辑。现代形式逻辑主要是指数理逻辑(又称符号逻辑)。此外,也包括模态逻辑、概率逻辑等。

"逻辑"一词是英语"Logic"的音译。它源于古希腊语(逻各斯),经过众多的逻辑学家、哲学家甚至自然科学家的阐释,其本身含义已不尽相同,但都有"思想""思维""言辞""理性""规律"等含义。

在中国,最早将"Logic"译为"逻辑"的是严复,在他的译著《穆勒名学》中,"逻辑"一词首次出现,后经我国学者的提倡,汉语"逻辑"译名逐渐流行并通用。

现今,从人们对"逻辑"一词的使用来看,"逻辑"一词已成为一个多义词,在不同的句子中有不同的含义。例如:

(1)"法律工作者必须掌握逻辑。"

这句话中,"逻辑"一词表示的是作为研究思维形式和规律的一门科学,即逻辑学。

(2)"跨过战争的艰难路程之后,胜利的坦途就到来了,这是战争的自然逻辑。"

这句话中,"逻辑"一词表示的是客观事物本身发展的规律性。

(3)"列宁讲话很有逻辑性。"

这句话中,"逻辑"一词指的是人们思维的规律性、科学性。

(4)"这是强盗逻辑。"

这句话中,"逻辑"一词是指某种特定的立场、观点或论证方法。亦指谬论、诡辩。

在本书中,主要是从第(1)种和第(3)种含义的角度(思维的逻辑和逻辑学)来阐释的。

第二节 逻辑学简史

应该说,逻辑起源于理智的自我反思。因为在人们的日常语言或思维中,常常存在着某些技巧、环节,如果不适当地对待和处理它们,语言和思维本身就会陷入混乱和困境。在古代,很早就有一些智慧之士,在智慧与智慧的对决中,通过对语言和思维的把玩和思辨,产生出人类智慧的结晶——逻辑学。

逻辑学是在哲学的怀抱中孕育成长起来的,它的成熟以及从哲学中分化出来,是经历了一个漫长的历史过程。作为一门古老的学科,逻辑学已有两千多年的历史,其发源地有古代的中国、印度和希腊。三大逻辑是在自己民族的文化背景下,用自己民族的语言和表达方式,向后人阐释各自的逻辑体系,从而形成三个不同的逻辑传统。

古代中国是逻辑学的发源地之一,其逻辑思想是非常丰富的。然而,实事求是地讲,在中国哲学发展中是缺乏严格的逻辑思维传统的。因为古代中国哲学思维长于神秘的直觉、顿悟、洞见以及笼统的综合和概括,但却拙于精细的分析与严密的论证。中国哲学最典型的方法就是反省内求的"悟",但是也并不能因此就否定古代中国逻辑学的发展。古代中国在春秋战国时期出现了许多研究逻辑问题的著名学者,如惠施、墨翟、公孙龙、荀况、韩非等。惠施擅长用比喻来说明某个道理,其"历物十事"在当时的影响就很大。在古代中国逻辑学发展史上比较有建树的当属墨家的逻辑,墨家提出"辩学"理论。例如,《墨经》中"以名举实,以辞抒意,以说出故"的逻辑思想,"名"的逻辑含义相当于概念,"辞"的逻辑含义相当于判断(命题),"说"的逻辑含义相当于西方传统逻辑的推理或论证。"以名举实":概念用来反映客观事物;"以辞抒意":判断用来表达思想认识;"以说出故":通过推理来申述理由。《墨经》是人们了解学习中国古代逻辑学的最好教科书。

墨家之后的公孙龙、荀况等对于逻辑问题,特别是关于概念的问题,都提出了一些有价值的见解,如公孙龙的《名实篇》、荀况的《正名篇》等,在中国逻辑史上都作出了一定的贡献。只是由于古代中国逻辑学在其漫长的发展中,基本上一直处于哲学认识论的范围并最终未能从认识论中完全独立出来,致使古代中国逻辑学的发展缓慢和不及西方成熟,影响也不及西方逻辑学大。

在我国藏传佛教的理论中有一套相当于普通逻辑学的理论——"因明学",很久以来它一直保留着古老而神秘的内容和称谓,而它的发源地在印度。

约在公元前5世纪至公元前3世纪,被现今称作逻辑学的印度"因明学"就有了萌芽形态,公元2世纪后印度"因明学"体系建立,其主要代表人物有陈那、足目等。陈那的《正理门论》和商羯罗王的《入正理门论》代表了印度逻辑发展的最高水平。

在印度,"因明学"是和佛教结合在一起作为论证佛教教义的工具而出现的,它是在宗教哲学的论辩中诞生的。因此,"因明学"着重研究的是推理和论证的问题。因明①的发展经历了两个阶段——古因明与新因明,其区别主要在逻辑推理上。古因明的推理是五支论式,新因明是三支论式。"三支论式"由陈那提出,强调推理形式由"三支":宗(论题)、因(理由)、喻(例证)三个部分组成。"宗"相当于三段论的结论,"因"相当于三段论的小前提,"喻"相当于三段论的大前提。新因明的"三支论式"使印度逻辑学达到纯形式逻辑阶段。

在西方哲学传统中,逻辑学一直居于中心位置,古希腊是西方逻辑学的主要诞生地,产生了许多伟大的逻辑学家。其中最著名的当属哲学家亚里士多德,他被誉为"逻辑之父"。当时的古希腊,论辩之风盛行,出现了一批以"论辩"为职业传授辩论技巧的智者。但论辩发展过程中却出现了不正当的论辩手法。论辩者在辩论中为了取胜对方,常常玩弄概念,颠倒黑白,无视真理。这些现象的出现迫使当时的思想家们不得不去思考和研究论辩中如何有效地论证和反驳的问题,在客观上也就提出了一个思维应该怎样才能正确、合理的问题,从而促进了逻辑学的诞生和发展。在亚里士多德的著作《工具论》中就有《论辩篇》和《辩谬篇》,专门研究逻辑证明的理论,论辩的方法和驳斥诡辩的方法等。此外,《形而上学》中还明确表述了矛盾律和排中律等思维规律,《工具论》对概念、判断、三段论等也都进行了全面的研究。由于亚里士多德的重大贡献,才奠定了西方逻辑学发展的基础。

在逻辑学发展史上,还有一位人物不能不提及——被称为近代实验科学鼻祖的英国唯物主义哲学家弗兰西斯·培根(1561—1626)。他提出了科学归纳法,并对亚里士多德的逻辑理论提出批评,在研究自然界的因果关系和自然科学研究方法的基础上,建立了古典归纳逻辑,其逻辑思想汇集于《新工具》一书中。在《新工具》中,培根把观察和实验作为整个归纳法的基础,认为归纳方法就是在观察、实验的帮助下,研究、分析感性经验材料,发现事物或现象的真正原因和本质的方法。"是从感觉与特殊事物中把公理引申出来,然后不断地逐渐上升,最后达到最普遍的公理"②的方法。培根之后,英国科学家 J.F.赫舍尔(1792—1871)、英国哲学家 W.休厄尔(1795—1866)(又译惠威尔)对归纳所涉及的因果关系、归纳过程及其程序作了进一步的探讨,发展了培根的归纳逻辑思想。1842 年英国哲学家约翰·穆勒(1806—1873)(又译密尔)出版《逻辑体系:归纳和演绎》(严复译为《穆勒名学》)一书,将归纳逻辑纳入逻辑体系之中,系统表述探求因果联系的五种方法,即穆勒五法,从而使归纳法、归纳推理成为传统逻辑体系中的重要组成部分,充实和丰富了传统形式逻辑的内容。

但是,由完全归纳推理、不完全归纳推理、求因果五法等所组成的古典归纳理论遭到英国思想家大卫·休谟(1711—1776)的诘难。在他看来,归纳推理的合理性在逻辑上是得不到保证的。归纳推理所依据的普遍因果律等不具有客观的真理性。从个别性知识的前提并不能必然地得到一般性知识的结论。这样,就提出了一个研究主题:个别性的前提是否可以对一般性的结论提供某种程度的证据支持,前提对于结论支持的概率是多少?这就是现代归纳逻辑即概率逻辑研究的开始。它始于 19 世纪中叶,英国数学家、逻辑学家德·摩根

---

① 因:指推理的根据、理由;明:指知识、智慧。
② 北京大学哲学系外国哲学教研室编.《十六—十八世纪西欧各国哲学》.商务印书馆.1975 年版.第10页。

(1806—1871)(关系逻辑之父)、约翰·文恩(1834—1923)等都曾探索利用古典概率论来研究归纳问题。而美国哲学家鲁道夫·卡尔纳普(1891—1970)1950年发表的《概率的逻辑基础》，提出用前提(证据)对于结论(假说)的证据支持度来解释概率，将归纳逻辑视为研究证据支持度的理论。

现代归纳逻辑仍处于发展时期，其理论尚待完善。现代归纳逻辑的根本特征，就是用概率论的定量分析和公理化、形式化的手段，探索有限的经验事实对一定范围内的普遍原理的证据支持度。其发展前景是广阔的。

近代对逻辑学的发展作出较大贡献的还有法国著名数学家勒内·笛卡尔(1596—1650)，他是逻辑史上第一个把方法问题引入逻辑的人，认为逻辑就是关于普遍方法的科学，是关于发现真理和证明真理的方法的科学。但他主要是从演绎方面考察方法的，他设想思维中的推理过程应该可以像数学演算那样进行，试图借助一种通用的符号来表述思想。笛卡尔提出建立"普遍数学"的设想，给后继者创立符号化的数理逻辑以启迪。

17世纪下半叶，德国数学家戈特弗里德·威廉·莱布尼茨(1646—1716)在笛卡儿思想的影响下，提出用数学方法来处理演绎逻辑，并努力探索把逻辑推理变成纯符号的逻辑演算，因而被后人公认为是数理逻辑的奠基人。此后，经过德·摩根，英国数学家乔治·布尔(1815—1864)，德国数学家、逻辑学家弗里德里希·路德维希·戈特洛布·弗雷格(1848—1925)，英国哲学家伯特兰·罗素(1872—1970)等人的努力，一门严密、完整、崭新的逻辑学新体系——数理逻辑建立起来。数理逻辑是用一套人工语言，即符号与公式，对逻辑思维形式进行一系列推演的理论；是用数学的方法研究关于推理、证明等问题的学科，这是一个完全的命题演算与谓词演算系统。它是在传统形式逻辑基础上发展起来的，因而被视为是形式逻辑的现代类型，一般称之为现代逻辑，虽然只有300年的历史，但由于与现代科学技术尤其是计算机的发展密切相关，它已成为一门重要的学科，人工智能的产生和发展被视为是数理逻辑的一个伟大的历史性成果。

辩证逻辑是研究辩证思维规律的一门逻辑科学。在传统逻辑朝着形式化、符号化的数理逻辑方向发展的同时，18世纪末期德国的一些著名哲学家，在科学迅速发展的时代背景下，却从另一个角度指出传统逻辑的不足，他们基于传统逻辑只研究思维的形式，没有把思维的内容和形式统一起来的问题，提出研究辩证思维的设想，从而出现了辩证逻辑。如伊曼努尔·康德(1724—1804)认为亚里士多德的逻辑虽然完善，但它只研究思维的功能及其形式，不研究思维的内容、来源，因此，他把这样的逻辑称之为"形式逻辑"，对传统逻辑的这种称谓，沿用至今。

19世纪，德国哲学家格奥尔格·威廉·弗里德里希·黑格尔(1770—1831)在批评传统逻辑的基础上，努力用他的辩证法思想改造旧逻辑，建立新逻辑。他在《逻辑学》这一巨著中，系统地研究思维辩证法(辩证思维)的问题，勾画出新的与传统逻辑不同的辩证逻辑学科体系的轮廓，被视为辩证逻辑的创始人。辩证逻辑具有哲学和逻辑双重性质。

马克思、恩格斯批判地继承了黑格尔的辩证逻辑思想，开创了辩证逻辑的新纪元。马克思、恩格斯对逻辑学有许多精辟的论述。在用辩证唯物主义观点研究逻辑问题时，他们既对黑格尔辩证逻辑体系的不足提出批判，又吸收了其合理因素，为科学的辩证逻辑奠定坚实基础。现在我们一般把马克思主义的辩证逻辑及其现代发展看作是辩证逻辑发展的现代形态,把黑格尔的思辨逻辑说成是辨证逻辑发展史上的古典形态。

综上所述,从逻辑学科产生和发展的历史的简单介绍中,可以看出广义逻辑学的构成体系。逻辑学是一门具有众多类型和发展方向的关于思维形式及其规律的学科的总称,既包括形式逻辑,也包括辩证逻辑。形式逻辑在其历史发展中也有着不同的类型。而亚里士多德开创的传统形式逻辑,可以说是整个逻辑科学发展的源头,是人们学习、研究和应用逻辑科学知识的基础,因此,学习逻辑学基础知识,通常是从传统形式逻辑的基本内容学起,为其后进一步学习各种现代逻辑和从事逻辑思维的培养与训练提供必要的准备。

第三节 普通逻辑学的研究对象和内容

普通逻辑学的研究对象是人们每时每刻都在进行着的思维。但是,它与其他研究思维的学科,如哲学、心理学等不同,它所关注的是思维的形式结构,研究正确思维所必须遵循的规律。逻辑学是研究思维的逻辑形式及其基本规律和简单逻辑方法的科学。现在的大多数逻辑学教材被命名为"形式逻辑",就是因为普通逻辑学在研究思维时,是以"形式"为手段进行的。广义的形式逻辑不仅包括演绎逻辑,而且还包括归纳逻辑。它是包括演绎与归纳、有传统与现代之分的逻辑。形式逻辑的传统与现代之分,不是简单地从时间先后来区分,更多的是指内容与方法上的区别。

因此,要理解和把握普通逻辑学的研究对象,首先要弄清楚的是思维和思维形式。

一、思维

什么是思维?思维是人大脑的一种特殊机能,是在感性材料基础上对客观事物的反映活动。从认识论的角度看,思维总是同人的认识过程相联系。

辩证唯物主义认识论认为,人们在社会实践中对客观事物的认识分为两个阶段。第一阶段是直接接触外界事物,在人的大脑中产生感觉、知觉和表象的感性认识阶段。这个阶段的基本特征是直接感受性。比如,烧开的水是"烫"的,通过感觉,人们可以直接感知到"烫"。第二个阶段是综合感觉的材料,去伪存真、由表及里,逐步把握事物的本质和规律性,形成概念,构成判断,进行推理的理性认识阶段。这个阶段的基本特征是思维具有概括性和间接性。例如,古人王戎在大路边看到一棵结满果实却无人采摘的李子树,就能判定出"这棵李子树上的李子是苦涩的",其实就是根据已有的经验和知识,通过推理间接认识到的。"认识的真正任务在于经过感觉而到达于思维",思维"就是人在脑子中运用概念以作判断和推理的工夫"[1]。理性认识阶段,也就是思维的阶段。思维的过程就是运用概念、作出判断、进行推理的过程。思维以抽象、概括的形式来反映世界。

"语言是思想的直接现实。"[2]思维对客观事物的反映是借助于语言来实现的。离开语言,思维就不能进行,思维成果也无法巩固和表达。

语言是符号系统。作为思维物质外壳的语言,分为两种:自然语言和人工语言。

---

[1] 《毛泽东选集》第1卷.北京.人民出版社.1991年版.第285页。
[2] 《马克思恩格斯全集》第3卷.北京.人民出版社.1960年版.第525页。

自然语言,就是人们日常使用着的语言,是指人类表达日常思维的语言,如汉语、英语、俄语等都是自然语言。它表现为一些自然形成的语词指号体系,是语词指号和语词意义的统一体。

自然语言是人类思维的基本存在形式和表达方式,但自然语言存在着多义性。同一个语词(多义词)可以表达不同的概念,由此产生思维的严密性和语言灵活性的矛盾。为了表达科学的概念,体现思维的严密性,人们创造了人工语言。

人工语言,是指人类为了进行科学研究,特别设计出来用以表示某种意义的符号,又叫"符号语言"("形式语言"),是具有精确规则的能表意的符号系统。它由作为构成这一语言基本单位的初始符号库和相当于语法的词项和合式公式的形成规则组成。数学语言就是一种典型的人工语言。在现代形式逻辑中,各种演算是用人工语言表述的,如数理逻辑就主要是用人工语言研究思维的逻辑结构。传统的演绎逻辑和归纳逻辑则基本上是用自然语言来表达思维的逻辑结构,只是在少数必要的地方才使用符号。因此,要学好逻辑学必须掌握自然语言。但是,根据普通逻辑学的特点,适当地吸收数理逻辑的某些人工语言来丰富和充实普通逻辑学的内容也是必要的。

普通逻辑学十分重视思维和语言的关系,在研究概念、判断(后面将主要用"命题"这一术语)和推理这些思维的基本形式时,一刻也离不开对语言(语词、语句)的分析。语言形式是思维形式的载体,可以说,普通逻辑学正是通过对语言形式的分析来实现对思维逻辑形式的研究的。

逻辑学所要研究的思维形式主要有三种:概念、判断(命题)和推理。人类的逻辑思维活动总是以这三种形式进行的。除此之外,普通逻辑学也研究一些简单的逻辑方法和逻辑规律。

二、思维形式

逻辑学研究的是思维的问题,但却不是关于思维的全部问题,思维的具体内容不是逻辑学研究的对象,普通逻辑学是从各类思维的逻辑形式方面来研究思维的。它所研究的是思维形式的结构及其规律。

思维对客观事物的反映,不仅要有反映的内容,而且要有反映的形式或形式结构。思维内容是指思维所反映的特定对象及其属性;思维形式是指思维反映客观对象的方式,包括概念、判断、推理等。思维形式是思维内容的载体。任何一个概念、判断或推理,总是有其具体内容的,而具体的思维内容又总是被包含在概念、判断和推理等思维形式中,不可能有脱离概念、判断或推理而体现的思维内容。可见,这里所说的概念、判断、推理等思维形式是指一种总是具有鲜活内容的反映形式。这种反映形式其本身就是内容和形式的统一体,但是作为这种反映形式的思维形式并不简单地就是逻辑学所要研究的思维形式。逻辑学不可能去研究具有多种多样具体内容的概念、判断和推理。逻辑学所研究的思维形式是将概念、判断(命题)和推理的具体内容撇开,仅仅抽象出其最一般形式结构的概念、判断(命题)和推理,即主要是指各种命题形式和推理形式。也就是说,作为研究思维形式的逻辑学,它要研究的是思维形式的结构,是思维内容各不相同的各种判断(命题)、推理在形式方面表现出的共性。它的目的在于揭示其结构方面的规律性,以指导人们准确运用这些思维形式,正确地进行思维。

那么,什么是思维形式的结构?

思维形式的结构,就是指思维形式本身各部分间的联结方式,也称其为思维的逻辑形式。它通常是由逻辑常项和逻辑变项两部分组成。

逻辑常项是指思维形式结构中的不变部分。逻辑常项是区分各种不同种类的逻辑形式的唯一根据,决定着思维的逻辑内容。

逻辑变项是指思维形式结构中的可变部分,即可用不同具体内容来代换的部分。变项代入的不管是什么样的具体内容,其逻辑形式都不能改变。

例如:

(1)"所有哺乳动物都是有脊椎的。"

(2)"所有金属都是导电的。"

(3)"所有阔叶植物都是落叶的。"

上述三个语句,用逻辑术语表述,就是三个(内容各不相同的)命题或者说判断。例(1)的内容是关于生物学的,例(2)的内容则是关于物理学方面的,例(3)的内容是关于植物学的。它们分别断定三类不同的对象(哺乳动物、金属、阔叶植物)各自具有不同的属性(有脊椎的、导电的、落叶的)。但是,从逻辑学的角度讲,它们却具有共同的形式结构,都是用"所有……都是……"这种形式将不同的概念联结。"所有……都是……"就是上述命题共同的逻辑形式。如果把上述命题中所断定的对象用符号"S"来替代,将三个对象所具有的不同属性用符号"P"来替代,那么上述命题所共同具有的思维逻辑形式就是:

所有 S 都是 P

这是人们常用的一种命题形式:全称肯定的性质命题形式。这种命题形式将在第三章中作具体介绍。其中"所有……都是……"是逻辑常项,"S""P"是逻辑变项。这种逻辑变项叫词项变项,实际思维中,我们可以代入不同的词项,表达不同的思维内容。

又如:

(1)"如果死者是砒霜中毒致死的,那么死者的牙根会呈现青黑色。"

(2)"如果气温降到零度以下,那么水就要结冰。"

(3)"如果过度砍伐森林,那么就会破坏生态平衡。"

这同样是三个内容各不相同的命题或者说判断(后面章节中将仅用"命题"这一术语)。所不同的是:第一组例句是用"所有……都是……"将不同的概念联结,而这组例句则是用"如果……那么……"这种形式将简单命题组合成复合命题。我们若以"p"代表命题"死者是砒霜中毒致死的""气温降到零度以下"及"过度砍伐森林",以"q"代表命题"死者的牙根呈现青黑色""水要结冰"及"破坏生态平衡",则这组例句所共同具有的思维逻辑形式就是:

如果 p,那么 q

这也是我们常用的一种复合命题形式:充分条件假言命题形式。这种命题形式将在后面章节中做详细介绍。其中"如果……那么……"是逻辑常项,"p""q"是逻辑变项。这种逻辑变项叫命题变项,实际思维中,我们可以带入不同的命题,表达不同的思维内容。

再如:

(1)所有违法行为都是具有社会危害性的行为;

所有犯罪行为都是违法行为；

所以，所有犯罪行为都是具有社会危害性的行为。

(2) 所有商品都是有价值的；

教科书是商品；

所以，教科书是有价值的。

这是两个推理，它们涉及的思维具体内容也各不相同，然而把它们加以比较后不难发现，每个推理都只有三个不同的表达具体内容的概念，如果把上述推理中的具体概念抽去，分别用"M""P""S"等符号来代替，那么这两个推理共同具有的思维形式结构就是：

所有 M 都是 P

所有 S 都是 M

所以，所有 S 都是 P

这是演绎逻辑中最常见的三段论推理的一种形式结构。

通过以上分析可以看出，所谓思维形式的结构，亦即思维的逻辑形式，就是从内容各不相同的命题、推理中抽取出来的共同的联结方式。这是撇开思维具体内容的一种抽象。

在国内的 MBA、MPA 等逻辑考试中，有一类"相似比较型"考题，它要考的就是比较几个具体内容不同的推理在结构上的异同，因而就需要应试者能识别出它们的形式结构，即用命题变项表示其中的单个命题，或用词项变项表示简单命题中的具体词项，每一个推理中相同的命题或词项用相同的变项表示，不同的命题或词项用不同的变项表示。由于题目要求是从中找出一个推理结构与题干类似的选项，并不是考问题干推理结构或推理内容的是否正确，因此，只要找出一个类似结构的选项就是正确答案。

【例题 1-1】 如果单位的财务部门没有人在岗，小孙的支票就不能入账。小孙的支票不能入账，因此，单位的财务部门没有人在岗。

下列各选项中哪个与上述推理在形式结构上是相同的？

A. 如果物体间发生摩擦，那么物体就会生热。物体间已经发生了摩擦，所以物体必然要生热。

B. 如果陕西足球队主场是在雨中与对手激战，就一定会输。现在陕西足球队主场赢了，看来一定不是在雨中进行的比赛。

C. 倘若是妈妈做的菜，菜里面就一定会放红辣椒。菜里面果然有红辣椒，看来，是妈妈做的菜。

D. 如果太阳晒得厉害，王红就不会去游泳。今天太阳不晒，因此可以断定，王红去游泳了。

解析：正确答案是 C。推理结构比较，C 选项的推理结构与题干相同。都是：如果 p，那么 q；q，所以 p。

三、思维形式的规律

思维形式的规律，即逻辑规律，是在研究思维形式的基础上总结出来的，是存在于思维形式中所特有的规律。

逻辑形式的规律有很多，逻辑规律可分为基本的逻辑规律和非基本的逻辑规律。

基本的逻辑规律体现了正确思维的基本要求，是人们进行思维活动（即运用概念进行判断和推理)时始终都必须遵守的最基本的逻辑要求的规律。基本的逻辑规律普遍适用于各种类型的逻辑形式中,包括同一律、矛盾律、排中律和充足理由律四条基本规律。只有遵守这些规律,人们才能有效地运用概念进行判断和推理,才能使思维和论证过程具有确定性、不矛盾性、明确性和论证性。这是进行正确思维和论证的必要条件。

非基本逻辑规律是指适用于某一种思维形式的特殊规律,在传统逻辑中,把这种规律称为逻辑规则。如三段论的规则、复合命题推理时应遵循的规则等。

四、思维的逻辑方法

普通逻辑学主要是研究思维的逻辑形式及其基本规律的,除此之外,它还研究简单的逻辑方法。

逻辑思维方法,分广义和狭义两种。从广义的角度上看,逻辑学本身就是思维方法;从狭义上说,是指比较的方法、分析和综合的方法等。

逻辑学研究思维的逻辑方法,主要是指人们在思维过程中所形成的概念、判断,进行推理和论证的方法。例如,定义、划分、限制和概括等明确概念的逻辑方法,探求因果联系的科学归纳方法,进行证明和反驳的反证法和归谬法等。逻辑方法与思维的逻辑形式及其规律有着密切的联系,也是普通逻辑学研究对象中不可缺少的部分。

第四节 普通逻辑学的性质

从逻辑学的功能定位上看,逻辑学具有工具性、全人类性及基础性。

普通逻辑学撇开思维的具体内容,研究的只是思维的逻辑形式及其基本规律,它研究的对象及其特点,决定了普通逻辑学是一门工具性的科学。人类的思维、认识和表达都要借助于逻辑,以逻辑为必要工具。其工具性主要表现在:它本身不能像数学、生理学等学科给人们直接提供各种具体的科学知识,但是能够为人们进行正确思维、获取新知识、表述论证思想,提供必要的逻辑手段和方法。

正因为普通逻辑学只能解决思维的技能、技巧问题,只是学习和运用其他知识的工具,所以,作为一门工具性的科学,普通逻辑学是没有阶级性的。它对各个不同的阶级、不同的民族都一视同仁;不同的阶级、不同的民族都需要逻辑思维这个工具。世界上的不同民族、地区的语言千差万别,但透过各种语言形式所把握的思维形式结构的知识,却是全人类共同拥有的。

再者,逻辑学还具有基础学科性质,是其他很多学科的基础。世界各国历来有把逻辑学列为学校的文化基础课而加以研修的传统。黑格尔认为:"每一门科学都要以思想和概念的形式来把握自己的对象,所以,都可以说是应用逻辑。"[①]在任何科学研究中,只有正确地运用逻辑学知识,遵守逻辑的基本规律和规则,才能做到概念明确、判断恰当、推理合乎逻辑、论证有说服力,从而构成一个思维具有确定性、明确性和论证性的合乎逻辑的科学体系。可以说任何科学理论都是由内容不同的知识所构成的逻辑系统。联合国教科文组织公布的学

---

① 《哲学笔记》.北京.人民出版社.1974年版.第216页。

科分类目录,把逻辑学列入基础学科,肯定了逻辑学的基础性地位。

第五节　学习逻辑学的意义

学习逻辑学的根本意义在于:训练和提高人们的逻辑思维能力,促进智力的发展,提高全民族的逻辑修养和文化素养。

逻辑学是一门思维科学。它主要研究人们的思维形式及其规律,同人们的思维艺术,特别是同推理论证的正确运用,有着密切的关系。

求知求真的逻辑精神,是科学精神和人文精神的基石。作为一个具有深厚文化底蕴的民族,"言之成理,持之有故"是中华文化的传统,若将之与西方文化中讲求科学实证、逻辑分析的传统相结合,将会有力推动中华文化的创新和发展。恩格斯说过:"一个民族,想要站在科学的最高峰,就一刻也不能没有理论思维。"[①]逻辑思维就是一种理论思维。在人的各种素质中,思维素质是最重要的素质。但是每个人的思维素质却不尽相同;人的思维不仅有正确与错误之分,而且有严密与粗疏之别;既有开阔与狭隘之差,更有敏捷与迟钝之异。良好的思维素质是离不开逻辑思维的。爱因斯坦曾指出:"应当把发展独立思考和独立判断能力,而不是把专业知识,始终放在首位。"[②]同样强调人的思维能力的重要。很长一段时间,人们抨击中国的应试教育,认为应试教育模式抑制了学生的思维发展,强调素质教育的必要及重要。一个重要原因就是素质教育更多地关注人们探索知识的过程,注重引导学生自己去发现真理。这个探索和发现的过程,主要就是逻辑思维的过程。同时,素质教育特别强调学习方法和学习能力的培养。学习方法主要就是指逻辑思维方法,学习能力主要指的是逻辑思维能力,也就是在实践中准确运用概念、恰当作出判断、合乎逻辑地进行推理和论证的本领,是人们运用各种逻辑方法从已知探求未知的能力。因为人能力的培养是多方面的,其中包括了思维力、观察力、记忆力、想象力、表达力、创造力等。而思维力,即逻辑思维能力是其他各种能力的基础和前提。其他各种能力都涉及人们对客观事物的认识问题,都离不开思维,都要运用概念和判断进行推理。这说明要培养和发展学生的能力,首先必须强调发展学生的逻辑思维能力。

学习逻辑学有助于培养逻辑精神,提高批判性思维的能力。帮助人们突破经验逻辑的束缚,跳出思维的陷阱。人们进行正确思维和成功交际时必须具备的能力和基本素养是概念要清晰、明确,判断要准确、恰当,推理和论证要有逻辑性。逻辑学有助于人们清晰、明确地表达和交流思想,进行有效的交际并提高沟通交际的能力。

逻辑是人类认识的必要工具,是探求真理、驳斥谬误的辅助方法。人们获得新知识,进行科学预见,从事各种研究工作,都离不开逻辑。交流思想、谈论问题、撰写文章,也是要借助于逻辑的。逻辑有助于提高创新能力与创新精神,提高思维表达的准确性、交际的有效性,减少思维表达中的错误,帮助人们识别和反驳谬误,培养和提高人们认识事物、把握事物规律的思维能力。

---

① 《马克思恩格斯选集》第3卷.北京.人民出版社.1972年版.第467页。
② 爱因斯坦.《爱因斯坦文集》第三卷.北京.商务印书馆.1979年版.第179页。

通过本课程的学习,能够使学生系统地理解和掌握普通逻辑学的基本概念、基本原理和推演技巧,提高思维的准确性和敏捷性,增强语言的表达能力和论辩能力,以及初步具有运用逻辑知识解决实际问题的能力,并为进一步学习其他专业知识提供必要的逻辑工具。

逻辑学的生命力在于应用。对初学者来说,理解和掌握逻辑基础知识,应是首要的也是最基本的要求。而要将逻辑知识转化为逻辑技能,关键是加强例题、习题练习。每章节中的案例分析及课后习题,有许多就贴近人们的日常思维实际,学习逻辑学而不动脑动手进行练习就如同学数学不进行习题演算一样,是不可能理解消化的。学好逻辑的关键是:重理解,多练习,会运用。

练习题

一、判断题

1. 思维形式的结构是由逻辑常项和逻辑变项两个部分构成的。　　　　　　　（　）
2. 逻辑形式之所以不同主要取决于逻辑变项。　　　　　　　　　　　　　　（　）
3. 逻辑学具有阶级性。　　　　　　　　　　　　　　　　　　　　　　　　（　）
4. 命题"有的鸟是不会飞"和"有的花是不结果的"的逻辑形式相同,其形式结构都为"有的S不是P"。　　　　　　　　　　　　　　　　　　　　　　　　　（　）
5. "如果p,那么q"这一命题形式的逻辑常项是"p、q",逻辑变项是"如果……那么……"。　　　　　　　　　　　　　　　　　　　　　　　　　　　　　　（　）
6. "逻辑并不难理解,也有办法将所谓的难化为易"中"逻辑"一词的含义是指逻辑学。　　　　　　　　　　　　　　　　　　　　　　　　　　　　　　　（　）

二、请列举具有下列逻辑形式的具体命题或推理

1. 有S不是P。
2. p并且q。
3. 只有p,才q。
4. 当且仅当p,才q。
5. 要么p,要么q;非p,所以q。

三、下列命题或推理中,哪些具有共同的逻辑形式,请用公式表示

1. 所有人都是生而平等的。
2. 只有年满十八岁,才会有选举权。
3. 所有商品都是劳动产品。签字笔是商品,所以,签字笔是劳动产品。
4. 只有不懈努力,才能取得更大成就。
5. 只要勤奋工作,就能做出成绩。
6. 只要溶液中含酸,试纸就会变红。醋溶液中含酸,所以,醋溶液能使试纸变红。
7. 一切交通事故都是违章造成的。
8. 上层建筑是为经济基础服务的;文学艺术是上层建筑;所以,文学艺术是为经济基础服务的。
9. 如果一个人骄傲自满,那么他一定要落后;某人骄傲自满;所以,某人一定要落后。
10. 如果寒潮到来,气温就会下降。

四、选择题

1. 各种思维逻辑形式之间的区别,主要取决于(　　　)。
   A. 语言表达形式　　　B. 逻辑变项　　　C. 逻辑常项　　　D. 思维内容

2. 下列命题都具有相同逻辑形式,除了(　　　)。
   A. 只要功夫深,铁杵磨成针
   B. 理论一旦为群众所掌握,就会变成物质力量
   C. 西瓜又熟又甜
   D. 如果气温降到零度,那么水就要结冰

3. "虚构、夸张是文学创作的必要手段,但它不曾离开现实生活的**逻辑**,其目的在于更概括、更真实、更典型地表现事物的本质。"
   在这段话中,"逻辑"一词的含义是指(　　　)。
   A. 客观事物本身发展的规律性
   B. 人们思维的规律性、科学性
   C. 作为研究思维的形式和规律的一门科学,即逻辑学
   D. 某种特定的立场、观点或论证方法

4. "列宁演说中的**逻辑**好像万能的触角,用钳子从各方面把你钳住,使你无法脱身,你不是投降,就是完全失败。"
   在这段话中,"逻辑"一词的含义是指(　　　)。
   A. 客观事物本身发展的规律性
   B. 人们思维的规律性、科学性
   C. 作为研究思维的形式和规律的一门科学,即逻辑学
   D. 某种特定的立场、观点或论证方法

5. "所有S都不是P"与"有的S是P"这两个命题形式,它们含有(　　　)。
   A. 相同的逻辑常项,相同的逻辑变项
   B. 相同的逻辑常项,不同的逻辑变项
   C. 不同的逻辑常项,相同的逻辑变项
   D. 不同的逻辑常项,不同的逻辑变项

6. 指出下列命题中,哪些具有共同的逻辑形式(　　　)。
   Ⅰ. 如果骄傲自满,就会使人落后
   Ⅱ. 只要勤奋工作,就能做出成绩
   Ⅲ. 只有努力学习,才能取得好成绩
   Ⅳ. 不是西风压倒东风,而是东风压倒西风
   Ⅴ. 这张古画或者是唐朝的,或者是宋朝的
   Ⅵ. 在战略上要藐视敌人,但在战术上又要重视敌人
   A. Ⅰ与Ⅲ;Ⅱ和Ⅵ　　　　　　　　B. Ⅰ与Ⅱ;Ⅳ与Ⅵ
   C. Ⅱ和Ⅵ;Ⅲ与Ⅳ　　　　　　　　D. Ⅰ与Ⅲ;Ⅳ与Ⅴ

附录A　MBA、MPA、GCT等考试中涉及逻辑学内容说明

MBA、MPA、GCT—ME考试中逻辑推理部分测试的目的,是考查考生的逻辑思维能力。作为一种能力测试,它要测试的是考生运用试题中给出的信息和已掌握的综合知识进行推理、论证和分析的能力,特别是重点测试考生识别、比较、分析、判断、归纳、评价以及进行各种推理或论证的能力。

逻辑能力测试中的主要内容包括三个部分:

逻辑推理部分:主要考查考生对于基本的逻辑结构是否清楚,能否从形式结构方面快速判断和分析推理论证的问题。这部分涉及的逻辑知识包括性质命题的对当关系推理、三段论推理、复合命题推理和求因果联系的方法等。

论证推理部分:主要考查考生对于基本论证结构的把握。正确识别论点和论据是考生做好论证推理试题的一个基本功。其相应内容包括如何寻找一个论证的逻辑前提,如何从给定的前提出发抽象出恰当的结论,如何评价一个论证,如何加强或削弱一个论证等。

分析推理部分:主要考查考生的一般分析能力,即考生运用所掌握的一般逻辑推理知识和日常知识,处理和解决工作和生活中某些疑难问题的能力。分析推理试题特别强调考查考生的整体分析问题和全面分析问题的能力。

其中,逻辑推理和论证推理是分析推理的基础,分析推理是逻辑推理和论证推理的综合运用[①]。

正因为考生在解答分析推理试题时仍然需要充分运用逻辑推理和论证推理,所以,考生需要全面掌握和了解逻辑基础知识。

此外,公务员考试行政职业能力测试中图形推理、定义判断、演绎推理、类比推理等题型也涉及逻辑学的基础知识。这些题型强调对逻辑关系的正确把握,考核考生对各种信息的理解、分析、综合、判断、推理等思维能力。因此,在本书中,我们针对此类考试中涉及的逻辑基础知识,在有关章节中及章节后附加相关内容,便于大家参考。

---

① 杨武金.GCT逻辑考前辅导教程.北京.清华大学出版社.2005年版.

第二章 概 念

概念是思维活动的起点,是构成其他思维形式的基本要素。只有借助概念,才能构成判断,进行推理。但是,普通逻辑学并不研究概念的所有方面,而主要是从逻辑形式上研究概念的内涵和外延、概念的种类、概念间的关系以及明确概念的逻辑方式(限制与概括、定义、划分)等。

学习和掌握关于概念的逻辑知识,既有助于人们在实践中正确理解和准确表达概念,避免出现概念方面的逻辑错误;又有助于人们运用概念来作出判断,进行推理和论证,从而保持思维的正确性。

核心问题

1. 概念最基本的逻辑特征是什么?
2. 概念有何种类?
3. 概念外延之间有哪几种关系?
4. 怎样对一个概念进行概括或限制?
5. 什么是属加种差定义?举例说明如何用这种方法给概念下定义。
6. 常见的违反定义规则的错误有哪些?
7. 什么是划分?常见的违反划分规则要求的错误有哪些?

关键词

概念　概念的内涵和外延　单独概念和普遍概念　集合概念和非集合概念　概念间的相容关系和不相容关系同一关系　真包含关系　真包含于关系　交叉关系　反对关系　矛盾关系　限制与概括　定义　划分

趣味逻辑

"阎锡山登报征求下联"

1937 年,阎锡山经过无锡,游览锡山时,写下上联:阎锡山过无锡登锡山锡山无锡。他登报征求下联,但当时始终无人能对。1945 年,范长江跟随陈毅到天长县(今天长市)采访。范长江对陈毅说:"阎锡山的绝句我对上了!'范长江到天长望长江长江天长'。"陈毅连声赞道:"妙!妙!长江,才子也。"

"四君子汤"

天津一金姓富商身体有恙(不适),请名医陈方舟为他诊病。陈诊断其症状为气虚,开出"四君子汤"(人参、白术、茯苓、甘草)为其"补气"。但病人服用了三帖后(三服药),

没什么效果。恰逢京城名医施今墨来津义诊。富商知道后,就请施今墨诊治。诊断结果同前,开出的处方也相同。富商告诉施今墨他已经用过此方,无效。执意要施今墨重新处方,施无奈,只好另开一方,其中含四味药:鬼益、杨枪、松腴、国老,并叮嘱要连服两周。富商服用两周后病体果然痊愈,故派人专程赴京酬谢。施今墨坚持不受礼并告之,他用的仍是陈方舟的旧方。

第一节 概念的概述

一、概念

概念是反映事物本质属性或特有属性的思维形式。例如,"学生""共产党员""面包"等都是概念。

概念是思维的要素,是逻辑研究的起点。从逻辑思维的角度看,概念的主要功能是用来指称对象,是代表某种对象的"符号"。在实际思维中概念总是作为命题的构成成分出现,因此,在有的逻辑著作中又把它称为"词项"①。概念与感觉、表象等感性认识形式不同,它不是对事物表面现象的认识,它是通过对象的本质属性或特有属性来反映对象的思维形式。

概念所反映的对象,指人所能思维的一切。它既可以是客观事物,也可以是人们对客观事物的思想认识。而每一事物都有自身的性质,如素质上的高低、气味上的香浓、颜色上的深浅等。同时,每一事物又都与其他事物存在这样或那样的关系,如亲疏、冷热、高矮、远近等。事物的性质与事物间的关系,逻辑上统称为"事物的属性"。事物与属性是不可分的,世界上不存在无属性的事物,也不可能有离开事物而孤立存在的属性。人们对事物对象的认识,主要就是关于事物对象属性的认识。概念是将对象作为类来反映的。俗话说:"物以类聚,人以群分。"正是由于世界上的任一事物同别的任一事物相比,它们之间总有相同的属性,也总有不同的属性,客观世界中就形成了许多不同的事物类。具有相同属性的事物归属于一类,用一个概念来指称它。如对金、银、铜、铁属性的认识,就形成"金属"这个概念。而对于一类事物来说,往往具有多种属性。其中有些是事物的特有属性,有些则是事物的非特有属性(也称偶有属性)。所谓特有属性,是指为某类事物都具有而其他类事物都不具有的那些属性。非特有属性,是指某类中的某些事物所具有但不是某类中所有事物都具有的那些属性。如"能飞行"就不是鸟类对象的特有属性。鸟类的特有属性是"有羽毛""卵生""脊椎动物"等。而"能飞行"并没有反映鸟类全部对象的共有特征,不能体现鸟与其他动物的根本区别,因而"能飞行"就是鸟类对象的非特有属性。可见,特有属性是一类事物普遍地、必然地具有的属性;非特有属性则不是一类事物普遍地、必然地具有的属性。对于具体事物而言,事物的特有属性和非特有属性是浑然共处不分的;但是概念却不是一个具体的事物,概念只反映事物的特有属性,而不反映事物的非特有属性。

---

① 词项:意义确定的语词。指称确定的事物,表达特定概念的语词或词组。在亚里士多德的《工具论》中,词项就是直言命题(性质命题)的主项和谓项。

在一类事物的特有属性中,又有本质属性①和非本质属性之分。所谓本质属性,就是决定一类事物成为这类事物并能区别于其他事物的特有属性。非本质属性就是对某类事物不具有决定性意义的特有属性。如,"用来交换的劳动产品"是商品的本质属性;"劳动产品"则是商品的非本质属性。

综上所述,概念是对象本质属性或特有属性在人脑中的反映形式,并非客观事物本身,具有主观性,属于意识范畴。由于概念是主观对客观事物的反映,因而它不能脱离客观。如果没有客观事物,就根本不可能有对客观事物的反映,所以,概念是主观性和客观性的统一。

概念是反映思维对象特有属性或本质属性的思维形式。

二、概念和语词

语词是词和词组的统称。

概念和语词有着密切的联系。人们通过对客观事物本质属性或特有属性的认识所形成的概念,还只是人头脑中的思想,它需要借助于语言的形式表达出来。语词是表示客观事物的一种指号,表现为特定的声音、笔画或手势等。这些约定俗成的指号之所以能交流思想,是因为人们的头脑中有相应的概念。语词就是表达概念的声音和符号,是概念的语言形式,概念是语词的思想内容。任何概念都是通过语词来表达的。有的概念用一个词就可以表达,如"花""书""狗"等,有的概念则是用词组来表达的,如"长安大学政治学院的学生""中国特色的社会主义"等。

但是,概念与语词是有区别的。主要表现为:

第一,任何概念都必须借助于语词来表达,但并非所有的语词都表达概念。

一般来说,汉语中的实词(名词、动词、形容词等)是表达概念的。如"植物""走""美"等都是表达概念的实词。虚词一般是不表达概念的,如"噢""了""哎"等,因为它们或是表达情感的符号或是表达疑问的符号,并不能单独充当语法成分,这样的语词是不表达概念的。

第二,不同的语词可以表达同一个概念。

语词的产生是约定俗成的,因而带有民族性和地方性;而概念是思维对象特有属性或本质属性的反映,具有全人类性。这就导致不同民族、不同地区的人对同一概念的语词表达各不相同。如汉语中的"西红柿"和"番茄","蛐蛐"和"蟋蟀"等,虽然语词不同,但表达的事物对象完全相同。因此,它们表达的是同一个概念。既然同一个概念可以通过不同的语词来表达,我们在日常生活中,谈话或写文章时,就应该多斟酌、多推敲,尽可能选择最恰当的词去表达自己的意思,避免出现不完美表达或词不达意的状况。

【例题2-1】 老鼠:耗子

A. 铁器:石器　　B. 荷花:莲花　　C. 苹果:水果　　D. 西瓜:香瓜

解析:正确答案是B。题干涉及的概念是同物异名之间的关系。老鼠就是耗子,荷花就是莲花。

---

① 这是逻辑学意义上的本质属性,主要是反映不同对象之间的界限。能将该类对象与其他对象区别开来的属性,都可称为是该类对象的本质属性。这与认识论意义上的本质属性不同。

这是公务员行政能力测试中的一种类比题型。它考查的是人们对同一事物的不同称谓的认识。即不同语词可以表达同一概念。在日常生活中,我们经常可以发现同一事物会有截然不同的称谓。如桂冠与冠军、桂圆与龙眼等,它们之间的这种关系,也是逻辑关系的一种。

第三,同一个语词在不同的语境①下可以表达不同的概念。

如汉语中"地下"这个语词,既可以表示在地面上,又可以表示在地面下,还可以表示不合法的、隐蔽的等,所以需要结合语境确定某一语词究竟表达的是什么概念。"杜鹃"这个语词,有时表示一种鸟,有时也可以表示一种植物,它在不同语境中表达不同的概念。这类语词在语法中称为多义词。人们在谈话或写文章使用多义词时,一定要注意用词的本意,弄清它所表达的概念。

总之,弄清概念和语词之间的关系,有助于我们选用恰当的语词来准确表达概念,避免思维混乱;也有助于依据语词所处的语境,正确地理解概念。

三、概念的内涵和外延

逻辑学研究概念的目的是要明确概念,进而准确地使用概念,以保证思维的正确性。概念明确,要求要准确把握概念的内涵和外延。

概念具有两个逻辑特征:内涵和外延。因为任何一个概念都有客观的内容和确定的范围,每一个概念在反映事物对象本质属性的同时,也就反映了具有这种本质属性的事物。

概念的内涵是反映在概念中的思维对象的特有属性或本质属性。它表明一个概念所指称的对象具有什么样的根本特征,通常也可以叫作概念的含义。例如,"货币"这个概念的内涵,就是"固定充当一般等价物的商品"。

概念的外延是指具有概念内涵所反映的特有属性或本质属性的一切事物。它表明一个概念可用于指称的对象有哪些,通常称为概念的适用范围。如"金属"这个概念的外延就是具有金属的本质属性(有光泽、延展性、容易导电、传热等)的对象类,如金、银、铜、铁等。

可见,内涵是概念质的方面的规定性,它是回答某个概念"是什么"的问题;外延是概念量的方面的规定性,是回答该概念"包括什么"的问题。

任何概念都有它的内涵和外延,这是概念共同具有的两个逻辑特征,它们决定着概念的具体内容。确定了一个概念的内涵,该概念的外延也就随之确定。人们所说的概念的不同,指的就是它们在内涵或外延方面的不同。

当然了,概念是会发生变化的。随着客观事物的发展和人类认识的不断深化,概念的含义和适用范围是会发生变化的。例如,"人民"这个概念,在我国抗日战争、解放战争和社会主义现代化建设的不同时期,其内涵和外延就有所不同。

因此,了解概念的内涵和外延,弄清一个概念所反映的对象具有的本质属性及概念所指的对象范围,使概念的内涵和外延清晰、确定,才能充分发挥概念在指称事物方面的作用,正确地进行思维。

---

① 语境:使自然语言可能产生歧义的各种因素,统称为语境。它是理解自然语言的要素,与语言的使用者有关。人们在长期生产实践中形成的自然语言通常有歧义,同一语词、语句可以表达不同的意义。

第二节 概念的种类

逻辑学根据概念内涵和外延方面的不同特征,对概念进行分类。了解概念的分类,有助于人们理解各种概念的特征,从而正确地运用概念。

一、单独概念和普遍概念

根据概念外延所反映的事物数量的不同,概念可以分为单独概念和普遍概念。

单独概念是反映某一单个对象的概念,其外延是一个特定的独一无二的事物。如,"毛泽东""上海"等单独概念,它们反映的对象都是独一无二的个体。

表达单独概念的语词,一是专有名词,如"抗日战争""南京大屠杀""亚洲";二是摹状词(包含"这个""那个"等的词组),如"《平凡的世界》的作者""世界上最大的淡水湖"等。

普遍概念是反映某一类事物的概念,其外延是由两个或两个以上对象所组成的对象类,包含许多的事物。如"《共产党宣言》的作者""国家""民族"等,这些概念所反映的对象都不是单一的,而是由许多性质相同的事物组成的类,因而是普遍概念。从语言角度讲,语词中的普通名词或词组,常常表达普遍概念。如"动物""西安的重点中学"等。

单独概念和普遍概念的划分标准是根据概念外延的多少来进行的,因此,区分一个概念是单独概念还是普遍概念,可以通过在概念前面加数量词的方法来鉴别。如,在"教科书""城市"前面可以加上数量词"两本""四个",则"教科书""城市"就是普遍概念。但是,在"中华人民共和国的首都""卢沟桥事件""珠穆朗玛峰"前面就不能加数量词"五个""三个""两个",所以,"中华人民共和国的首都""卢沟桥事件""珠穆朗玛峰"就是单独概念。

二、集合概念和非集合概念

根据概念所指称的是否为集合体,概念可分为集合概念和非集合概念。

为了更好地区分集合概念和非集合概念,我们首先来了解两个概念:集合体与类。

集合体是指由同类事物若干数量的个体经过组合构成的不可分割的整体。它涉及群体与个体的关系。群体是由许多个体有机组成的,群体所具有的属性,构成该群体的个体不必具有。个体所具有的属性,其群体也不必具有。

类与集合体是不同的。一个类也是由许多事物组成的,后者叫作"类的分子";类是同类分子共性的概括,属于一个类的任何分子,都必定具有这类事物的特有属性。比如,人这一类,是由你、我、他、康德、姚明等许多分子组成的,他们都具有人这个类的特有属性。而森林是一个集合体,它是由许多树木作为部分有机组成的,树木并不具有森林所具有的特有属性。集合体和其组成部分之间的关系,与类与分子之间的关系是不同的。

集合概念就是以事物的集合体作为反映对象的概念。如"花束""森林""喜马拉雅山脉"等,都是集合概念。集合概念只适用于它所反映的群体,而不与构成该群体的个体直接对应。如"中国共产党"反映的就是一个群体。

非集合概念就是不以事物的集合体作为反映对象的概念,或者说,就是反映非集合体的概念。

非集合概念是相对于集合概念来说的。如果一个概念所反映的对象是可以个体化的非集合体,那它就是非集合概念。如"军人""树木"等,它们都不是反映事物集合体的概念,因此是非集合概念。

区分集合概念和非集合概念,除了要了解集合概念的特点外,还要注意分析语词所处的语言环境。

【例题2-2】 下列语句中标有横线的语词所表达的是集合概念还是非集合概念?
(1)<u>人民</u>,只有<u>人民</u>才是创造世界历史的真正动力。
(2)在我们国家里,<u>人民</u>享有宪法所规定的广泛的民主和自由权利。
解析:语句(1)中的"人民"是集合概念,"创造世界历史的真正动力"只适用于"人民"整体,不适用于组成"人民"整体的某一个个体。语句(2)中的"人民"是非集合概念,"人民"中的任何一个人都可享有宪法所规定的广泛的民主和自由权利。

又如:
(3)<u>知识分子</u>是国家的宝贵财富。
(4)大学教师是<u>知识分子</u>。
解析:根据语境,可看出:前一句中的"知识分子"是集合概念,它不反映某个个体;而后一句中的"知识分子"是非集合概念,因为它可以指向个体。

由此可见,逻辑学对集合概念和非集合概念的区分往往需要在具体语境中进行,脱离语境或上下文来单独判定一个概念,是无法准确作出断定的。

三、正概念和负概念

根据概念所反映的对象是否具有某种属性,可分为正概念和负概念。

正概念是反映具有某种属性的对象的概念,也叫肯定概念。如"机动车辆""成年人""金属"等都是正概念。

负概念是反映不具有某种属性的对象的概念,也叫否定概念。如"非机动车辆""未成年人""非金属"等,都是负概念。从语言表达的特点看,表达负概念的语词一般都带有"非""不""无""未"等否定词。但是,带有这类字样的语词却并非都是负概念。如"无产阶级""非洲""不丹"等。这些语词中的"无""非""不"都不是当作否定词来使用的。

理解负概念,必须注意它的论域。任何概念总是相对于一个特定范围而言的,负概念也要有自己的适用范围。如,"未成年人"这个概念所反映的对象就不可能是所有的人,它的特定范围是指未满18周岁的人。在逻辑上,负概念相对的这个特定适用范围,被称为论域。在同一论域中,有确定的负概念,必定有确定的正概念。负概念通常是在一定的语言环境下对正概念的否定,是在一定范围内否定正概念,这个范围就是"论域"。如,"非正义战争"是对"正义战争"的否定,这个否定所对应的对象范围是"战争",所以,"非正义战争"的论域是"战争";"非机动车"是对"机动车"的否定,这个否定所对应的对象范围是"车",所以,"非机动车"的论域是"车"。论域有大有小,人们在使用概念的过程中,应当根据实践的需要人为地加以限制。如"非本校工作人员"的论域可以是"工作人员",也可以是"人"。实际应用中,就必须加以明确。

四、实体概念和属性概念

根据概念所反映的对象是独立存在的具体事物,还是依附于事物的属性,概念可分为实体概念和属性概念。

实体概念指称的是独立存在的具体事物,故又称具体概念。如"熊猫""华山""大学生"等。

属性概念指称的是依附于事物的某种性质或关系。如"聪明""凶猛""效率"等。属性概念又可分为性质概念和关系概念。如"营养"是性质概念,"朋友"是关系概念。

在语言表达中,实体概念通常用名词或代词来表达,属性概念通常用动词、形容词来表达。

上述各类概念是从不同角度来划分的,目的在于从不同侧面明确概念的逻辑特征。因此,应当注意,任何一个概念都不只是属于某种划分中的某一个种类,而是可以分属于几种划分中不同的种类。如:

"中国共产党"这个概念既是单独概念,又是集合概念,也是正概念、实体概念。

"未成年人"这个概念既是普遍概念,又是非集合概念,也是负概念、实体概念。

了解概念分类的知识,对于明确概念的内涵和外延,准确理解和正确运用概念,是有重要意义的。

第三节　概念间的关系

普通逻辑学是把概念作为思维形式,从外延方面来研究概念间关系的。概念间的关系实质上就是指不同概念之间在外延方面的逻辑关系,通常指的是两个概念外延之间的关系。

每一个概念的外延都是由若干对象组成的类。普通逻辑学用一种图解的方法表示概念的外延。如,"学生"这个概念的外延可以用一个圆圈(A)表示,"学生"这类对象都包含在这个圆中;"大学生"这个概念的外延也可以用一个圆圈(B)表示,"大学生"这类对象都在这个圆的范围之内(图 2-1)。

从逻辑学的角度讲,"学生"与"大学生"这两个概念的外延是有关系的,"学生"这个概念的外延包含着"大学生"这个概念的外延。这种关系可用图 2-2 来表示。

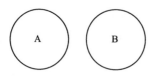
图 2-1　图解法表示概念的外延

图 2-2　图解法表示两个概念外延的关系

这种用圆圈表示两个概念外延间关系的方法,是由瑞士数学家莱昂哈德·欧拉(1707—1783)提出来的,故称为欧拉图解法。下面所要介绍的概念间关系,都会用到这种图解法。

逻辑学依据概念外延之间是否有重合部分,将概念间的关系分为相容关系和不相容关系。

一、概念间的相容关系

概念间的相容关系是指外延之间至少有部分是重合的两个概念间的关系。这包括全同关系、从属关系和交叉关系。

1. 全同关系

如果用 A、B 表示两个概念，那么全同关系可定义为：所有 A 是 B，并且所有 B 是 A。

全同关系用欧拉图解法表示如下（图 2-3）：

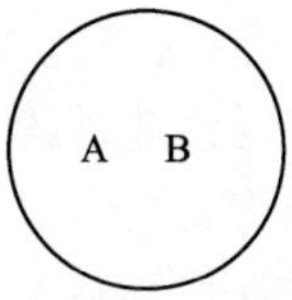

全同关系是指外延完全相同的两个概念之间的关系，亦称同一关系或重合关系。如，"北京"与"中华人民共和国首都"就是具有全同关系的两个概念。

图 2-3　全同关系

具有全同关系的概念，是外延完全相同而内涵却有所不同的两个概念。因为客观事物具有多种多样的属性，人们往往根据需要，从不同角度反映同一对象。如，"《平凡的世界》的作者"与"路遥"，这两个概念所指的对象完全相同，但内涵却不相同。"《平凡的世界》的作者"强调的是这部作品与某人的关系。而"路遥"是人的姓名，与"路遥"相关的一切方面都是该概念的内涵。因此，它们是具有全同关系的两个不同概念。具有全同关系的两个概念是从不同方面指称同一对象的，它不同于不同语词表达的同一个概念。如，"医生"与"郎中"，仅是语词的不同而非概念的不同，它们所表达的概念不仅外延所指完全相同，而且内涵也完全相同。

具有全同关系的概念，在说话和写作中交替使用，可以从不同方面揭示同一事物对象的丰富内涵，避免表述重复，有助于人们从不同的角度加深对同一事物对象的认识，使语言表达更形象、更生动。

2. 从属关系

在传统逻辑中，从属关系包含两种关系：真包含关系和真包含于关系，它指的是一个概念的外延包含着另一个概念的全部外延的两个概念之间的关系。

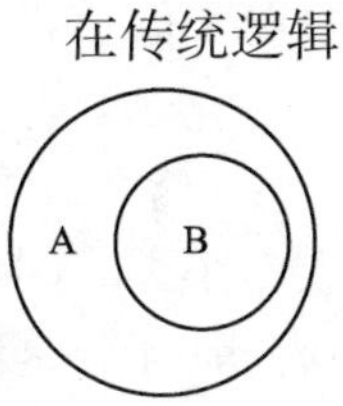

（1）真包含关系

对于 A、B 两个不同概念，如果所有 B 是 A，但是有 A 不是 B，那么 A 真包含 B。真包含关系用欧拉图解法表示如图 2-4 所示。

图 2-4　复包含关系

例如：

"学生"与"大学生"。

"文学作品"与"小说"。

"劳动产品"与"商品"。

上述三组概念外延间的关系，都是真包含关系。

其中，"学生""文学作品""劳动产品"的外延大，"大学生""小说""商品"的外延小。前者真包含后者。

可见，真包含关系是指一个概念的外延包含着另一个概念外延的全部，并且这另一个概念的外延仅仅是前一个概念外延的一部分，这样的两个概念间的关系就叫作真包含关系。

（2）真包含于关系

我们借用图 2-4 来定义真包含于关系。真包含于关系是指对于 A、B 两个不同概念，如果所有B是A,但是有A不是B。那么B真包含于A。

例如,对于"小说"与"文学作品"这两个概念来说,"小说"这一概念的全部外延包含在"文学作品"这一概念的外延之中,但是有的"文学作品"不是"小说"。因此,"小说"真包含于"文学作品"。

可见,真包含于关系是指一个概念的全部外延包含在另一个概念之中,并且仅仅是这另一个概念外延的一部分,这样的两个概念间的关系就叫作真包含于关系。

从属关系也称作属种关系,掌握这种关系就应着重把握两个概念:属概念和种概念。这两个概念及其关系是贯穿在后几节中的一条红线。

那么,怎么规定的属概念和种概念?

如果两个概念,其中一个概念的外延完全被包含在另一个概念的外延之中,而且仅仅是另一个概念的部分外延,那么其中外延较大的、包含另一个概念的概念称为属概念(A),外延较小的概念称为种概念(B)。比如:水果和苹果就是具有从属关系的两个概念,其中水果是属概念,苹果是种概念。

属概念(A)和种概念(B)的真包含关系与真包含于关系可表述为:属概念(A)真包含种概念(B),种概念(B)真包含于属概念(A)。比如:"自然科学"和"物理学"的关系就是真包含关系,而"物理学"和"自然科学"的关系就是真包含于关系。

可见,真包含关系和真包含于关系是相对互逆的。

公务员行政能力测试中有一种题型,考查的是考生对词语内在逻辑关系的分析,这种逻辑关系种类繁多,较常见的关系有十多种,其中就包含有属种关系。

【例题2-3】 比喻:修辞
A. 散文:文体　　　B. 文艺:宗教　　　C. 写作:文章　　　D. 书籍:报纸
解析:正确答案是A。题干中比喻是修辞方法中的一种,其内在逻辑关系是种属关系,即"比喻包含于修辞当中"。在四个选项中,只有A选项的表述形式完全符合题干的逻辑关系:散文包含于文体中,构成种属关系。

一般来说,最高的属概念是哲学上的范畴,最低的种概念是单独概念。

从属关系不同于整体与部分的关系,其区别在于:从属关系反映的是大类与小类之间的相互关系,小类必然具有大类的特有属性,因而种概念就必须具有属概念的内涵;部分是组成整体的一个因素,部分不必然具有整体的特有属性,因而反映部分的概念并不必然具有整体的概念的内涵。如,"树"与"果树","学生"与"大学生",这两组概念间的关系均为从属关系;而"树"与"树枝","人"与"人脑",这两组概念反映的则是事物与组成它的某个部分的关系。

在语言表达中,属概念和种概念一般是不能并列使用的,否则会有表意含混的情况出现。原因在于它们是不同层次的概念,不能在同一等级的意义上并列使用。

3. 交叉关系

交叉关系是指概念的外延有并且仅有部分重合的两个概念之间的关系。如,"哲学家"和"逻辑学家"这两个概念之间的关系就是交叉关系。

如果用A、B表示两个概念,交叉关系可定义为:有A是B,有A不是B,并且有B不是A。

交叉关系用欧拉图解法表示如图 2-5 所示。图中的两个交叉圆构成三个区域,中间相交区域为 A、B 两个概念共有。

具有交叉关系的两个概念,只是外延指称的对象有一部分(至少有一个)相同,而其内涵却不同。它表明客观世界中存在着这样的事物:它既具有 A 概念反映的特性,又具有 B 概念反映的特性,因而它既属于 A 概念外延指称的对象,又属于 B 概念外延指称的对象。如"高校教师"与"民主党派成员"就是具有交叉关系的两个概念。因为有的高校教师是民主党派成员,有的高校教师不是民主党派成员,而且有的民主党派成员不是高校教师。

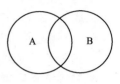

图 2-5　交叉关系

交叉关系的概念是由于运用了不同分类标准而形成的。因此,我们在列举事物时,要注意根据一定的标准按类列举,避免造成概念指向不明。如一则通知:"本周三下午全体党员和干部在中心报告厅开会。"这里"党员"与"干部"是具有交叉关系的概念,二者并列使用造成了概念的指向不明。

上述两个概念之间的全同关系、从属关系、交叉关系都有一个共同特点,即两个概念的外延至少有一部分是重合的,所以,逻辑学上把它们统称为相容关系。

二、概念间的不相容关系

概念间的不相容关系亦称全异关系,它是指外延之间没有任何部分是重合的两个概念间的关系。如"马克思主义"与"非马克思主义","大学生"与"小学生",这两组概念间的关系均为不相容关系,它们的外延没有任何一部分是重合的关系。

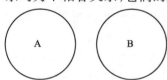

图 2-6　不相容关系

如果用 A、B 表示两个概念,不相容关系可定义为:所有 A 不是 B,并且所有 B 也不是 A。用欧拉图解法表示如图 2-6 所示。

具有不相容关系的概念有的属于同一论域,如,"机动车"与"非机动车";有的不属于同一论域,如,"罪犯"与"轿车",它们之间没有共同的属概念且外延没有任何部分是重合的。

普通逻辑学对属于同一论域的具有不相容关系的两个概念作了进一步分析,这两个概念(A、B)有共同的属概念(C)且外延没有任何部分重合。相对于它们共同的属概念而言,又可分为矛盾关系与反对关系。

1. 矛盾关系

如果两个概念(A、B)的外延完全不相同,但同时真包含于属概念(C)之中,并且它们的外延之和等于其邻近的属概念(C)的外延,那么这两个概念之间的关系就是矛盾关系。矛盾关系如图 2-7 所示。

例如:

"成年人"与"未成年人"。

"正义战争"与"非正义战争"。

"故意犯罪"与"过失犯罪"。

图 2-7　矛盾关系

上述三组两个概念之间的关系就是矛盾关系。"成年人"与"未成年人"的外延所指完全不相同,但它们的外延之和正好等于其属概念"人"的全部外延。同样,"正义战争"与"非正义战争"相对于"战争"而言就是矛盾关系的概念;"故意犯罪"与"过失犯罪"相对于"犯罪"来说就是矛盾关系的概念。

具有矛盾关系的概念,互称为对方的矛盾概念。

矛盾概念是两个在内涵上互相否定,外延上互相排斥的并列概念。一般来说,这两个概念通常表现为一个是正概念,另一个是负概念。即在一个概念基础上加否定词,就成为原概念的矛盾概念。但是,不能把概念间的矛盾关系简单地等同于带否定词和不带否定词的两个概念之间的关系。把握矛盾概念,必须根据矛盾关系的特征作具体分析。如"故意犯罪"与"过失犯罪",对任何一种犯罪行为来说,都是"非此即彼"的关系,二者是具有矛盾关系的两个概念,但这两个概念都是正概念。

2.反对关系

如果两个概念(A、B)的外延完全不相同,同时真包含于属概念C之中,但它们的外延之和小于其邻近的属概念的外延,那么这两个概念之间的关系就是反对关系。反对关系如图2-8所示。

图2-8　反对关系

例如:

"婚生子女"与"非婚生子女"。

"中学生"与"大学生"。

"枣红马"与"白马"。

上述三组两个概念之间的关系就是反对关系。"婚生子女"与"非婚生子女"的外延所指完全不相同,而且它们的外延之和小于其属概念"子女"的外延。同样,"中学生"与"大学生"相对于"学生"而言就是反对关系的概念。"枣红马"与"白马"相对于"马"来说就是反对关系的概念。

具有反对关系的两个概念的外延之和小于它们邻近的属概念的外延,表明属概念的外延中,除了具有反对关系的两个概念指称的对象外,还有别的概念指称的对象存在。如"紫色"和"黑色",对于其属概念"颜色"来讲,除了这两种颜色外,还有"黄色""红色""白色"等种概念,"紫色"和"黑色"这两个外延之和小于其属概念"颜色"的外延,因此,这二者外延之间的关系是反对关系。

具有反对关系的概念,互称为对方的反对概念。如"青年人"和"老年人"是具有反对关系的两个概念,则"青年人"就是"老年人"的反对概念(或"老年人"就是"青年人"的反对概念)。

具有矛盾关系和反对关系的概念,在论证中常常用来做明显的对比,以达到鲜明地表达思想、说明问题的目的。但在实际应用中,一定要注意二者之间的区别,否则就会产生逻辑错误。

综上所述,两个概念之间的关系主要有五种:全同关系、真包含于关系、真包含关系、交叉关系和(广义的)全异关系。在后面章节中用到概念间关系时,主要就是这五种关系。我们上面所介绍的概念间的矛盾关系和反对关系实际上已经涉及三个概念。概念间的矛盾关系和反对关系是两个具有全异关系的概念相对于它们共同的属概念而言的三个概念间的关系。

以上我们分析了两个概念外延间的关系,在实际思维中,有时会涉及三个、甚至更多的概念。如果对它们之间的关系进行分析,仍然是以对两个概念间关系的分析为基础,逐步地、分层次地加以分析,只是用图形表示显得略微复杂一些而已。

如,"化学家"(A)、"生物学家"(B)、"数学家"(C)这三个概念之间的关系,是同一个属概念包含着的几个同层次的种概念,其外延是相互交叉的关系。如图2-9所示如下。

再如,"妇女"(A)、"干部"(B)、"工人"(C)这三个概念之间的关系,根据概念间的关系可知:"妇女"与"干部"是交叉关系,"妇女"和"工人"也是交叉关系,但"干部"和"工人"是全异关系。如图2-10所示。

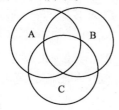 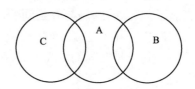

图2-9 交叉关系　　　　　　　　图2-10 交叉关系与全异关系

在实际应用中,我们要注意:概念间的关系与客观世界中对象间的关系是有很大区别的。例如,鲁迅和许广平是夫妻关系,这种关系是文学或史学上要研究的,但普通逻辑学并不研究这两个人之间的关系,它要研究的是概念间的关系。

从概念上看,"鲁迅"与"许广平"之间的关系是反对关系,因为这两个概念的外延没有重合的部分,并且外延之和小于它们临近的属概念"人"的外延。

逻辑学所研究的概念之间的关系,主要是从概念外延角度而言的。

第四节　明确概念的逻辑方法

概念明确是逻辑学的一个基本要求。明确概念就是要准确了解概念的内涵和外延。而明确概念的内涵和外延可以有许多种方法。逻辑学关于明确概念的逻辑方法主要有概括和限制、定义、划分等。

一、概括和限制

要想准确使用概念,有时就需要对概念进行概括或限制,以便使概念与所要指称的对象相应相称。概念的概括和限制是应用概念内涵与外延间的反变关系来明确概念的两种逻辑方法。

1. 概念内涵和概念外延之间的反变关系

内涵和外延虽是概念的两个不同方面,但它们之间也有着密切联系。一个概念的内涵若确定,在一定条件下这个概念的外延也就确定;一个概念的外延若是确定,一定条件下这个概念的内涵也就确定。

因此,同一序列的概念的内涵和外延在量上表现出一种规律性的变化,逻辑学归纳为反变关系。这种反变关系是指在具有属种关系的概念的内涵与外延之间存在着的一种相互制约关系:

一个概念的内涵愈多,则它的外延愈小;一个概念的内涵愈少,则它的外延愈大;同理,一个概念的外延愈小,则它的内涵愈多;一个概念的外延愈大,则它的内涵愈少。

比如,"动物""脊椎动物""哺乳动物"是三个不同的概念,但在同一序列中。从外延角度看,"动物"的外延最大,"脊椎动物"的外延次之,而"哺乳动物"的外延最小;从内涵角度讲,"动物"的内涵("有神经、有感觉、能运动的生物")少于"脊椎动物";"脊椎动物"的内涵又少于"哺乳动物"的内涵。通过分析会发现:同一序列中,一个概念的内涵和外延,总是包含着或被包含在另一个概念的内涵和外延之中。逻辑学把这种关系叫作概念的内涵和外延的反包含关系。而之所以有这种关系,就是因为属种关系的概念的内涵和外延之间存在着反变关系。即一个概念的外延如果很大,则它的内涵相对就少,反之,若外延较小,则它的内涵就会较多。当然了,概念的内涵与外延间的反变关系主要适用于具有从属关系的概念,或者说是同一序列的概念。并不适用于同一关系、交叉关系和全异关系的概念。

属种概念的内涵和外延之间的反变关系是对概念进行概括和限制的逻辑依据。

2. 概念的概括

概念的概括是通过减少概念的内涵以扩大概念的外延,由外延较小的种概念过渡到外延较大的属概念的一种逻辑方法。如,对"中国演员"这个概念减去"中国"这一属性,"中国演员"这个概念就概括为"演员",其内涵逐渐减少,而外延所指却逐渐扩大。

概括是扩大概念外延的逻辑方法,对概念进行概括的过程,实际上就是确立被概括概念的属概念的过程。

概括必须在具有种属关系的概念之间进行。如"树木"可以概括为"植物",但不能概括为"森林"。理由是:"树木"和"植物"是种属关系,但"树木"与"森林"却不是种属关系,而是部分与整体的关系,不能进行概括。

对一个外延较窄的概念可以根据思维的实际需要进行多次概括。从逻辑学的角度讲,概括可以无限制地进行下去,一直到满足应用者的需要为止。但事实上,任何概括都应有一个"合理的限度"[①],超出这个限度有时会产生负面效果。但怎样才算合理,往往要在具体实践中因时因地灵活地加以把握。一般来说,概括的极限是范畴。如物质、意识、运动、静止等范畴,都是外延最大、适用范围最广的概念,再没有比范畴外延更大的概念,因为再也找不到能包含它们的属概念。

概念概括的语言形式,一般是减去被概括概念前的限制词。如把"诗人"中的"诗"字去掉,"诗人"就被概括为"人"了;把"白马"概括为"马",就是减去了限制词"白"。但是,若属概念和种概念各有自己特定的语词,就不能采用减去限制词的方法,如把"天鹅"概括为"鸟",把"电冰箱"概括为"家用电器"等就是如此。

可见,为了使概念的概括能真正起到明确概念的作用,必须根据概念本身的逻辑特性和具体论域来对概念进行概括,避免出现"概括不当"的逻辑错误。

3. 概念的限制

概念的限制是通过增加概念的内涵以缩小概念的外延,由外延较大的属概念过渡到外延较小的种概念的一种逻辑方法。如,将"政治"这个概念加上"民主"这一属性,"政治"这个概念就被限制成为"民主政治",概念的内涵逐渐增多,而外延所指则逐渐缩小。

限制是缩小概念外延的逻辑方法,对概念进行限制的过程,实际上就是确立被限制概念的种概念的过程。

对一个外延较大的概念可以根据思维的实际需要进行多次限制。但限制也存在一个限

---

① 李小克.《普通逻辑学教程》.北京.首都经济贸易大学出版社.2002年版.第24页。

度问题。一般认为,限制的极限是单独概念。因为单独概念的外延中仅有一个对象,再无法缩小其外延。限制的过程是使概念的外延由"宽"至"窄",而不是将它由"有"变为"无"。所以,对单独概念不能进行限制。

概念限制的语言形式,一般是在被限制的概念前面加上限制性的修饰语词。如在"人"前面加上"诗"字,"人"就被限制为"诗人";把"马"限制为"白马",就是加上了限制性的修饰语词"白"。但是,并非加上修饰语词,就能起到限制作用。语法上的修饰与逻辑上的限制有着根本区别。如"雄伟壮丽的天安门"这个概念中,"雄伟壮丽的"就不对"天安门"起限制作用,因为它没有改变"天安门"这个概念的内涵和外延,而只是将"天安门"这个概念内涵的某一个方面加以突出而已。虽起到了某种限定作用,但从语法上讲它是修饰而非逻辑上的限制。

此外,限制也可以采用把属概念直接换成种概念的方法,如把"自然科学"限制为"天文学";将"粮食"限制为"稻米";将"文学作品"限制为"小说"等。

对概念进行限制,可以帮助人们准确、具体地表达思想。如将"毒品"分别限制为"鸦片""海洛因""吗啡""大麻""冰毒"等,就便于人们具体了解"毒品"这一概念的外延中到底包括哪些对象。

可见,为了使概念的限制能真正起到明确概念的作用,必须根据概念本身的逻辑特性和具体论域来对概念进行限制,避免出现"限制不当"的逻辑错误。

概念的概括和限制是人们在思考问题过程中经常使用的逻辑方法。正确地使用概括和限制的逻辑方法是人的思维是否具有很强逻辑性的重要标志之一;同时,也可以使我们在与人交流和沟通时避免许多无谓的麻烦。

二、定义

在我们的日常思维中,定义是被普遍使用的一种逻辑方法。任何概念都有内涵和外延,定义就是以精练的语言,简明的形式揭示语词、概念甚至命题的内涵和外延,使人们明确其意义及其使用范围的一种逻辑方法。

1. 定义及其结构

定义是揭示概念内涵的一种逻辑方法,即它要揭示的是概念所反映事物的本质属性或特有属性。例如:

(1)"商品是用来交换的劳动产品。"

(2)"鸟就是卵生的有羽毛的动物。"

上述例句就是正确的定义。例(1)通过一个精练的语句揭示出"商品"这个概念所反映的对象的本质属性:"用来交换的劳动产品"。例(2)用概括的语句揭示出"鸟"这个概念所反映的对象的特有属性:"卵生的有羽毛的动物"。

从结构上看,定义是由被定义项、定义项和定义联项三部分组成。

被定义项是其内涵需要揭示和明确的概念。如例(1)中的"商品",例(2)中的"鸟"都是被定义项。

定义项是用来揭示和明确被定义项内涵的概念。如例(1)中的"用来交换的劳动产品",例(2)中的"卵生的有羽毛的动物"都是定义项。

定义联项是用来联结被定义项和定义项的概念。如上述两例中的"就是"。在汉语中常用"所谓……就是……""……是……"等语词表达定义联项。

若用"D_s"表示被定义项,用"D_p"表示定义项,定义的结构形式为:

$$D_s 就是 D_p$$

2. 定义的方法

逻辑学是在人们了解和掌握客观事物的本质属性或特有属性的基础上,为人们提供一种下定义的方法的。给概念下定义最常用的方法是:**属加种差**的定义方法。公式如下:

$$被定义项 = 种差 + (邻近的)属概念$$

下定义是一个综合运用概括与限制的过程。用属加种差的方法给概念下定义,一般要经过以下几个步骤:

第一,找出被定义项的属概念。

这一属概念是通过对被定义项进行概括而获得的,它能够表明被定义项所指的对象真包含于哪一个类。

第二,找出种差。

所谓种差就是被定义项所指的对象在该属概念中与其他种概念所反映的对象之间的根本差别。找出种差,并使其作用于这个邻近的属概念,这个过程是限制。找出种差实际上也就是找出被定义项所指对象的特有属性。

第三,将种差与属概念结合构成定义项,进而使用恰当的定义联项将被定义项与定义项联结成为完整的定义。

例如,给"货币"下定义,首先是确定"货币"的属概念:"商品";然后找出"货币"的种差,即货币与其他商品的根本差别:"固定充当一般等价物";最后,将"种差"与"属概念"结合,从而组成定义:"货币就是固定充当一般等价物的商品"。

客观事物的本质属性(或特有属性)是多方面的,人们可以从不同方面揭示客观事物的本质属性,以获得不同的种差,从而产生出不同的定义。根据种差所揭示的本质属性的不同,用属加种差方法得出的定义有:性质定义、发生定义、功用定义、关系定义等。

性质定义是以被定义项所反映的对象的性质作种差的定义。如:

(3)"华侨就是指定居在国外的中国公民。"

发生定义就是以被定义项所反映的对象产生、形成过程作种差的定义。如:

(4)"圆是在平面上绕一定点作等距离运动所形成的封闭曲线。"

功用定义就是以被定义项所反映的对象的功能和用途作种差的定义。如:

(5)"居民身份证是证明公民身份的法律证件。"

关系定义就是以被定义项所反映的对象与其他对象间的关系作种差的定义。如:

(6)"叔叔是指与父亲辈分相同而年龄较小的男子。"

实际应用中,为了全面阐述一个概念,通常是将上述几种方法结合起来。如:

(7)"粉笔就是石膏粉加水搅拌、灌入模型后凝固成的,用来在黑板上写字的条状物。"

这个定义就是将发生定义与功用定义两种方法结合起来给"粉笔"这一概念下的定义。

以上所提到的定义,都是揭示概念所反映的对象的本质属性的定义,在逻辑学中把它们称为真实定义或实质定义。科学概念的定义都属于真实定义。

3. 语词定义

语词定义就是说明或规定语词含义的定义。语词定义主要是用来对一些较难理解的语词进行说明或注释,或者对不十分明确的语词的含义加以规定,而不一定是对事物本质属性的揭示。

语词定义分为说明的语词定义和规定的语词定义两种。

说明的语词定义就是对某一语词已经确定的意义加以说明。当人们不了解某一语词(如古语、外来语等)已经确定的意义时,就需要用语词定义说明这个语词的确定意义。如:

(8)"驹就是小马"。

(9)"'单方'也称'丹方',是指民间流传的药方。"

这两个例句就是对"驹""单方"等语词意义所作的说明,是说明的语词定义。

规定的语词定义就是对某一语词规定某种意义,以便于表达和理解。在特定的语言环境中,需要给某些语词或引用的符号规定一个明确的定义时,就要使用规定的语词定义。如:

(10)"'四有'就是指有理想、有道德、有文化、有纪律。"

(11)"'CPU'就是中央处理器。"

(12)"'三农问题'是指农村问题、农民问题和农业问题。"

语词定义和真实定义是有明显区别的,因为它不是将语词标志的对象作为反映的对象,没有揭示出该语词所标志的对象的本质属性,因而语词定义不是严格意义上的定义。从狭义上讲,定义只是指真实定义。逻辑学对定义的研究也是着重研究真实定义。

4. 定义的规则

要使定义能够准确地揭示出概念的内涵,以达到明确概念内涵的目的,定义就必须满足一定的条件或标准,遵守一定的基本规则。

定义的基本规则如下:

规则一:定义项与被定义项的外延必须是全同关系。

这条规则要求定义项的外延和被定义项的外延必须完全相等。否则,就会产生"定义过宽"或"定义过窄"的逻辑错误。

所谓"定义过宽"是定义项的外延大于被定义项的外延。如:

(13)"商品就是劳动产品。"

这一定义犯了"定义过宽"的逻辑错误。它把本来不属于被定义项所指的对象也包括在定义项之中,使定义项"劳动产品"的外延大于被定义项"商品"的外延。

所谓"定义过窄"是定义项的外延小于被定义项的外延。如:

(14)"商品就是用货币进行交换的劳动产品。"

这一定义犯了"定义过窄"的逻辑错误。它把被定义项所指的部分对象排斥在定义项之外,使定义项"通过货币进行交换的劳动产品"的外延小于被定义项"商品"的外延。

规则一要求定义项与被定义项这两个概念必须是指称数量相等的同一类对象,两者在外延方面必须构成全同关系;否则,定义项就不能准确地揭示被定义项的内涵。

规则二:定义项中不能直接或间接地包括被定义项。

违反这条规则就会产生"同语反复"或"循环定义"的逻辑错误。

所谓"同语反复"就是在定义项中直接包含了被定义项。如：

(15)"残疾人就是有残疾的人。"

这种错误通常表现为定义项与被定义项并不是具有全同关系的两个概念，而是用于表达同一个概念的两个不同语词。

所谓"循环定义"就是在定义项中间接包含了被定义项。如：

(16)"原因就是引起结果的事件。"

这种错误通常表现在两个或者两个以上相互联系的定义中。

规则二要求既不能在定义项中直接引用被定义项，亦不能用被定义项来解释定义项。原因在于，被定义项通常是内涵不明显的概念，它需要通过定义项来揭示其内涵。若被定义项直接出现在定义项中，或者还要用它来说明定义项，这都会造成定义项本身不明确，从而也就无法通过定义项来明确被定义项的内涵。

规则三：定义不应当是否定的。

给概念下定义应该用肯定形式，正面揭示它是什么，具有什么性质。否则，就会犯"定义否定"的逻辑错误。如：

(17)"真理不是口袋里现存的铸币。"

这是黑格尔的一句名言，但是不能把它作为"真理"的定义。因为通过定义，我们是要弄明白一个事物本身是什么，而不是它不是什么。若用否定语就无法表明被定义项的确切含义，这样的一个定义完全没有起到定义应起的作用，在一般情况下是达不到明确被定义项的目的的。

但是，给否定概念下定义是不受规则三限制的。因为否定概念所反映的对象，通常都是以缺乏某种属性为其特征的，因而在揭示其内涵时，可以采用否定概念以表明它所缺乏的属性。如：

(18)"无机物就是不含碳的化合物。"

这就是一个正确的定义。"不含碳的化合物"这个否定概念准确地揭示了无机物的特有属性。可见，用否定概念作定义项来说明否定概念，并不违反定义规则。

规则四：定义项必须是清楚的确切的科学概念。

这条规则强调不可用含混、隐晦或比喻性语词来定义。违反这条规则就会产生"定义含混"或"以比喻代定义"的逻辑错误。

所谓"定义含混"就是在定义项中使用了含糊不清的概念。如：

(19)"生命是内在关系对外在关系的不断适应。"

这是斯宾塞给"生命"所下的定义。其中"内在关系""外在关系""不断适应"等都是模糊不清的概念，因此，这个定义也是含混不清的。

所谓"以比喻代定义"就是定义项用了形象比喻。如：

(20)"书籍是人类进步的阶梯。"

若把这句话当作定义，就犯了"以比喻代定义"的逻辑错误。作为一种修辞方法，比喻的作用是不容低估的。恰当的比喻可以生动形象地说明事物，并且寓意深刻，但比喻毕竟不是定义，不能准确地揭示事物的本质属性，因而不能用来作定义项。

给概念下定义，目的在于揭示概念内涵，使人明确该概念指称的对象的根本特征。因而,就必须以简洁的语句,确切地揭示被定义项的内涵,否则,就达不到定义的目的。

综上所述,定义规则从内涵和外延方面对定义作出规定,既是给概念下定义时所必须遵循的准则,也是检验一个定义正确与否的标准。

现在在国内的许多能力测试中,如 GCT、MBA、MPA 及公务员能力测试中都要涉及的一个逻辑问题就是定义理论,它是逻辑推理部分的理论基础之一。常见的题型就是定义判断。定义判断主要测试考生对于定义把握的准确程度,对某些语词或概念是否有准确的把握和理解。

【例题 2-4】 甲:什么是生命?

乙:生命是有机体的新陈代谢。

甲:什么是有机体?

乙:有机体是有生命的个体。

以下哪项与上述的对话最为类似?

A. 甲:什么是真理?

乙:真理是符合实际的认识。

甲:什么是认识?

乙:认识是人脑对外界的反应。

B. 甲:什么是逻辑学?

乙:逻辑学是研究思维形式结构的规律的科学。

甲:什么是思维形式结构的规律?

乙:思维形式结构的规律是逻辑规律。

C. 甲:什么是家庭?

乙:家庭是以婚姻、血缘或收养关系为基础的社会群体。

甲:什么是社会群体?

乙:社会群体是在一定社会关系基础上建立起来的社会单位。

D. 甲:什么是命题?

乙:命题是用语句表达的判断。

甲:什么是判断?

乙:判断是对事物有所断定的思维形式。

解析:正确答案是 B。题干中的对话,乙的回答犯了"循环定义"的逻辑错误,在为"生命"下定义时用到"有机体",而定义"有机体"时又用到"生命"这个概念。寻找与题干类似结构的对话,只有 B 选项在"逻辑"与"思维形式结构的规律"这两个概念的定义上犯有类似的错误。

【例题 2-5】 程序化决策是可以确定的、在以前已经做过的决策,它们有客观正确的答案,而且可以使用简单的规则、政策、数学计算来解决。非程序化决策则是全新的、复杂的、无章可循的,它们有各种各样的解决方案,而且每个方案都各有优缺点。

下列属于非程序化决策的是:

A. 建筑工人施工　　　　　　B. 医院接收病人的步骤
C. 企业中定期记录存货　　　D. 制订公司发展战略

解析:正确答案是 D。本题主要测试考生对于定义把握的准确程度。

三、划分

划分是明确概念外延的逻辑方法。

概念的外延有大有小。对于外延较小的概念,我们可以通过直接指出或用列举的方法来加以明确。如"《阿Q正传》的作者"这一概念的外延只有一个对象:鲁迅。但是,有些概念的外延所指对象数量较多,要明确它们的外延,没有必要也不可能把它们的外延一一列举出来,因为,在许多情况下,对于人们来说,重要的不是指明某个普遍概念所反映的全类中的每一个对象,而是通过划分这种逻辑方法来了解该概念所反映的对象范围和隶属关系。

1. 划分及其结构

划分是按照一定标准将一个概念所反映的对象分为若干个小类,以明确其外延的逻辑方法。如以性别为划分标准,把"人"划分为"男人"和"女人";以年龄为划分标准,把"人"划分为"老年人""中年人""青年人""少年人"及"幼年人"。

划分有三个构成要素:划分的母项、划分的子项和划分的依据。

被划分的概念叫作划分的母项。从母项中划分出来的概念叫作划分的子项。划分的依据就是用作划分标准的属性。如上述把"人"划分为"男人"和"女人";"人"就是划分的母项,"男人""女人"均为划分的子项,划分的依据是性别。这里要注意的是,在一个划分中,划分的依据是一个一般在文字中体现不出来的成分。在划分中,只有划分的母项和子项明显地出现在文字中,划分的依据常常被排除在文字之外。但是并不表明划分的结构不包含划分的依据,也不表明划分的依据可有可无。由于一类对象通常具有多种属性,划分时可以选取其不同属性作标准。划分标准不同,从同一个母项中划分出来的子项也就不同。如要明确"学生"这个概念的外延,若将它划分为"学生包括大学生、中学生和小学生",所依据的标准是文化程度;若指出"学生有男学生和女学生"时,则依据的标准就是学生的性别。

由于采用不同的标准可以分出不同的子项,因此,一定要根据需要选取相应的划分依据进行划分。

2. 划分的方法

常用的划分方法包括:一次划分、连续划分和二分法。

一次划分就是将被划分概念(母项)按一定标准分成若干子项的逻辑过程,其结果只有母项和子项两层。如将"哲学"划分为"唯物主义和唯心主义"两个并列的子项,而不对子项再进行划分,就是一次划分。

连续划分是将被划分概念(母项)划分为若干个子项后,又将子项作为母项继续划分,直到满足实际需要为止。这是具有三个以上层次的划分。如:

$$
\text{哲学}\begin{cases} \text{唯物主义}\begin{cases} \text{朴素唯物主义} \\ \text{形而上学唯物主义} \\ \text{辩证唯物主义} \end{cases} \\ \text{唯心主义}\begin{cases} \text{主观唯心主义} \\ \text{客观唯心主义} \end{cases} \end{cases}
$$

可见,一次划分和连续划分是根据划分层次的不同而言的。

此外,还有一种特殊的划分方法:二分法。

二分法是把一个属概念分为具有矛盾关系的两个种概念的划分方法,是依据划分对象是否具有某种属性作为划分的标准。如把"考试成绩"分为"及格"和"不及格";将"战争"分为"正义战争"和"非正义战争",采用的就是二分法。

二分法的优点是简便易行,不易发生错误,便于人们在思维过程中把注意力集中到主要对象上,有利于集中考虑和分析问题。但它的子项中有一个是负概念,负概念只是反映对象不具有某种属性,并不能揭示出其子项反映了什么对象或属性。

3. 划分、分类、列举及分解

划分是把一个属概念分成若干个种概念,把事物相互区别开来的一切属性或特征都可以作为划分依据。划分的母项与子项之间具有属种关系,诸子项之间的关系是一种并列关系。划分具有简便性、灵活性的特点。

分类是划分的特殊形式。分类要以对象的本质属性和显著特征作为划分的依据,具有稳定性、系统性的特点。如生物学上对动物、植物和微生物的分类,化学家门捷列夫对化学元素的分类等。分类的结果有较大的稳定性,可以使科学知识系统化,在科学发展中长期发挥作用。任何分类都是划分,但不是所有的划分都是分类。

列举也是划分的一种特殊形式。列举并不要求揭示出概念的全部外延。在实际思维中,依据具体情况,有时并不需要把所有的子项一一罗列出来,而只需列出某些重要的、相关的子项,并以"等等"这一方式代替省去的子项。如"自然科学包括物理学、生物学、化学等等"就是列举。

分解是把一个具体事物分成若干部分,即把整体分为部分,部分不具有整体的性质。反映整体的概念与反映其组成部分的概念,是全异关系。如将"水"分为"氢"和"氧","氢"和"氧"并不具有"水"的属性。

划分不是分解事物,而是根据某一标准把属概念分为若干个种概念,划分后得到的子项仍然具有母项的属性。如把"人"分为"成年人"和"未成年人",而"成年人"和"未成年人"仍然是"人",具有"人"的属性。

实际应用中,一定要了解划分、分类、列举及分解的不同特点,防止出现逻辑错误。

4. 划分的规则

为了达到正确划分的目的,准确完整地揭示被划分概念(母项)的外延,划分就必须遵守以下规则:

规则一:划分必须相应相称。

这条规则要求各个子项的外延之和必须等于母项的外延;否则,就会产生"多出子项"或"划分不全"的逻辑错误。

多出子项是指划分出来的各个子项的外延之和大于母项的外延。如,"中国的少数民族分为蒙、汉、回、满、藏、维吾尔等五十多个民族"就犯了"多出子项"的逻辑错误。

划分不全是指划分出来的子项的外延之和小于母项的外延。如"学生分为大学生和小学生"就犯了"划分不全"的逻辑错误。

只有子项的外延之和等于母项的外延,才能够通过子项把母项的外延准确、完整地揭示出来,使人明确概念的外延所指。多出子项的错误大多是把不属于母项的子项划分进来,而划分不全的错误往往是由于对被划分的概念的外延考察不周,出现了疏漏所致。此外,还有一种情况也属于违反这条规则所犯的逻辑错误,如"地球分为南半球和北半球"。这是"以分解为划分",因为把地球作为整体分为两部分,这是分解,不是划分。

规则二:每次划分必须依据同一标准进行。

这一规则要求同一次划分只能用同一个划分标准;否则,就会犯"混淆根据(划分标准不同一)"的逻辑错误。例如"文学作品分为古典文学作品、现代文学作品和浪漫主义文学作品"就犯了此错误。前两个子项是根据"创作年代"来划分的,后一个子项则是以"创作方法"作为划分标准。

在正确的划分中,各个子项外延之间的关系应当是全异关系。而"混淆根据"则会导致其子项外延之间出现交叉关系或从属关系,从而引起混乱。

划分必须依据同一标准进行,是对同一次划分的逻辑要求。

规则三:划分的各子项必须互相排斥。

这条规则要求要保证子项外延之间的关系是不相容关系;否则,会出现"子项相容"的逻辑错误。如,"我班的同学有来自北方的、南方的、江苏的,还有南京的",这样的划分就会出现"子项相容"的逻辑错误。

事实上,规则二和规则三有着密切联系。违反规则三,也肯定违反规则二。两条规则互为因果。规则二是从划分依据这个角度提出规范性要求的,而规则三是从子项外延间关系的角度提出规范性要求的。

规则四:划分应按属种概念的层次逐级进行。

这条规则要求划分的层次必须清楚,划分所得的子项必须是母项最邻近的种概念,并应当是在同一层次;否则,会出现"划分层次不清"或"越级划分"的逻辑错误。如"我国的刑罚包括主刑和罚金、剥夺政治权利、没收财产,以及驱逐出境"中"主刑"和"附加刑(罚金、剥夺政治权利、没收财产)"中的子项并列,层次混乱,就犯了"划分层次不清"及"越级划分"的逻辑错误。

再如"陕西省分为西安、咸阳、渭南、宝鸡、铜川、汉中、安康、榆林等地区",这也是一个不正确的划分。它并不是在属种概念之间进行的,母项"陕西省"并不是后面各个子项的属概念,"陕西省"是一个单独概念。

遵守划分的逻辑规则是明确概念外延的必要条件,它能帮助人们了解一个概念究竟适用于哪些对象。然而,在实际思维中,我们往往既需要把握概念的内涵,又需要把握概念的外延。所以,最好的明确概念的方法是以内涵定义为主,以外延划分为辅。例如:

传播媒体是传播信息的载体,是信息传播过程中从传播者到接收者之间携带和传递信息的一切形式的物质工具,主要包括报刊、广播、电视和网络。

这是明确"传播媒体"这个概念的最有效的方法。

练习题

一、填空题

1. 概念是反映事物_____或_____的思维形式。

2. 具有属种关系的概念的_____和_____之间的反变关系,是对概念进行_____

和_____的逻辑依据。

3. 若"所有 B 是 A,但有 A 不是 B",那么 A 概念与 B 概念间的关系是_____关系。

4. 概括是_____概念外延的逻辑方法,对概念进行概括的过程,实际上就是确立被概括概念_____的过程。

5. 下定义时,若定义项的外延真包含被定义项,就会导致_____的逻辑错误。

6. 一个正确的划分,母项与子项在外延上要具有_____关系,子项与子项之间应具有_____关系。

7. "划分不全"的逻辑错误是指划分出的子项之和_____母项的外延。

8. 若出现"混淆根据"的逻辑错误,就会导致划分后的子项的外延之间出现_____关系或_____关系,从而引起混乱。

二、判断题

1. 不同的语词一定表达不同的概念。（ ）
2. 论域是指概念所相对的特定范围。（ ）
3. 集合概念和非集合概念的划分标准是根据概念外延的多少来进行的。（ ）
4. 概念的全同关系是指内涵和外延完全相同的两个概念间的关系。（ ）
5. 限制是缩小概念外延的逻辑方法,对概念进行限制的过程,实际上就是确立被限制概念的种概念的过程。（ ）
6. 若定义项的外延大于被定义项的外延,就会出现"定义过窄"的逻辑错误。（ ）
7. 给普遍概念和单独概念下定义的最常用方法是属加种差的定义方法。（ ）
8. 划分是将种概念分为若干个属概念的明确概念的逻辑方法。（ ）
9. 划分的母项与子项之间必须具有属种关系。（ ）
10. 在同一次划分中可能同时出现"划分标准不一"与"子项相容"的两种逻辑错误。（ ）

三、试分析下列语句中标有横线的语词是在集合意义下使用的还是在非集合意义下使用的

1. 昆虫是地球上种类最多的动物。
2. 教师是辛勤的园丁,是人类灵魂的工程师。
3. 西安人环保意识很强。
4. 儿童是受法律保护的。
5. 青年人要保持朝气蓬勃、奋发向上的精神状态。
6. 鲁迅的小说最长不超过 3 万字。
7. 人是世间万物中第一可宝贵的。
8. 我们的朋友遍天下。

四、指出下列概念的矛盾概念和反对概念

1. 动物   2. 演绎推理   3. 马克思主义者   4. 社会科学

五、请用欧拉图表示下列各句中标有横线的概念间的外延关系

1. 中国(A)在亚洲(B),是世界贸易组织成员方(C),也是发展中国家(D)。
2. 《祝福》(A)是鲁迅(B)写的,不是巴金(C)写的,巴金的著名作品是《家》(D)。

3. 巴金(A)是文学家(B),不是历史学家(C),郭沫若(D)既是文学家又是历史学家。
4. 普遍概念(A);正概念(B);实体概念(C);概念(D)
5. 工人(A);青年人(B);中年人(C);共产党员(D)

六、下列概念的限制或概括是否正确？为什么？

1. 将"命题"概括为"推理"。
2. 将"军队"概括为"专政工具"。
3. 将"紫甘蓝"概括为"蔬菜"。
4. 将"教师"限制为"教授"。
5. 将"长安大学"限制为"长安大学文学艺术与传播学院"。
6. 将"日寇"限制为"凶狠、残暴的日寇"。

七、下列语句作为定义是否正确？为什么？

1. 失败是成功之母。
2. 奇数就是偶数加1或减1而成的数,偶数则是奇数加1或减1而成的数。
3. 商品不是供生产者消费的产品。
4. 刑法是惩治贪污犯的法律。
5. 犯罪就是违法行为。

八、下列语句作为划分,是否正确？为什么？

1. 长安大学分为工科、理科和文科各学院。
2. 地球分为南北两半球。
3. 战争分为常规战争和世界战争。
4. 文学作品包括诗歌、小说、戏剧、散文及美术作品。
5. 我国刑罚的主刑可分为管制、有期徒刑、无期徒刑及死刑。
6. 文学作品分为古典文学作品、现代文学作品、现实主义文学作品和浪漫主义文学作品。
7. 动物可分为哺乳动物、鸟、鱼、爬行动物、两栖动物和非脊椎动物。
8. 民法通则中规定的近亲属包括:父母、配偶、子女、祖父母及孙子女。

九、选择题

1. "马克思主义者"和"反马克思主义者",这两个概念是(　　)。
   A. 交叉关系　　　　B. 属种关系　　　　C. 矛盾关系　　　　D. 反对关系

2. 在"中国人死都不怕,还怕困难吗?"和"中国人是勤劳勇敢的"这两个命题中,"中国人"(　　)。
   A. 都是集合概念　　　　　　　　　B. 都是非集合概念
   C. 前者是集合概念,后者是非集合概念　　D. 前者是非集合概念,后者是集合概念

3. 将"违法行为"限制为"贪污行为",概括为"犯罪行为"。以下对上述的评价最为确切的是(　　)。
   A. 限制和概括都不正确　　　　B. 限制正确,概括不正确
   C. 限制不正确,概括正确　　　　D. 限制和概括都正确

4. 仿宋:字体
   请在下列备选项中选出一组与题干在逻辑关系上最为贴近、相似或匹配的(　　)。

A. 知识:书籍　　　　B. 黑体:字号　　　　C. 葡萄:水果　　　　D. 钢笔:墨水

5. 若 Q 是属加种差定义中的被定义项,则 Q 通常不能是(　　)。

　　A. 普遍概念　　　　B. 单独概念　　　　C. 正概念　　　　D. 负概念

6. 对于同一个概念,A 和 B 作出两个不同的划分,则这两个划分(　　)。

　　A. 必定有一个是错误的　　　　　　　　B. 可能都是正确的

　　C. 必定有一个是正确的　　　　　　　　D. 一定都是正确的

7. 如果 A 与 B 都是单独概念,则 A 和 B 的外延关系可能是(　　)。

　　Ⅰ. 全同关系　　　　Ⅱ. 属种关系　　　　Ⅲ. 不相容关系

　　A. Ⅰ　　　　B. Ⅲ　　　　C. Ⅰ、Ⅲ　　　　D. Ⅰ、Ⅱ、Ⅲ

8. 下列各组概念中,具有种属关系的是(　　)。

　　Ⅰ. 关系命题—简单命题　　　　Ⅱ. 中国—亚洲

　　Ⅲ. 民事审判庭—法院　　　　Ⅳ. 人民子弟兵—人民军队

　　Ⅴ. 犯罪行为—违法行为

　　A. Ⅰ、Ⅱ、Ⅲ、Ⅳ和Ⅴ　　　　　　　　B. Ⅰ、Ⅴ

　　C. Ⅱ、Ⅲ、Ⅳ和Ⅴ　　　　　　　　　　D. Ⅱ、Ⅲ

9. 金属是导电的物质,分为贵重金属(如金、银)和一般金属(如铁、铜)。

　　上述语句中画横线的部分,对于"金属"这个概念来说,(　　)。

　　A. 明确了内涵,但没有明确外延

　　B. 没有明确内涵,但明确了外延

　　C. 明确了内涵,并且明确了外延

　　D. 没有明确内涵,并且没有明确外延

10. 将"概念分为概念的内涵和概念的外延",这样划分是(　　)。

　　A. 正确的

　　B. 不正确,犯了"子项相容"的逻辑错误

　　C. 不正确,犯了"混淆根据"的逻辑错误

　　D. 不正确,犯了"以分解为划分"的逻辑错误

11. 认知失调是指由于做了一项与态度不一致的行为而引发的不舒服的感觉。下列属于认知失调的是(　　)。

　　A. 周帅和自己喜欢的姑娘一起郊游

　　B. 周帅在宴会上不理睬与自己有矛盾的王红

　　C. 周帅很不喜欢部长的夸夸其谈,但为了面子又不得不恭维他

　　D. 周帅正在戒烟,聚会时朋友给他香烟被他婉言拒绝了

12. 机会主义者就是看机会而采取行动的人。这个定义是(　　)。

　　A. 正确的

　　B. 不正确,犯了"定义过窄"的逻辑错误

　　C. 不正确,犯了"定义含混"的逻辑错误

　　D. 不正确,犯了"同语反复"的逻辑错误

第三章 演绎逻辑(一)
——简单命题及其推理

推理是普通逻辑学的核心内容。从思维形式的结构方面考察,概念联结组成命题,同时,命题又是构成推理的基础。没有命题,也就谈不上推理,命题在思维过程中有着十分重要的作用。本章主要介绍简单命题及由简单命题构成的演绎推理。

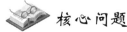

1. 什么是性质命题？由哪几部分组成？
2. 如何理解特称量项的逻辑含义？
3. A、E、I、O 的主项、谓项的周延情况如何？
4. 试述 A、E、I、O 四种命题之间的对当关系。
5. 何为换质法？何为换位法？
6. 三段论的推理规则有哪些？
7. 三段论有哪几个格？什么是三段论的式？
8. 什么是三段论的省略式？怎样检验三段论省略式？
9. 什么是关系命题？试述关系的逻辑特性。
10. 什么是关系推理？

命题　性质命题　词项的周延性　对当关系　推理　推理的逻辑性　命题变形推理　三段论　关系命题　关系推理

趣味逻辑

"那首诗还在"

牛津大学有个叫艾尔弗雷特的人,因会写点小诗而在学校小有名气。有一次,他在同学面前朗诵自己创作的诗。有个叫查尔斯的同学说这首诗是从他看过的一本书里"偷"来的。艾尔弗雷特听到后,非常恼怒,要求查尔斯当众道歉。查尔斯说:"我以前很少收回自己讲过的话,但这一次是个例外。我错了。我本以为他的诗是从我读过的那本书里'偷'来的,但我到房间里翻开那本书一看,那首诗仍在那里。"

"船长今天没喝醉"

船长和大副闹翻了,原因是大副酗酒,屡教不改。无奈之下,船长将此事记入航海日志:"大副今天喝醉了。"第二天,轮到大副值班记航海日志,发现船长的记录,担心被船主解雇,于是要求船长把这句话删去,遭拒绝。大副在沮丧中苦思一计,在航海日志中写道:"船长今天没喝醉。"

第一节 命题及其推理概述

一、命题、判断及语句

对于命题和判断,逻辑学界虽有着不同的看法,但一般都认为,命题是判断的语言表达,是表达判断的语句。因此,要了解命题,首先要了解判断。

1. 判断

判断在人的思维中占有重要地位。单个的概念,不能明确地表达思想。概念只有结合起来,采取判断的形式,才能对对象有所断定,表达某种确定的思想。

所谓判断就是对事物情况有所断定的一种思维形式。例如:

(1)"犯罪行为都是具有社会危害性的。"

(2)"并非所有哺乳动物都是胎生的。"

(3)"刘翔佩服姚明。"

(4)"只有认识错误,才能改正错误。"

这些都是判断。这里所谓的"事物情况"是指作为认识主体的人所反映的认识对象的性质、关系等。"有所断定"是指对"事物情况"的性质、关系等方面的肯定或否定。例(1)肯定"犯罪行为"具有"社会危害"的性质;例(2)否定"所有哺乳动物都是胎生的"这一事物情况的存在;例(3)断定刘翔"佩服"姚明;例(4)断定"认识错误"这一事物情况与"改正错误"这一事物情况之间,存在着一定的条件关系。

判断有两个基本特征:

第一,任何判断都要对事物情况有所肯定或否定。

判断的具体内容可以多种多样,但只要是判断,都必定包含着对事物的断定。没有对事物的断定,既不肯定对象具有某种属性,也不否定对象具有某种属性,就不是判断。例如,"你是大学生",这是对对象有所肯定;"你不是大学生",这是对对象有所否定;这两个语句都表达判断。"你是大学生吗?"这个语句既没有肯定,也没有否定,因而就不是一个判断。

第二,任何判断都具有真假。

判断的真假问题包括事实上的真假和逻辑上的真假两个方面。判断是人的一种思维认识活动。每一个判断都反映和断定思维与思维对象之间的一定关系。因此,就存在着主观反映与客观实际是否符合的问题,这是判断在事实上的真假问题。如果一个判断所断定的事物情况与客观实际相符合,这个判断就是真的;反之,就是一个假判断。例如:

(5)"地球是围绕着太阳运行的。"

(6)"地球是上帝创造的。"

这两个判断中,例(5)是真判断,因为它断定的情况符合客观事实;例(6)则是个假判断,因为它断定的情况与客观实际不相符。

可见,一个具体的判断,要从内容方面来确定其真假,因而必须依靠人们的社会实践和具体科学知识。

但是,一个正确的判断不仅要达到事实上的真,而且还要达到逻辑上的真。一个判断在事实上的真假是各门相关科学研究的问题。而逻辑学主要研究和解决的是判断逻辑上真假的问题,着重从判断(命题)的逻辑形式,即判断(命题)的形式结构、种类和真假关系方面来研究判断,研究判断(命题)如何达到在逻辑上的真,以便恰当地作出断定和正确地进行推理和论证。

正确把握判断的两个基本特征是非常重要的,它是我们判定一个语句是否表达判断的最基本的标准。

2. 语句

语句是一组表示事物情况的声音或笔画。

判断和语句有着密切联系。判断只有通过语句才能表达。语句是判断的物质外壳和表达形式,判断是语句的思想内容。

第一,任何判断都要用语句表达,但并非所有的语句都表达判断。

一般来说,陈述句和反诘疑问句是表达判断的。如,"人是有理智的"就直接表达某种断定。"难道青年人不是祖国的希望吗"也以反问句的方式表达"青年人是祖国的希望"。

但是,感叹句、祈使句、一般疑问句则往往不能直接表达判断。例如:

(7)"啊,兵马俑!"

(8)"请保持安静!"

(9)"逻辑有阶级性吗?"

这三个句子虽然包含某种预设,①但并没有对事物情况作出直接而明显的断定,所以,都不是判断。当然,在特定情况下,感叹句、祈使句、一般疑问句可以间接表达判断。

(10)"陕西的兵马俑好壮观啊!"

(11)"安静!"

(12)"逻辑怎会有阶级性呢?"

例(10)是感叹句,例(11)是祈使句,例(12)是疑问句,但它们都间接地对事物情况作出判定,因此都表达判断。

可见,一个语句是否表达判断,要看它是否对事物情况作出了断定。

第二,同一判断可以用不同的语句表达。例如:

(13)"没有一个事物不包含着矛盾。"

(14)"哪有不包含矛盾的事物呢?"

(15)"任何事物并非不包含着矛盾。"

(16)"凡是事物都包含着矛盾。"

(17)"难道有不包含矛盾的事物吗?"

这些语句虽然语法结构各不相同,但都表达了同一个判断,即"任何事物都包含着矛

---

① 预设:现代逻辑中的重要概念。从语义方面讲,预设是一个语句及其否定共同设定的命题。从语用方面讲,预设是说话者和听话者共同知道或者相信的命题。

盾"。因为,判断是一种思想,是人们认识事物的结果。语句是表达完整意义的言语单位,受社会、习惯的影响,对于同一个判断,不同的人会用不同的语句表达形式。

第三,同一语句可以表达不同的判断。

自然语言是人们日常思维的基本形式和基本工具,常有用同义词和多义词组成的语句,在不同的语言环境中表达不同的思想。判断是语句的思想内容,因此,同一语句可以表达不同的判断。例如,"阿华正在理发""我看见一个白头翁"等,在不同的语境中,其思想内容是不同的。因此,为了正确地进行逻辑分析,就需要人们首先进行必要的逻辑整理,即根据语境等条件,排除歧义,准确地把握自然语言中语句实际断定的内容。

3.命题

表达判断的语句,称作命题。

有真假是命题的逻辑特征。命题作为一种思维形态总是要对对象情况进行反映,因而就存在是否符合客观实际的问题。任何命题,或者真,或者假,但不能既真又假。命题的真假值就是指命题的真假性质,简称真值。但是,普通逻辑学不是从命题内容方面去研究命题的真假,而是以命题的逻辑形式为研究对象,从命题形式的结构、种类、制约关系等方面来研究命题的真值,从命题形式结构的真假条件以及命题间的真假关系角度研究命题的真假,从而为进一步研究推理与论证奠定基础。

应当承认,判断与命题是有区别的:判断是人们对事物情况作出的断定,同认识主体有关联;而命题是具有真假意义的语句,不涉及认识主体。在实践中,人们交流常用的是判断而不是命题。

严格讲,逻辑学所研究的只能是命题而不是判断。本书对判断和命题这两个概念不作严格区分,认为它们表达同一个意思,都是指人对思维对象的断定。

二、命题形式及其种类

1.命题形式

命题由两个部分所组成:命题内容和命题形式。命题内容是命题对具体事物情况的反映,命题形式是命题内容的联系方式。普通逻辑学不研究具体命题,而主要研究命题形式。

在绪论中,我们已经讨论过思维的逻辑形式这个问题。而所谓命题的逻辑形式就是指命题的各个组成部分之间的构造方式。亦指不同内容的命题共同具有的结构形式。例如:

(1)"太阳不是宇宙的中心。"

(2)"地球不是上帝创造的。"

从内容上看,上述命题是不同的,但其逻辑形式却是相同的,命题内容的联系方式都为:S 不是 P。这就是它们的命题形式。又如:

(3)"一个语句的错误,或者是逻辑错误,或者是语法错误。"

(4)"胜者或因其强,或因其指挥无误。"

上述两个命题从内容上看也是不同的,但逻辑形式却是相同的,这两个命题内容的联系方式都为:或者 p,或者 q。这就是它们的命题形式。

可见,命题形式同样是由逻辑常项和逻辑变项两个部分组成的。其中,逻辑常项表达命题逻辑性质,逻辑变项表达命题思想内容。因为普通逻辑学不以命题思想内容为研究对象,所以总是将逻辑变项用特定的符号表示。

2.命题的种类

普通逻辑学从命题形式方面对命题进行分类,不同种类的命题具有不同的逻辑性质,并由此产生不同的推理及其系统。

命题的形式是多种多样的,逻辑学根据不同的标准对其进行分类:

首先,根据命题中是否含有"必然""可能""必须""允许"等模态词,将命题分为模态命题和非模态命题。

其次,根据命题本身是否包含其他命题,将非模态命题分为简单命题和复合命题。简单命题就是在自身中不包含其他命题的命题。简单命题按照命题所断定的是对象的性质还是对象之间的关系,又分为性质命题和关系命题;复合命题就是自身中包含有其他命题的命题。复合命题按照组成复合命题的各个简单命题之间的联系情况,又分成:联言命题、选言命题、假言命题和负命题。

再次,将模态命题按照其模态词的种类又分为真值模态命题和规范模态命题。

上述分类,可表示如下:

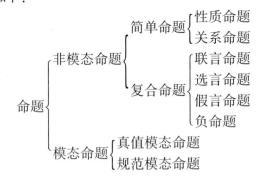

三、推理及推理种类

推理的知识在逻辑学中占有极为重要的地位。

思维活动主要表现为推理活动。推理活动的展开,涉及心理因素、背景知识、智力功能等诸多方面的问题。普通逻辑学不可能对之都加以研究,逻辑学要研究的主要是命题的联结方式,即在推理形式方面的共性问题。

1.推理

推理是由一个或几个已知命题得出另一个新命题的思维形式。例如:

(1) 犯罪行为不是合法行为;
    所以,合法行为不是犯罪行为。

(2) 如果死者是砒霜中毒而死,那么死者的牙根会呈现青黑色;
    死者的牙根没有呈现青黑色;
    所以,死者不是砒霜中毒而死。

(3) 所有法律都是有强制性的;
    刑法是法律;
    所以,刑法是有强制性的。

以上这些都是推理。① 它们所表达的思想内容虽然各不相同,但在形式上却有一个共同特点,那就是:它们都是从一个或几个已知命题出发而推出另一个新命题的。这表明推理是由命题构成的,命题是推理的组成要素。

任何推理都包括三个部分:前提、结论和推理联项。前提是指作为推理根据的已知命题,结论则是指由已知命题所推出的新命题。但是,推理不是命题的任意组合。如"民事诉讼法是法,刑事诉讼法是法,它们都是程序法"就只是一个命题序列,而不是推理,因为它们之间没有推出关系。在推理中,前提与结论之间必须要有一定的推出关系。推理联项就是反映这种推出关系的逻辑联结项。如上述三例中的"所以"。

推理的存在及表达离不开语言。推理的语言表达形式是因果复句或句群。但是,不是所有的复句或句群都表达推理,只有当句子所表达的命题之间存在着推出关系时才表达推理。通常这类复句或句群都包含有"因为……所以……""由于……因此……""根据……可知……""……由此可见……"等关联词语。当然,在人们的语言表达中有时这些关联语词可以省略。

正如命题有内容和形式两个方面一样,推理也有内容和形式两个方面。一个具体的推理是由作为前提的具体命题与作为结论的具体命题组成的,而一个推理形式则是由作为前提的命题形式与作为结论的命题形式所组成的。前面所举的三个推理都是具体的推理。如果将其推理的具体内容抽去,就可以分别得到下面三个不同的推理形式:

例(1)的推理形式:

$$\frac{\text{所有 S 都不是 P}}{\text{所以,所有 P 都不是 S}}$$

例(2)的推理形式:

$$\frac{\text{如果 } p,\text{那么 } q}{\text{非 } q}$$
$$\text{所以,非 } p$$

例(3)的推理形式:

$$\frac{\text{所有 M 都是 P}}{\text{所有 S 都是 M}}$$
$$\text{所以,所有 S 都是 P}$$

在上述推理中,我们用"S""P""M"替换具体概念;用"p""q"替换具体命题。推理形式就是用逻辑变项(词项变项或命题变项)去代替具体推理中的具体概念或具体命题的结果。普通逻辑学并不研究推理的具体内容,它只研究由前提到结论的推理形式。推理形式就是具体内容各不相同的推理所共同具有的构造方式,即是以人工语言符号替换推理内容的思维形式结构。

2. 推理的逻辑性

正确的思维首先必须是合乎逻辑的思维,而合乎逻辑的思维的主要标志是推理要具有逻辑性。

---

① 推理中横线上面的是前提,横线下面的是结论,横线表示由上面的命题推导出其下面的命题。

推理的逻辑性,指的是推理前提与结论之间联系的必然性,也称推理的形式有效性或推理形式的正确性。推理有演绎推理和非演绎推理两大类,这两类推理的逻辑性问题是不同的。

对于演绎推理来说,推理的逻辑性是指推理形式结构有效,它能保证从真前提推出真结论。推理的有效与否,不是就推理的内容和意义而言的,而是就推理的形式结构而言的。推理形式有效性的判定,是逻辑学的中心课题。在普通逻辑学中,判定推理有效的方法是制定一些规则。推理要有效,就要遵循规则而不能违反规则。

运用推理进行思维的目的是为了获得真实的结论。推理是由内容与形式两部分构成的,一个推理能否必然推出真实的结论,既与内容有关,也与形式有关。与内容有关的是:前提是否真实、是否符合客观实际;与形式有关的是:形式是否能保证由真实前提必然导出真实结论。① 可见,要想在推理中获得真实结论,仅靠推理有效是不够的。推理有效,只能保证如果前提是真实的,那么结论是真实的;但是,如果前提不真实,结论就不一定真实。因此,要确保运用推理获得真实结论,使推理具有逻辑性,就必须满足两个条件:

(1)前提是真实的。即前提应当是正确反映客观事物情况的真实命题。

(2)推理的前提和结论间的关系是符合思维规律要求的。

这正如恩格斯所说:"如果我们有正确的前提,并且把思维规律正确地运用于这些前提,那么结果必定与现实相符。"② 任何一个演绎推理,不管它的具体内容如何,只要满足上述两个方面的要求,就是一个正确的、有逻辑性的推理。但是,对于推理前提是否真实的问题,逻辑学是解决不了的,这要通过其他具体科学才能解决。逻辑学所能解决的只是:哪些推理形式是符合逻辑规则要求的,因而是形式正确的、有效的;哪些推理形式是不符合逻辑规则要求的,因而是形式不正确的、无效的。这就是说,演绎推理是否具有逻辑性的问题,指的就是推理形式是否合乎逻辑规则的问题,即遵守推理规则是使演绎推理具有逻辑性的充分而且必要的条件。这才是逻辑学所要研究的主要内容。

对于非演绎推理(归纳推理和类比推理)来说,推理的逻辑性问题有其特殊性。仅凭推理形式结构,并不能保证前提真时,结论就真。这类推理的前提对于结论的关系是个支持度的问题,即前提的真能在多大程度上保证其结论的真。一个非演绎推理前提对结论的支持度若是100%,则前提真,结论必定真;一个非演绎推理前提对结论的支持度若是小于100%,则前提真,结论不必定真。有时还需凭借其他一些条件或因素(如前提数量、考察范围等)才能够加以确定。

提高非演绎推理前提对结论的支持度的种种要求,统称为逻辑要求。逻辑要求也是非演绎推理由前提导出结论的必要条件。③

3. 推理的种类

推理的种类繁多,需要对它进行分门别类的研究,以便更好地考察各种不同的推理形式及其必须遵守的逻辑规则。

---

① 王莘.《逻辑》.北京.北京大学出版社.2009年版.第87页。
② 《马克思恩格斯全集》第20卷.北京.人民出版社.1971年版.第661页。
③ 蔡贤浩.《形式逻辑》.武汉.华中师范大学出版社.2008年版.第100页。

首先，根据推理的思维进程方向的不同，推理可分为演绎推理、归纳推理和类比推理。演绎推理是从一般性知识的前提推出个别性知识的结论的推理；归纳推理是从个别性知识的前提推出一般性知识的结论的推理；类比推理是从特殊性（个别性）知识的前提推出特殊性（个别性）知识的结论的推理。

其次，根据推理的前提和结论之间联系性质的不同，推理可分为必然性推理和或然性推理。前提和结论之间有蕴涵①关系的推理是必然性推理；前提和结论之间没有蕴涵关系的推理是或然性推理。

再次，根据推理中前提数目的不同，推理可分为直接推理和间接推理。以一个命题作为前提的推理是直接推理；以两个或两个以上命题作为前提的推理就是间接推理。

推理的三种划分，由于划分根据不同，因此是互相交叉的，同一个推理可以分属于不同的种类。本章和第四章所介绍的推理均属于演绎推理，同时也是前提蕴涵结论的必然性推理。因此，可以将演绎推理看成是前提蕴涵着结论的一种必然性推理。

第二节 性 质 命 题

一、性质命题及其结构

性质命题又称直言命题，是断定事物情况具有或不具有某种性质的命题。性质命题的特点是直接断定"事物是什么"或"事物不是什么"。例如：

（1）"珠穆朗玛峰是世界第一高峰。"
（2）"李白不是军事家。"
（3）"所有阔叶植物都是落叶的。"
（4）"所有卖国贼都不是爱国者。"
（5）"有的哺乳动物是卵生的。"
（6）"有些矛盾不是对抗性的。"

这些命题都是性质命题，它们要么肯定事物对象具有某种性质，要么否定事物对象具有某种性质。

性质命题本身只由概念构成，不包含其他的命题成分，因而它是简单命题。组成性质命题的概念成分，叫作词项。

性质命题是由主项、谓项、联项和量项四个部分构成。

主项是表示被断定对象的概念（词项）。通常用字母"S"②表示。如上述例句中的"珠穆朗玛峰""李白""阔叶植物""卖国贼""哺乳动物""矛盾"。

谓项是表示命题对象具有或不具有某种性质的概念。通常用字母"P"③表示。如上述例句中的"世界第一高峰""军事家""落叶的""爱国者""卵生的""对抗性的"。

---

① 逻辑学中经常涉及"蕴涵"这个概念。如果说一个命题 p 蕴涵另一个命题 q，就是说当命题 p 是真的，必然地命题 q 也是真的。所以，命题 p 蕴涵命题 q，等于是说，命题 p 与 q 之间有必然性的联系。
② "S"是拉丁字 Subjectum 的第一个字母，表示主体、主语等意思。
③ "P"是拉丁字 Praedicatum 的第一个字母，表示思考对象的属性如何、谓语等意思。

联项是表示主项和谓项之间联系的概念。联项表明命题的质(命题是肯定的或否定的)。联项分为两种:

(1)肯定联项:"是"。在命题的语言表达中,肯定联项有时可以省略。含有肯定联项的是肯定命题,如例(1)、例(3)、例(5)。

(2)否定联项:"不是"。在命题的语言表达中,否定联项是不能省略的。含有否定联项的是否定命题,如例(2)、例(4)、例(6)。

量项是表示命题主项数量或范围的概念,称为命题的"量"。量项有全称量项、特称量项和单称量项三种。

全称量项是反映主项全部外延的词项。通常用"一切""所有""凡""任一"等语词表示。在语言表达中,全称量项有时可以省略。如"法律是有阶级性的"就省略了"所有"这个全称量项。

特称量项是断定主项至少有一个外延的词项。通常是在一个命题中没有对主项全部外延作出断定时使用,一般用"有""有的""有些"等语词来表示。在语言表达中,特称量项不能省略。如"有些人是自私的",若省略特称量项"有些",就会让人误解为"'所有'人都是自私的"。

单称量项表示在一个命题中对主项外延的某一个特定对象作了断定,通常用"某个""这个""那个"等语词来表示。在单称命题的语言表达中,若主项是单独概念,则无需用单称量项。如"珠穆朗玛峰是世界第一高峰"。如果主项是普遍概念,那么单称量项就不能省略。如"那个人是中国人民解放军战士",若省略单称量项"那个",命题就不是单称命题。

因此,性质命题的一般结构组成如下:

量项 + 主项(S) + 联项 + 谓项(P)

任何性质命题在形式结构上都是由上述四部分组成的,其中主项和谓项是逻辑变项,量项和联项是逻辑常项。

二、性质命题种类

根据逻辑常项的不同,性质命题可以分为不同的类型。

1. 肯定命题和否定命题

根据性质命题联项的不同,即按性质命题质的不同,可把性质命题分为肯定命题和否定命题。

肯定命题是断定事物情况具有某种性质的命题。其逻辑形式是:S 是 P。如:
"语言是思维的物质外壳。"

否定命题是断定事物情况不具有某种性质的命题。其逻辑形式是:S 不是 P。如:
"迷信不是科学。"

断定一个命题是肯定命题还是否定命题,标准只有一个,就是根据联项是肯定还是否定来决定,而不是根据语句的意义来断定。因为人们在使用性质命题时,有时会出于实际需要,运用多重否定的方式来表达。如"人不是不犯错误的"。若从语句意义来分析,它表述的是"人都是会犯错误的",但从语句结构上看,其联项为"不是",是否定联项,构成一个否定命题。

2. 全称命题、特称命题和单称命题

根据性质命题量项的不同,即按性质命题量的不同,可将性质命题分为全称命题、特称

命题和单称命题。

全称命题是断定某类事物的全部都具有或不具有某种性质的命题。其逻辑形式是：所有 S 是(或不是)P。如：

"人总是会死的。"

"任何知识都不是头脑中固有的。"

一个性质命题若未表示出对主项量的限制，均可视为全称命题。

特称命题是断定某类事物中有事物具有或不具有某种性质的命题。其逻辑形式是：有 S 是(或不是)P。如：

"有的经济合同是无效的。"

"有些哺乳动物不是胎生的。"

一个性质命题，只要断定的并非是主项的全部外延，均可视为特称命题。特称命题适用于在某类事物数量不是十分确定的情况下使用。特称命题的量项"有""有些"一般被称为"存在量词"，其逻辑含义是"至少存在着"。它可以指至少有一个存在，甚至全部存在。但在日常语言中，"有"的含义往往是指"仅仅有些"，只限于部分，并不包括全部。

单称命题是断定某一特定的个别事物具有或不具有某种性质的命题。其逻辑形式是：某个 S 是(或不是)P。如：

"西安是历史名城。"

"多瑙河不是欧洲最长的河流。"

3.性质命题基本形式

将上述两种分类形式结合起来，即把按质分类和按量分类结合起来，性质命题实际上分为六种：

(1)全称肯定命题：断定某类事物的全部对象都具有某种性质的命题。其逻辑形式是：所有 S 都是 P。例如：

"所有金属都是导体。"

(2)全称否定命题：断定某类事物的全部对象都不具有某种性质的命题。其逻辑形式是：所有 S 都不是 P。例如：

"所有人都不是长生不老的。"

(3)特称肯定命题：断定某类事物中有事物具有某种性质的命题。其逻辑形式是：有 S 是 P。例如：

"有些玫瑰花是红色的。"

(4)特称否定命题：断定某类事物中有事物不具有某种性质的命题。其逻辑形式是：有 S 不是 P。例如：

"有些案件不是民事案件。"

要注意的是，特称命题"有 S 是 P"与"有 S 不是 P"的逻辑含义与日常用语中的"有些是什么"和"有些不是什么"是有区别的。在日常用语中，断定"有些是什么"的时候，通常还包含着"有些不是什么"的含义；但是，逻辑学所指的特称命题"有 S 是 P"则只是强调"具有 P 性质的 S 是存在的"。断定"有 S 是 P"，并不意味着"有 S 不是 P"，反之亦然。

(5)单称肯定命题：断定某一个特定的个别事物具有某种性质的命题。其逻辑形式是：

某个S是P。例如：

"'嫦娥一号'卫星是我国自主设计制造的。"

(6)单称否定命题：断定某一个特定的个别事物不具有某种性质的命题。其逻辑形式是：某个S不是P。例如：

"那个人不是我们班的学生。"

单称命题和全称命题一样，都断定主项的全部外延。从逻辑性质上讲，单称命题可视为全称命题。因此，一般情况下，普通逻辑学将性质命题归结为四种基本形式：

全称肯定命题：所有S都是P，公式：SAP，通常简称为A命题。
全称否定命题：所有S都不是P，公式：SEP，通常简称为E命题。
特称肯定命题：有S是P，公式：SIP，通常简称为I命题。
特称否定命题：有S不是P，公式：SOP，通常简称为O命题。

三、性质命题主项和谓项的周延性

在性质命题中，词项的周延性问题是一个十分重要的问题，之后所要介绍的性质命题推理中，周延性问题起着核心作用。

性质命题项的周延性是指性质命题主项和谓项的外延在命题中被断定的情况。如果在命题中断定主项或谓项的全部外延，那么这个主项或谓项就是周延的；如果没有断定主项或谓项的全部外延，那么这个主项或谓项就是不周延的。

A、E、I、O四种性质命题主项和谓项的周延情况如下：

全称肯定命题（A命题）：主项周延，谓项不周延。

"所有S都是P"断定主项（S）的所有分子（即全部外延）都具有某种性质，因此，其主项S在该性质命题中是周延的；而就其谓项P来看，A命题虽断定主项S的全部外延在谓项P的外延之中，即S类的所有分子都是P类分子，但却并未断定谓项的全部外延都包含在主项的外延之中，即并未断定P类所有分子都是S类分子。所以，A命题的谓项是不周延的。例如：

(1)"所有学生都是爱国的。"

此例中的主项"学生"是周延的，因为该命题对"学生"的全部外延做出断定：所有学生。但谓项"爱国的"却是不周延的，因为该命题并没有对"爱国的"的全部外延做出断定。只是说"学生都是爱国的"，并未说"所有学生都是所有爱国的"。

全称否定命题（E命题）：主项周延，谓项周延。

"所有S都不是P"断定主项（S）的所有分子（即全部外延）都不具有某种性质，即断定主项S的全部外延都被排斥在谓项P的全部外延之外。因此，它不仅断定"所有S不是P"，同时也断定"所有P都不是S"。所以，全称否定命题的主谓项都是周延的。例如：

(2)"所有卖国贼都不是爱国者。"

此命题中的主项"卖国贼"和谓项"爱国者"都是周延的，即"所有卖国贼都不是所有爱国者。"

特称肯定命题（I命题）：主项不周延，谓项不周延。

"有S是P"，该命题中量项（有）表明它只断定主项S外延中有分子（但没有断定主项S的所有分子）具有某种性质（P），因而主项S是不周延的。同时该命题只断定S类中有分子是P类分子，并没有断定P类的所有分子是S类分子，即没有断定"所有P都是S"。所以，谓项 P 也是不周延的。例如：

(3)"有些玫瑰花是红色的。"

此命题只断定主项"玫瑰花"的部分外延存在于谓项"红色的（花）"的外延之中，但并没有断定主项"玫瑰花"的部分外延就是谓项"红色的（花）"全部外延所指。因此，该命题中的主谓项都是不周延的。

特称否定命题（O 命题）：主项不周延，谓项周延。

"有 S 不是 P"，该命题断定 S 类中有分子（但没有断定主项 S 的所有分子）不是 P 的外延所指称的对象，断定 S 的外延中有对象被排斥在谓项 P 的全部外延之外，说明有 S 不在任何 P 类中，所以，该命题虽未断定主项 S 的全部外延，但却断定谓项 P 的全部外延。即特称否定命题的主项不周延，而谓项却是周延的。例如：

(4)"有些大学生不是共青团员。"

该命题断定主项"大学生"的部分外延和谓项"共青团员"的全部外延相排斥，因此，主项"大学生"是不周延的，而谓项"共青团员"是周延的。

综合以上分析，A、E、I、O 四种性质命题主、谓项的周延情况可概括总结如表 3-1 所示。

A、E、I、O 四种命题主、谓项的周延情况　　　　　　　表 3-1

命题类型	主　项	谓　项
SAP	周延	不周延
SEP	周延	周延
SIP	不周延	不周延
SOP	不周延	周延

关于性质命题主项和谓项的周延性问题，要注意以下几点：

(1)单称性质命题主、谓项的周延情况与全称性质命题主、谓项的周延情况完全相同。所以通常情况下，就不再使用独立的公式来表达单称性质命题，而是分别用 SAP 和 SEP 这两个全称性质命题的公式来表达。

(2)周延性问题是关于性质命题的主项或谓项是否被断定全部外延而言的，因此，只是在性质命题中才有词项的周延性问题，离开一个确定的性质命题，孤立地就一个概念来说，不存在周延不周延的问题。

(3)周延性与命题的真假没有联系。命题的真假性质不会影响命题主谓项的周延性。如"所有哺乳动物都是胎生的"是个假命题，而"有哺乳动物不是胎生的"是个真命题。

(4)性质命题词项的周延性问题是相对于命题的形式结构而言的，判定词项是否周延，只能以该命题对其主、谓项外延情况的断定为依据，而不能以对主、谓项具体内容的分析和它们在外延方面事实上的关系来确定。普通逻辑学只研究反映客观事物情况的命题形式本身。因此，只能根据我们在某一类型的性质命题中对词项的断定情况来确定该词项是否周延。即：

从主项角度讲，全称命题的主项周延，特称命题的主项不周延。

从谓项角度讲，肯定命题的谓项不周延，否定命题的谓项周延。

四、同一素材性质命题间的真假关系

所谓同一素材是指性质命题中的主项和谓项均相同。所谓的真假，并不是指各种命题

内容的真假,而是指同一素材的 A、E、I、O 四种命题之间的相互制约关系。例如:

(1)"我们班所有学生都是共青团员。"
(2)"我们班所有学生都不是共青团员。"
(3)"我们班有学生是共青团员。"
(4)"我们班有学生不是共青团员。"

上述四个命题就是同一素材的性质命题,它们的主项"学生"和谓项"共青团员"均相同。而:

(5)"我们班所有学生都是共青团员。"
(6)"我们班有学生是共产党员。"

及:

(7)"我们社区有人是共青团员。"
(8)"我们班有学生不是共青团员。"

这两组命题就不是同一素材的命题,它们的主、谓项不尽相同。

从结构形式上看,性质命题表达的是对命题主项与谓项这两个概念外延关系的断定。性质命题的真假,就取决于命题所反映的主项和谓项外延间的关系是否符合实际。根据概念间的关系,可看出主项 S 和谓项 P 外延之间共有五种关系,即全同关系、真包含于关系、真包含关系、交叉关系和全异关系。A、E、I、O 四种性质命题在主项和谓项具有上述五种关系的情况下,都有相应确定的真假。

A 命题反映主项与谓项间具有包含于关系,所以在主项和谓项之间具有全同关系或真包含于关系时,A 命题真;在主项和谓项之间具有真包含关系、交叉关系和全异关系时,A 命题假。

E 命题反映主项与谓项间具有不相容关系,所以在主项和谓项之间具有全异关系时,E 命题真;在主项和谓项之间具有全同关系、真包含于关系、真包含关系和交叉关系时,E 命题假。

I 命题反映主项与谓项间具有相容关系,所以在主项和谓项之间具有全异关系时,I 命题假;在主项和谓项之间具有全同关系、真包含于关系、真包含关系和交叉关系时,I 命题真。

O 命题反映主项与谓项间不具有包含于关系,所以在主项和谓项之间具有全同关系或真包含于关系时,O 命题假;在主项和谓项之间具有真包含关系、交叉关系和全异关系时,O 命题真。

A、E、I、O 命题的真假情况可总结如表 3-2 所示。

A、E、I、O 命题的真假情况 表 3-2

命题类别 \ S与P的关系	全同关系	真包含于关系	真包含关系	交叉关系	全异关系
SAP	真	真	假	假	假
SEP	假	假	假	假	真
SIP	真	真	真	真	假
SOP	假	假	真	真	真

从上表中可看出,性质命题主项和谓项在外延上所存在的五种关系,决定着一个具体性质命题的真假情况。

此外,根据上表我们还可以看出具有同一素材的 A、E、I、O 四种性质命题之间所存在的真假制约关系。逻辑上将 A、E、I、O 四种性质命题之间的真假关系称为"对当关系"。

"对当关系"包括:

1. 反对关系

A 命题和 E 命题之间的关系。反对关系是指两个命题"不能同真,可以同假"的关系。从表中可知,当 A 命题真时,E 命题一定假;当 A 命题假时,E 命题真假不定。例如:

A:"我们班所有学生都是共青团员。"

E:"我们班所有学生都不是共青团员。"

这两个命题是反对关系,当 A 命题真时,E 命题必假;当 A 命题假时,E 命题真假不定。同理,当 E 命题真时,A 命题必假;当 E 命题假时,A 命题真假不定。

2. 下反对关系

I 命题与 O 命题之间的关系。下反对关系是指两个命题"不能同假,但可以同真"的关系。从表中可知,当 I 命题真时,O 命题真假不定;当 I 命题假时,O 命题一定真。例如:

I:"我们班有学生是共青团员。"

O:"我们班有学生不是共青团员。"

这两个命题是下反对关系,当 I 命题真时,O 命题真假不定;当 I 命题假时,O 命题必真。同理,当 O 命题真时,I 命题真假不定,当 O 命题假时,I 命题必真。

3. 差等关系

A 命题与 I 命题、E 命题与 O 命题之间的关系。亦称"从属关系"。这种关系是指:当全称命题真时,相对应的特称命题必真,全称命题假时,相对应的特称命题真假不定;当特称命题真时,相对应的全称命题真假不定,特称命题假时,相对应的全称命题必假。例如:

A:"我们班所有学生都是共青团员。"

I:"我们班有学生是共青团员。"

及:

E:我们班所有学生都不是共青团员。

O:我们班有学生不是共青团员。

以上两组命题中,当 A 命题真时,I 命题必真,当 A 命题假时,I 命题真假不定;当 I 命题真时,A 命题真假不定,当 I 命题假时,A 命题必假。同理,当 E 命题真时,O 命题必真,当 E 命题假时,O 命题真假不定;当 O 命题真时,E 命题真假不定,当 O 命题假时,E 命题必假。所以,A、I 命题之间,E、O 命题之间是差等关系。

4. 矛盾关系

A 命题与 O 命题、E 命题与 I 命题之间的关系。矛盾关系是指两个命题"既不能同真,也不能同假"的关系。例如:

A:"我们班所有学生都是共青团员。"

O:"我们班有学生不是共青团员。"

及:

E:"我们班所有学生都不是共青团员。"

I:"我们班有学生是共青团员。"

以上两组命题中,当 A 命题真时,O 命题必假;当 A 命题假时,O 命题必真。同理,当 E 命题真时,I 命题必假;当 E 命题假时,I 命题必真。这种关系就是矛盾关系。

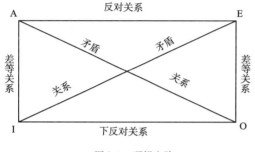

图 3-1 逻辑方阵

传统逻辑学把 A、E、I、O 四种性质命题之间的这种"对当关系"用一个方形图(图 3-1)来表示。这个图在传统逻辑中被称为"逻辑方阵"。

关于性质命题的对当关系,有以下几点要说明:

(1)对当关系是针对同一素材性质命题之间的真假关系而言,不同素材的命题之间一般没有直接的真假关系。比如,已知"所有商人都是奸商"为假,并不能直接推出"有动物的血是红的"的真假,因为这两个命题不是同一素材的命题。

(2)在对当关系中,单称性质命题不能被当作全称性质命题处理。全称肯定命题与全称否定命题之间是反对关系,而单称肯定命题和单称否定命题之间是矛盾关系。

(3)性质命题的真假关系建立在命题主项所反映的对象是实际存在的基础上。如果命题主项所反映的对象在现实中不存在,那么命题之间的真假关系不能成立。比如,"所有的神仙都是仁慈的""有的神仙不是仁慈的",根据逻辑方阵,这两个命题是矛盾关系,既不同真,也不同假。但由于命题的主项"神仙"是个虚概念,它反映的对象在现实社会中不存在,因此,这两个命题都假,矛盾关系不成立。

根据 A、E、I、O 四种性质命题之间的真假关系,由其中一个命题的真假情况,可以推知其他三个命题的真假情况。

【例题 3-1】 已知:"所有哺乳动物都是胎生的"假,求同一素材的其他命题的真假。

解析:由题干条件知,"所有哺乳动物都是胎生的"为 A 命题,并且是假命题。

根据反对关系,A 命题假,则 E 命题真假不定,即"所有哺乳动物不是胎生的"真假无法确定。

根据差等关系,A 命题假,则 I 命题的真假不定,即"有哺乳动物是胎生的"真假无法确定。

根据矛盾关系,A 命题假,则 O 命题真,即"有哺乳动物不是胎生的"真。

结论:当 A 命题假时,同一素材的 O 命题真,E 命题、I 命题的真假不定。

【例题 3-2】 某次校考,巡视员发现有学生考试作弊。

如果上述断定为真,则以下哪项不能确定真假?

Ⅰ.此次校考,所有学生都考试作弊

Ⅱ.此次校考,所有学生都没有考试作弊

Ⅲ.此次校考,有学生考试未作弊

Ⅳ.此次校考,某班王同学考试作弊

A. Ⅰ、Ⅱ、Ⅲ和Ⅳ   B. Ⅰ、Ⅲ和Ⅳ   C. Ⅰ、Ⅲ   D. Ⅰ、Ⅳ

解析：正确答案是 B。题干"有学生考试作弊"是 I 命题，选项 I 是 A 命题，选项 II 是 E 命题，选项 III 是 O 命题，选项 IV 是单称肯定命题。根据对当关系，由 I 命题真，只能推出 E 命题假，其余命题真假不定。故在题干命题为真的情况下时，不能确定真假的选项应是 I、III 和 IV。

性质命题及对当关系是最基本的一个逻辑知识点。解答这类题型，关键是要从题干所给的条件出发，从中抽象出逻辑形式，根据对当关系来分析判断。

第三节　性质命题直接推理

直接推理是最简单的演绎推理，是以一个已知命题为前提推出结论的推理，即只有一个前提的推理。

本节主要介绍性质命题的直接推理，即以一个性质命题为前提推出一个新的性质命题为结论的推理。

一、对当关系推理

对当关系推理是根据"逻辑方阵"中同一素材的性质命题之间的真假关系而进行的直接推理。需要注意的是，对当关系推理仍属于演绎推理中的一种，因此所有的推理形式都必须是必然正确而不能是可能正确的。演绎推理逻辑上要求任何一个有效的推理形式都必须满足：若前提真，则结论必真。

例如：

（1）"所有人都享有基本人权。"（SAP）

（2）"所有人都不享有基本人权。"（SEP）

二者是反对关系，因而不可能同时是真命题，可以从 SAP 推出 SEP 必然假，或从 SEP 推出 SAP 必然为假。但是却不能从 SAP 假必然推出 SEP 的真假，所以，若由 SAP 假推出 SEP 真，尽管有可能与实际情况符合，但却不是有效的推理。

对当关系推理的有效式如下：（¬：否定词）

SAP→¬ SEP　　　　　　　　（反对关系，由真推假）
SEP→¬ SAP　　　　　　　　（反对关系，由真推假）
SAP→¬ SOP　　　　　　　　（矛盾关系，由真推假）
SEP→¬ SIP　　　　　　　　（矛盾关系，由真推假）
SIP→¬ SEP　　　　　　　　（矛盾关系，由真推假）
SOP→¬ SAP　　　　　　　　（矛盾关系，由真推假）
SAP→SIP　　　　　　　　　（差等关系，全称真推特称真）
SEP→SOP　　　　　　　　　（差等关系，全称真推特称真）
¬ SIP→¬ SAP　　　　　　　（差等关系，特称假推全称假）
¬ SOP→¬ SEP　　　　　　　（差等关系，特称假推全称假）
¬ SAP→SOP　　　　　　　　（矛盾关系，由假推真）
¬ SEP→SIP　　　　　　　　（矛盾关系，由假推真）

¬SIP→SEP　　　　　　　　　　（矛盾关系,由假推真）

¬SOP→SAP　　　　　　　　　　（矛盾关系,由假推真）

¬SIP→SOP　　　　　　　　　　（下反对关系,由假推真）

¬SOP→SIP　　　　　　　　　　（下反对关系,由假推真）

【例题3-3】　某会计事务所共有包括所长在内的9名职员。

Ⅰ.有人已取得注册会计师资格

Ⅱ.有人未取得注册会计师资格

Ⅲ.所长没有取得注册会计师资格

如果在上述断定中只有一个是真的,则以下哪项为真?（　　）

A.只有一个人没有取得注册会计师资格

B.9名职员都没有取得注册会计师资格

C.9名职员都取得注册会计师资格

D.无法确定该所取得注册会计师资格的人数

解析:正确答案是C。题干中的Ⅱ与Ⅲ为包含关系,根据题意可推断"有人未取得注册会计师资格"是假的。由此,根据矛盾关系,由"有人未取得注册会计师资格"为假,可推出"所有人都取得注册会计师资格"为真。

【例题3-4】　有人说:"所有的鸟都会飞。"

以下哪项最能反驳上述判断?（　　）

A.可能有的鸟不会飞　　　　　　　　B.没有见到过不会飞的鸟

C.不会飞的动物不太可能是鸟　　　　D.鸵鸟是鸟,但它不会飞

解析:正确答案是D。反驳某个命题就是要确定该命题为假。题干中的命题是全称肯定命题,根据对当关系,当一个特称否定命题为真时,相对应的全称肯定命题必定假。本题需要寻找的是与题干具有矛盾关系的命题来反驳题干。虽然选项A也能对题干命题进行反驳,但反驳力度不及选项D有力。

二、命题变形推理

命题变形直接推理,是通过改变前提命题的形式从而推出结论的推理。所谓改变前提命题的形式,是指:

第一,改变前提命题的质,即把前提命题的联项由肯定变为否定,或由否定变为肯定。

第二,改变前提命题主项和谓项的位置,即在前提命题中是主项,在结论命题中则处于谓项的位置。在前提命题中是谓项,在结论命题中则处于主项的位置。

相应地,命题变形直接推理有两种基本形式:换质法和换位法。

1. 换质法

换质法是通过改变前提命题的质而得出结论的直接推理方法。

换质法的规则是:

第一,结论和前提不同质。

第二,结论命题中的谓项是前提命题谓项的矛盾概念。

第三,结论命题的主项和量项与前提命题相同。

以下是前提分别为 A、E、I、O 四种性质命题的换质推理形式:($\overline{P}$ 为谓项 P 的矛盾概念)

SAP→SE$\overline{P}$;

SEP→SA$\overline{P}$;

SIP→SO$\overline{P}$;

SOP→SI$\overline{P}$。

【例题 3-5】 下列换质推理是否正确?

贾某不是婚生子女;
所以,贾某是非婚生子女。

解析:根据换质法规则,可判定此换质推理错误,原因在于"非婚生子女"并不是"婚生子女"的矛盾概念。

2. 换位法

换位法是通过改变前提命题主项与谓项的位置,从而推出结论的直接推理方法。

换位法的规则是:

第一,改变前提命题主项和谓项的位置。

第二,结论和前提命题的质相同。

第三,前提命题中不周延的词项,在结论命题中不得周延。

以下是前提分别为 A、E、I 三种性质命题的换位推理形式:

SAP→PIS;

SEP→PES;

SIP→PIS。

注意:根据换位法规则,特称否定命题(SOP)不能进行换位推理。因为 O 命题的主项(S)是不周延的,如果将 SOP 换位,前提中 O 命题的主项在结论中作为否定命题的谓项出现,而否定命题的谓项是周延的,这样,就会违反换位法规则第三条的要求。如:将"有些人不是乐观主义者"换位为"有些乐观主义者不是人"就是错误的。

【例题 3-6】 下列换位推理是否正确?

所有教师都是知识分子;
所以,有些知识分子是教师。

解析:换位推理正确。这是限制换位。因为前提 A 命题中谓项"知识分子"是不周延的,通过换位,在结论中"知识分子"作主项,根据换位法规则,仍必须是不周延的,因此结论只能是特称肯定命题。

【例题 3-7】 下列换位推理是否正确?

有的被告不是犯罪分子;
所以,有的犯罪分子不是被告。

解析:此换位推理错误,因为前提是 O 命题,根据换位法规则,O 命题不能换位。

3. 换质法和换位法的综合运用

从已知前提出发可以按照两条不同的路线,连续进行命题变形推理:第一条路线是先换质,再换位,连续交替地进行,直到满足实际需要为止。这称为换质位法。第二条路线是先换位,再换质,连续交替地换位、换质,直至满足实际需要为止。这称为换位质法。在综合运用中,必须分别遵守换质法与换位法的规则。

【例题 3-8】 运用换质位推理,判定以下推理是否成立?

长安大学的学生都不是民主党派的成员;
所以,有些非民主党派成员不是非长安大学学生。

解析:上述推理成立。先对"长安大学的学生都不是民主党派的成员"换质:"长安大学的学生都是非民主党派的成员",再对此命题换位:"有些非民主党派的成员是长安大学的学生",然后再换质,就可推出:"有些非民主党派的成员不是非长安大学的学生"。

【例题 3-9】 运用命题变形推理,判定以下推理是否成立?

长安大学有些学生今后将成为杰出人士;
所以,有些今后不会成为杰出人士的人不是长安大学学生。

解析:上述推理不成立。令 S 表示"长安大学学生",P 表示"今后成为杰出人士",则题干推理形式是:$SIP \to \overline{P}OS$。

运用换质位推理:$SIP \to SO\overline{P}$,O 命题不能换位,没有推出预期的结论。推理不成立。

运用换位质推理:$SIP \to PIS \to PO\overline{P}$,O 命题不能换位,没有推出预期的结论。推理不成立。

【例题 3-10】 周公请客,开饭时间到了,但客人还未到齐。周公急了,说:"唉,该来的不来。"旁边的客人听了此话,很不高兴起身要走。周公挽留却没留住,急得直跺脚:"你看,不该走的走了!"大家一听不乐意了,除小刘外,都起身离开。小刘好意告诫:"老周,以后说话要注意点,你刚才那么说,他们能不走吗!"周公很是委屈:"我说的又不是他们。"小刘一听,立马也转身离开了。周公糊涂了:"今天这是怎么了?"

请读者自己分析一下周公为何请客不成?

第四节 性质命题间接推理

间接推理是由两个或两个以上命题为前提推出结论的推理。本节主要介绍两个前提是性质命题的间接推理,这就是三段论。

三段论理论的创始人是古希腊著名思想家亚里士多德。传统逻辑的三段论保留了亚里士多德三段论的基本内容,但有所补充和发展。

一、三段论及其结构

1. 三段论及其结构

三段论是由两个含有一个共同词项的性质命题作前提得出一个新的性质命题为结论的演绎推理。在传统逻辑中也称作"直言三段论"。例如:

(1) 所有动物都需要进行新陈代谢;
　　熊猫是动物;
　　所以,熊猫需要进行新陈代谢。

这就是一个三段论。它是由三个性质命题组成的。"所以"之前的两个性质命题是前提,"所以"之后的性质命题是结论。"动物"是两个前提中的共同词项。

三段论是一种格式固定,形式严谨的推理。组成三段论的三个性质命题,就其主项和谓项而言,只能是三个不同的概念。在三段论中,它们分别被称为小项、大项和中项。

结论中的主项叫小项,一般用"S"表示,如例(1)中的"熊猫";

结论中的谓项叫大项,一般用"P"表示,如例(1)中的"进行新陈代谢";

在结论中不出现而在两个前提中出现的词项叫中项,一般用"M"表示,它是两个前提中所共有的项,如例(1)中的"动物"。

在两个前提中,含有大项的前提叫作大前提,如例(1)中的"所有动物都需要进行新陈代谢";含有小项的前提叫作小前提,如例(1)中的"熊猫是动物"。

这样,例(1)三段论的推理形式结构可表示为:

    所有M是P   或   MAP

    所有S是M   SAM

    ―――――――   ―――

    所以,所有S是P   SAP

需要着重强调的是:构成一个正确的三段论,必须有且只能有三个不同的概念。少于或多于三个概念,都不能满足三段论定义的要求,不能构成一个正确的三段论。三段论中如果出现四个概念,就是错误的三段论。这种错误逻辑上称为"四概念"错误。通常"四概念"错误是由于前提命题中作为中项的词项没有表达同一个概念而引起的。例如:

(2)长安大学的学生是从全国各地录取来的;

  小孔是长安大学的学生;
―――――――――――――――
  所以,小孔是从全国各地录取来的。

这个三段论推理不正确。因为第一个前提中的"长安大学的学生"(集合概念)和第二个前提中的"长安大学的学生"(非集合概念)不是同一个概念。这个推理包含四个概念,犯了"四概念"错误。此例说明,在大、小前提中各出现一次的中项,应当是同一个概念,但有时,作为中项的语词虽然是同一的,但却分别表达了两个不同的概念。这样的三段论推理就是无效的推理。

【例题3-11】 "世间万物中,人是第一可宝贵的,我是人,所以,我是第一可宝贵的。"

上述推理中的逻辑错误与以下哪项中出现的最为相似?( )

A. 人贵有自知之明,你没有自知之明,因此,你算不得是人

B. 各级干部都要遵守纪律,我不是干部,所以我不要遵守纪律

C. 群众是真正的英雄,我是群众,所以,我是真正的英雄

D. 作案者有作案动机,某甲有作案动机,所以,某甲一定是作案者

解析:正确答案是C。题干三段论推理中的中项"人"并没有表达同一个概念,因而犯了"四概念"错误。选项C所犯错误与题干最为相似。

2. 三段论的格与式

(1)三段论的格。

三段论的格就是指三段论的不同推理形式。事实上,在三段论中,由于小项、大项与中项在前提中位置有所不同,因而所形成的三段论推理形式也会不同,通常情况下,三段论的格被定义为:由于中项在两个前提中所处的不同位置所构成的三段论形式。

中项在前提中有且只有四种不同的位置,因此,三段论有四个格。

第一格,中项在大前提中是主项,在小前提中是谓项。其形式结构为:

$$
\begin{array}{c}
M \diagdown P \\
S \diagup M \\
\hline
S \text{———} P
\end{array}
$$

第二格,中项在大前提和小前提中都是谓项。其形式结构为:

$$
\begin{array}{c}
P \text{———} M \\
S \text{———} M \\
\hline
S \text{———} P
\end{array}
$$

第三格,中项在大前提和小前提中都是主项。其形式结构为:

$$
\begin{array}{c}
M \text{———} P \\
M \text{———} S \\
\hline
S \text{———} P
\end{array}
$$

第四格,中项在大前提中是谓项,在小前提中是主项。其形式结构为:

$$
\begin{array}{c}
P \diagdown M \\
M \diagup S \\
\hline
S \text{———} P
\end{array}
$$

可见,三段论的格一旦确定,不仅中项在大小前提中的位置确定,其小项和大项在前提中的位置也会随之确定。

(2)三段论的式。

三段论的式就是 A、E、I、O 四种性质命题在大小前提和结论中的不同组合形式。假若一个三段论的大、小前提和结论都是 A 命题,则这个三段论就是 AAA 式。如例(1)就是 AAA 式。

在三段论中,A、E、I、O 四种性质命题都可以充当大前提、小前提和结论。任意取其三个命题构成三段论,则可以排出 64(4×4×4)个式。如果将三段论的格与式综合考虑,就会有 256 个式。但是,这些式并非都是有效式,符合三段论规则要求的有效式有:

第一格:AAA、AII、EAE、EIO、(AAI)、(EAO)

第二格:AEE、EAE、EIO、AOO、(AEO)、(EAO)

第三格:AAI、AII、EAO、EIO、IAI、OAO

第四格:AAI、AEE、EAO、EIO、IAI、(AEO)

括号内的五个式为弱式。弱式是指根据已有的全称前提本应推出全称命题的结论,但是却只得出特称结论的式。弱式本身虽然没有错,但就推理而言,它没有把应该推出的东西全部显示出来,在证明力方面相对较弱。如第一格中的 AAI 式,大、小前提都是全称命题,但得出的结论却是特称的,所以是弱式。

3.三段论的省略式

标准的三段论都含有大前提、小前提和结论三个部分。三段论就形式结构而言,这三个部分缺一不可。但是,在日常语言的表达中,往往会省略其中的某个部分。这就是逻辑上所说的省略三段论。

省略三段论所省略的,只是语言表达,而不是它的逻辑结构。也就是说,省略三段论所省略的部分,在逻辑结构上,仍是它的必要部分,只不过没有将它在语言上表达出来而已。

省略三段论有三种形式:

第一,省略大前提。例如:

(3)"马克思主义是真理,所以,马克思主义是不怕批评的。"

这是个三段论,但省略了大前提。它的完整形式是:

真理是不怕批评的;
<u>马克思主义是真理;</u>
所以,马克思主义是不怕批评的。

省略的大前提往往是得到普遍承认的一般性原理。

第二,省略小前提。例如:

(4)"所有金属都是导体,所以,铜是导体。"

这个三段论省略了小前提:铜是金属。它的完整形式是:

所有金属都是导体;
<u>铜是金属;</u>
所以,铜是导体。

省略的小前提往往是不言而喻的事实。

第三,省略结论。例如:

(5)"老刘是老年人,而老年人不需要购买入园门票。"

这个三段论省略的是结论。它的完整形式是:

老年人不需要购买入园门票;
<u>老刘是老年人;</u>
所以,老刘不需要购买入园门票。

省略的结论必须是在前提和结论关系十分明显的情况下进行。有时,因结论显而易见,不说出来往往比说出来更有力。

省略三段论的特点在于语言表达上的简洁明了,但由于省略了三段论中的某个要素,很容易隐藏逻辑错误。例如:"李四故意杀人,所以应判死刑。"这个三段论省略的是大前提:"所有故意杀人的都应判死刑。"但这个省略的大前提是不真实的。可是,由于省略掩盖了其前提的不真实性。

因此,检验一个省略三段论是否正确的有效方法,就是补充省略部分,将省略三段论复原为完整的三段论,再用三段论规则验证。

省略三段论的复原,具体步骤如下:

第一步,确定省略的是前提还是结论。

三段论前提与结论之间一般有"所以"一类表示推断关系的语词标志。如果没有"所以"之类的语词标志,则可以根据具体的语境加以确定。

第二步,补足被省略的部分。

如果省略的是结论,可将两个前提中的共同词项(中项)撇开,而把另外两个不同词项(按照相应的对应关系)联结构成结论。如果省略的是前提,则可从结论的大项、小项和三段论的构成角度来加以判定。

第三步,依据一定的三段论格式将省略三段论恢复为完整的形式并检查三段论推理是否正确。

将省略式复原为完整的三段论,要严格遵守三段论的规则。那么,正确三段论要遵循什么样的规则呢?

二、三段论的公理与规则

1. 三段论公理

公理①是演绎推理系统中初始的依据。三段论公理是三段论推理的基础。

三段论推理的依据,就是三个不同概念所反映的客观对象类与类之间的包含与被包含关系。这种关系是三段论能够由前提得出结论的客观依据。

三段论所依据的公理是:某类的全部对象是或不是什么,那么,该类的部分对象也就是或不是什么。也就是说,如果对一类对象的全部有所断定,那么对它的每一个对象也就有所断定。

例如:

所有 M 都是 P
所有 S 都是 M
所以,所有 S 都是 P

在这个推理形式中,大前提肯定"M"类具有"P"性质,小前提又肯定"S"是"M"类的一部分,这样,"S"也必然具有"P"性质。即在图 3-2 中,所有 M 都是 P,S 是 M 的一部分,所以,所有 S 都是 P。

图 3-2   又如:

所有 M 都不是 P
所有 S 都是 M
所以,所有 S 都不是 P

在这个推理形式中,大前提否定"M"类具有"P"性质,小前提又肯定"S"是"M"类的一部分,这样,"S"也必然不具有"P"性质。即在图 3-3 中,所有 M 都不是 P,S 是 M 的一部分,所以,所有 S 都不是 P。

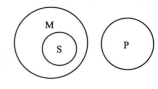

2. 三段论的一般规则

图 3-3

规则一:中项在前提中至少要周延一次。

三段论的结论要反映小项和大项之间的某种确定关系,这种关系是通过中项的媒介作用确立的。若"中项在前提中至少周延一次",则中项的全部外延才会与大项或小项的外延发生确定的联系,才有可能进一步为建立大项与小项之间的确定关系提供依据。如果中项在前提中一次也不周延,那么就有可能出现:大项与中项的某一部分发生关系,而小项与中

---

① 在演绎系统中,公理作为演绎的出发点和初始依据,它自身不是推理的结果,而是被当然地接受的,是无需证明的。

项的另一部分发生关系。这样,大项与小项之间的外延关系就不能确定,进而就无法得出确定的结论。

违反这条规则,就会产生"中项不周延"的逻辑错误。例如:

(1)共青团员都是青年;
　　高中学生都是青年;
　　所以,高中学生都是共青团员。

在这个三段论中,中项"青年"在两个前提中都不周延,因此,小项"高中学生"与大项"共青团员"之间的关系便不能确定,因而结论"高中学生都是共青团员"就不具有必然性。

规则二:前提中不周延的项,在结论中也不得周延。

作为必然性推理,三段论公理要求某一概念在结论中所表述的对象范围不能超出它在前提中所表述的范围。如果大项或小项在前提中不周延,就意味着在前提中只是断定它们的部分外延,因而在结论中也只能是断定它们的部分外延。否则,大项或小项在前提中不周延而在结论中周延,结论的断定就超出前提的断定。这样,即使前提真,也无法保证结论必定真。违反这条规则的情况有两种:

一种错误是"小项不当周延",小项在前提中是不周延的,但在结论中却是周延的。例如:

(2)高尔基没有上过大学;
　　高尔基是作家;
　　作家都没有上过大学。

在这个推理中,小项"作家"在前提中是不周延的(肯定命题的谓项),但在结论中却是周延的(全称命题的主项),因而犯了"小项不当周延"的逻辑错误。

另一种错误是"大项不当周延"。大项在前提中是不周延的,而在结论中却是周延的。例如:

(3)所有的共产党员都要奉公守法;
　　我不是共产党员;
　　所以,我不要奉公守法。

在这个推理中,大项"奉公守法"在前提中是不周延的(肯定命题的谓项),但在结论中却是周延的(否定命题的谓项),出现了"大项不当周延"的逻辑错误。

规则三:两个否定前提得不出结论。

如果三段论的两个前提都是否定的,那么在前提中被断定的大项、小项的外延(全部或部分)都与中项的外延相排斥。在这种情况下,中项在大项和小项之间就没有起到媒介作用。若大项与小项不能通过中项建立确定的联系,也就无法从前提推出确定的结论。例如:

(4)中学生不是大学生;
　　这些学生不是中学生;
　　所以,这些学生……

用两个否定命题作前提,是无法得出确定结论的。

规则四:前提之一是否定的,结论也应当是否定的;结论是否定的,前提之一必须是否定的。

如果两个前提中有一个是否定命题,根据规则三,则另一个前提必然是肯定命题。肯定命题反映的是大项(或小项)与中项的相容关系,而否定命题反映的是小项(或大项)与中项的排斥关系。在结论中所确立的小项与大项的关系是通过中项来建立的。既然二者之一与中项是排斥关系,那么在结论中所建立的大项和小项之间的关系也必然是排斥的。因此,得出的结论只能是否定的。

如果结论是否定的,根据规则三,前提不可能都是否定的。同时,两个前提也不可能都是肯定命题(肯定命题断定词项之间的外延关系是相容关系)。因为如果结论否定,小项与大项在外延上就是排斥关系(部分或全部),则大项、小项在前提中一定有一个和中项相容,一个与中项排斥,而大项或小项同中项排斥的那个前提就是否定命题。故结论否定,必有一前提否定。例如:

(5)所有合格的审判员都是公正无私的;
　　刘权不公正无私;
　　所以,刘权不是合格的审判员。

以上四条规则是三段论的基本规则,它们的合理性和必要性是加以说明的而不是加以证明的,基本规则具有公理的意义。下面两条规则是由上述四条规则推导出来的,导出规则可用基本规则证明。它们是:

规则五:两个特称前提不能得出结论。

两个前提都是特称命题的组合情况有四种:II 组合、OO 组合、IO 组合、OI 组合。

II 组合:两个前提都是特称肯定命题,则前提中就没有一个词项是周延的,不能满足规则1"中项在前提中至少周延一次"的要求,不能得出结论。

OO 组合:由于是两个否定命题,根据规则三不能得出结论。

IO 组合或 OI 组合:由于两个前提中只有一个周延的词项,根据规则1,若不把周延的词项给中项,则会犯"中项不周延"的错误。但"中项若周延",则大项、小项在前提中就会是不周延的。由于前提之一是否定的,因而结论必是否定的。这意味着结论中的大项是周延的。但在前提中大项是不周延的,这种情况下,IO 组合或 OI 组合会造成"大项不当周延"的逻辑错误。因此,这两种组合是不能得出结论的。

综上可知:两个特称前提推不出结论。

规则六:前提之一是特称的,结论必然是特称的。

这条规则可用上述同样的方法来加以证明,在此举一例,其他请读者自证。

AI 组合:由于前提中只有 A 命题主项是周延的,根据规则1,若保证"中项在前提中至少周延一次",则这个周延的词项必须给中项。这样大项和小项在前提中都不周延,根据规则2,它们在结论中也不能周延,因而结论必为特称命题。

3. 三段论格的规则

由于中项在前提中的位置不同,使不同"格"的三段论对其前提及前提中各个项有不同的逻辑要求,根据三段论的一般规则要求,可以引申出四个格的特殊规则。

第一格的特殊规则:

(1)小前提必须肯定。

(2)大前提必须全称。

第二格的特殊规则:

(1)两前提中必有一个是否定命题。

(2)大前提必须是全称命题。

第三格的特殊规则：

(1)小前提必须是肯定的。

(2)结论必须是特称的。

第四格的特殊规则：

(1)如果两个前提中有一个是否定命题,那么,大前提必须是全称命题。

(2)如果大前提是肯定命题,那么,小前提必须是全称命题。

(3)如果小前提是肯定命题,那么,结论必须是特称命题。

(4)任何一个前提都不能是特称否定命题。

(5)结论不能是全称肯定命题。

以上各格的特殊规则都可用三段论的基本规则证明。例如第一格的两条规则：

(1)小前提必须肯定。

为什么小前提必须肯定？如果小前提否定会怎样？我们来证明：

如果三段论第一格小前提是否定的,则结论必是否定的(规则四);而结论否定,则意味着结论中的谓项即大项必是周延的。大项在结论中周延,在前提中也应当周延(规则二)。但在第一格中,大项是大前提的谓项,要想周延,大前提就必须是否定命题;但是根据规则三,不允许两个前提都是否定的。因而在三段论第一格"小前提是否定的"这个假设是不成立的;所以,小前提必须肯定。

(2)大前提必须全称。

为什么大前提必须是全称命题？如果大前提是特称命题会怎样？我们同样可以进行证明：

如果三段论第一格大前提是特称命题,特称命题的主项是不周延的(即中项不周延)。在第一格的特殊情况下,要使中项在前提中周延一次,小前提就必须是否定命题。但是在(1)中,我们已经证明小前提不能是否定的。因而,在三段论第一格形式下,大前提不能是特称命题,必须是全称命题。

第二、三、四格特殊规则的证明,在此不再详述,请读者自证。

三段论的各个格,由于其结构不同、特征不同,因而在实际思维过程中便有不同的作用。

第一格是三段论中应用得最广泛、最自然的形式。第一格的大前提是全称命题,指出关于一类事物的情况;小前提是肯定命题,把某些事物归到这一类中,从而推出关于某些事物情况的结论。第一格最明显、最自然地表明三段论演绎推理的逻辑性质。因此被称为"典型格""完全格"。人们根据一般原理或规则去推断特殊或个别结论时,运用的推理形式往往就是第一格。

第二格的特点在于结论是否定的,因此第二格被称为"区别格"。它常被用来指出事物之间的区别,说明一事物不属于某一类。有时也常用于反驳肯定命题。

第三格被称为"反驳格"。其特点是第三格的结论只能是特称命题,因此,常用第三格来反驳全称命题。

第四格的应用较少,其功能至今无定论。

三、三段论知识的综合运用

在逻辑考试特别是智力测验型测试中,有关三段论知识的出题点主要包括三段论的结构分析(包括格的结构分析和式的结构分析),三段论的一般规则等。要求应试者能够运用有关三段论的知识来分析三段论的结构,运用三段论的一般规则来分析一个三段论的有效性,进行正确的三段论推理。

【例题3-12】 有些厨师戴白帽子,因此,有些戴白帽子的人是大胖子。

为使上述推理成立,必须补充以下哪项作为前提?(　　)

A. 所有大胖子都是厨师　　　　　　B. 有些厨师是大胖子
C. 所有厨师都是大胖子　　　　　　D. 有些大胖子不是厨师

解析:正确答案是C。三段论省略式。题干中的前提是特称命题,根据规则5,另一个前提必须是全称命题。中项"厨师"在已知前提中不周延,要满足三段论规则1要求,使推理成立,必须补充C选项作为前提。

【例题3-13】 商品是有使用价值的,教科书是有使用价值的,所以,教科书是商品。

下面哪项与上述推理结构最相似?(　　)

A. 所有从事公共管理工作的都要学习行政管理,老周是学习行政管理的,所以,老周是从事公共管理工作的
B. 所有的鸟都是卵生动物,蝙蝠不是卵生动物,所以,蝙蝠不是鸟
C. 所有的鸟都是卵生动物,天鹅是鸟,所以,天鹅是卵生动物
D. 所有的天才都高度近视,我一定是高度近视,因为我是天才

解析:正确答案是A。题干的推理结构是三段论第二格,但出现了"中项不周延"的逻辑错误。B选项也是第二格三段论,是形式有效的三段论。C选项和D选项都是第一格三段论。只有A选项与题干结构最相似。

【例题3-14】 有些青年是发明家,有些青年是知识分子,所以,有些知识分子是发明家。

以下哪项是对上述推理的正确评判?(　　)

A. 推理正确　　　　　　　　　　　B. 推理错误,中项不周延
C. 推理错误,大项不当周延　　　　D. 推理错误,小项不当周延

解析:正确答案是B。题干是错误的三段论推理,违反三段论规则1的要求,中项在两个前提中都是不周延的。

【例题3-15】 周琳:张明是优秀运动员,所以,他有资格进入名人俱乐部。

李华:不过张明吸烟,他不是年轻人的好榜样,因此张明不应被名人俱乐部接纳。

李华的论证使用了以下哪项作为前提?(　　)

Ⅰ. 有些优秀运动员吸烟

Ⅱ. 所有吸烟者都不是年轻人的好榜样

Ⅲ. 所有被名人俱乐部接纳的都是年轻人的好榜样

A. Ⅰ、Ⅱ　　　B. Ⅰ、Ⅲ　　　C. Ⅱ、Ⅲ　　　D. Ⅰ、Ⅱ和Ⅲ

解析:正确答案是C。李华的论证使用了后退式的复合三段论推理。首先,从"张明吸

烟"推出"他不是年轻人的好榜样",需要"所有吸烟者都不是年轻人的好榜样"(Ⅱ)作为前提。其次,从"张明不是年轻人的好榜样"推出"张明不应被名人俱乐部接纳",需要"所有被名人俱乐部接纳的都是年轻人的好榜样"(Ⅲ)作为前提。

注意:不要质疑题干和选项本身的真实性或合理性。逻辑测试中,给出的题干与选项之间实际上是一种假设,所以,只要求按照这种设定去思考、答题;至于题干和选项是否真实并不是考题所要考查的内容。

第五节　关系命题及其推理

一、关系命题及其结构

关系命题也是简单命题。

客观事物都是具有某种属性的。事物本身不仅具有某种性质,而且事物与事物之间还具有某种关系。关系命题就是断定事物与事物之间关系的命题。例如:

(1)"鲁迅和许广平是夫妻。"

(2)"姚明比麦蒂高。"

(3)"元谋猿人早于北京猿人。"

这些都是关系命题。例(1)断定"鲁迅"与"许广平"是"夫妻"关系;例(2)断定"姚明"具有比"麦蒂""高"的关系;例(3)断定"元谋猿人"在时间上是"早于""北京猿人"的关系。

关系命题与性质命题的不同在于:关系命题陈述的是事物之间的关系,性质命题陈述的是事物具有或不具有某种性质。

关系命题由关系者项、关系项和关系量项三部分组成。

关系者项是表示一定关系承担者的概念,也称关系主项。如例(1)中的"鲁迅"和"许广平";例(2)中的"姚明"和"麦蒂";例(3)中的"元谋猿人"和"北京猿人"。在任何一个关系命题中,关系者项至少有两个,也可以是多个。关系者项是有序的,不能随意变动位置。关系者项一般用小写字母 a、b、c 等表示。

关系项是表示关系者项之间所存在关系的概念。关系项决定着关系命题的性质,一般用大写字母"R"表示。例(1)中的"夫妻";例(2)中的"比……高";例(3)中的"早于"等都属于关系项。关系可以存在于两个(或两类)事物之间,也可以存在于两个(或两类)以上事物之间。如:"有期徒刑是介于拘役和无期徒刑之间的一种刑罚。"这里,"……介于……和……"就是三类事物之间的一种关系。存在于两个(或两类)事物之间的关系,逻辑上称为"两项关系",存在于三个(或三类)事物之间的关系,逻辑上称为"三项关系",其余以此类推。本书只介绍陈述两项关系的关系命题。

关系量项是表示关系者项外延数量的概念。例如:

(4)"中国的领土比有些国家的领土大。"

(5)"有的选举人赞成所有的候选人。"

这两例中的"有些""有的""所有"就是量项。

这样,关系命题的逻辑形式是:

所有(或有的)a与所有(或有的)b之间有R关系

带有量项的关系命题的逻辑形式和性质比较复杂,本书不予论述。若撇开量项,那么,具有两个关系者项的关系命题的逻辑形式可用公式表示如下:

$$aRb \quad 或 \quad R(a,b)$$

前面这种表示方法叫作"中置式";后面这种表示方法叫作"前置式"。中置式比较直观,而前置式则更多的用于一些比较复杂的关系命题,如三个以上对象,前置式可表达为R(a,b,c),中置式则不能。但是,由于普通逻辑学只研究比较简单的关系命题,所以,一般采用中置式的表达方式。

二、关系的基本逻辑性质

关系命题是对客观事物之间关系的一种断定。而客观事物间的关系是多种多样的,既有反映社会关系的,也有反映空间关系的,还有反映时间关系的等等。逻辑学并不研究这些关系的具体内容,它要研究的是各种各样具体关系所共同具有的逻辑性质。

关系的逻辑性质有多种,这里我们重点讨论关系的两种性质:对称性和传递性。

1. 关系(R)的对称性

关系的对称性是讨论两个不同对象a和b之间的关系。在特定的论域里,R关系是否对称是指当aRb真时,bRa是否也真的问题。对称性有三种情况:

(1)对称关系。两个对象a和b,当a对b具有R关系时,b对a也必有R关系,在这种情况下,关系"R"就是对称关系。在对称关系中,aRb真,bRa也真。如"同学"关系就是对称关系。若周琳是晓霜的同学,晓霜也一定是周琳的同学。像"朋友""邻居""同乡""兄弟""同案犯"等关系,都是对称关系。概念间的全同关系、交叉关系、全异关系等也都是对称关系。

(2)反对称关系。两个对象a和b,当a对b具有R关系时,b对a一定没有R关系。在这种情况下,关系"R"就是反对称关系。在反对称关系中,aRb真,bRa必假。如"早于"关系就是反对称关系。因为"元谋猿人早于北京猿人"为真,则"北京猿人早于元谋猿人"一定假。像"大于""高于""战胜""剥削""以南""以北"等关系,都是反对称关系。概念间的从属关系也是反对称关系。

(3)非对称关系。两个对象a和b,当a对b具有R关系时,b对a可以具有R关系,也可以没有R关系。在这种情况下,关系"R"就是非对称关系。在非对称关系中,aRb真,bRa可真可假。如在"孔同学认识刘老师"中的"认识"关系就是非对称关系。因为孔同学认识刘老师,刘老师可能认识孔同学,也可能不认识孔同学。像"喜欢""信任""佩服""支持""尊敬"等关系,都是非对称关系。

2. 关系(R)的传递性

关系的传递性是讨论三个(或三个以上)不同的对象a、b、c之间的关系。在特定的论域里,R关系是否传递是指当aRb真且bRc真时,aRc是否恒真的问题。传递性也有三种情况:

(1)传递关系:对于特定论域中的任意对象a、b、c,如果a对b具有R关系,且b对c具有R关系,那么a对c一定具有R关系。在这种情况下,关系"R"就是传递关系。在传递关系中,当 aRb 真,且 bRc 真时,aRc 必真。如"早于"关系就是传递关系。常见的传递关系如"等于""比……高""平行于""大于""相似"等关系。

（2）反传递关系:对于特定论域中的任意对象 a、b、c,如果 a 对 b 具有 R 关系,且 b 对 c 具有 R 关系,那么 a 对 c 一定没有 R 关系。在这种情况下,关系"R"就是反传递关系。在反传递关系中,当 aRb 真,且 bRc 真时,aRc 必假。如"父子"关系就是反传递关系。常见的反传递关系如"比……大两岁""是……父亲""高一年级""母女"等关系。

（3）非传递关系:对于特定论域中的任意对象 a、b、c,如果 a 对 b 具有 R 关系,且 b 对 c 具有 R 关系,那么 a 对 c 不一定具有 R 关系。在这种情况下,关系"R"就是非传递关系。在非传递关系中,当 aRb 真,且 bRc 真时,aRc 可真可假。如"相邻"关系就是非传递关系。因为甲与乙相邻,并且乙与丙相邻,但甲与丙可能相邻,也可能不相邻。常见的非传递关系如"认识""信任""尊敬""了解""喜欢"等关系。

分清关系（R）的各种逻辑性质非常重要,它有助于人们正确地使用关系命题,恰当地进行关系推理。

三、关系推理

关系推理是以关系命题作为前提或结论的推理。关系推理一般分为纯关系推理和混合关系推理两类。

1. 纯关系推理

纯关系推理是指前提和结论都是关系命题的推理。它是根据关系的逻辑性质进行推演的推理。

（1）对称关系推理。

对称关系推理是根据对称关系的逻辑性质进行推演的关系推理。例如：

（1）小王和小孙是同乡；
所以,小孙和小王是同乡。

在这里,"同乡"是对称关系,结论是根据这种对称关系的逻辑性质推导出来的。若将"小王"用 a 表示,"小孙"用 b 表示,"同乡"用 R 表示,则这种推理形式为：

$$\frac{aRb}{\text{所以,} bRa}$$

（2）反对称关系推理。

反对称关系推理是根据反对称关系的逻辑性质进行推演的关系推理。例如：

（2）四川省的面积大于浙江省；
所以,浙江省的面积不大于（小于）四川省。

在这里,"大于"是反对称关系,结论是根据这种反对称关系的逻辑性质推导出来的。若将"四川省的面积"用 a 表示,"浙江省的面积"用 b 表示,"大于"用 R 表示,则这种推理形式为：

$$\frac{aRb}{\text{所以,} b\neg Ra}$$

（3）传递关系推理。

传递关系推理是根据传递关系的逻辑性质进行推演的关系推理。例如：

（3）辽沈战役早于平津战役；
　　平津战役早于淮海战役；
　　所以，辽沈战役早于淮海战役。

在这里，"早于"是传递关系，结论是根据这种传递关系的逻辑性质推导出来的。若将"辽沈战役"用 a 表示，"平津战役"用 b 表示，"淮海战役"用 c 表示，"早于"用 R 表示，则这种推理形式为：

$$\frac{aRb}{bRc}$$
$$所以，aRc$$

（4）反传递关系推理。

反传递关系推理是根据反传递关系的逻辑性质进行推演的关系推理。例如：

（4）小袁是大袁的儿子；
　　大袁是老袁的儿子；
　　所以，小袁必定不是老袁的儿子。

在这里，"是……儿子"是反传递关系，结论是根据这种反传递关系的逻辑性质推导出来的。若将"小袁"用 a 表示，"大袁"用 b 表示，"老袁"用 c 表示，"是……儿子"用 R 表示，则这种推理形式为：

$$\frac{aRb}{bRc}$$
$$所以，a¬Rc$$

在这四种纯关系推理中，前两种属于直接推理，即只有一个前提的纯关系推理，依据的是对称关系或反对称关系的逻辑性质；后两种属于间接推理，即以两个（或多个）关系命题为前提推出一个关系命题为结论的纯关系推理，依据的是传递关系或反传递关系的逻辑性质。运用直接关系推理时，注意不要将非对称关系作为推理依据；运用间接关系推理时，不要将非传递关系作为推理依据。因为关系推理是必然性推理，若根据非对称关系或非传递关系进行推演，其结论不具有必然性。例如：

（5）$\frac{王同学认识姚明；}{所以，姚明认识王同学。}$

（6）甲队战胜乙队；
　　乙队战胜丙队；
　　所以，甲队战胜丙队。

这两个推理都是不能成立的，"认识"是非对称关系，"战胜"是非传递关系，依据其逻辑性质进行推理，结论未必可靠。

2.混合关系推理

上面我们介绍的关系推理，其前提和结论都是由关系命题构成的，叫作纯关系推理。但在日常思维中，经常应用的还有一种关系推理——构成其前提的命题有的是关系命题，有的是性质命题，这种推理称作混合关系推理。例如：

（7）重金属都比水重；
　　铜是重金属；
　　所以，铜比水重。

(8) 所有固体都能为有的液体所溶解；
　　有金属是固体；
　　所以，有金属能为有的液体所溶解。

上述两个推理都是混合关系推理，它们都有两个前提和一个结论。其中一个前提是两项关系命题，另一个前提则是性质命题，结论也是一个两项关系命题。在前提和结论中也只出现三个不同的概念。这种混合关系推理很像三段论，因此也叫作混合关系三段论。例(7)和例(8)的推理形式分别可以用公式表示如下：

所有 a 与所有 b 有 R 关系
所有 c 是 a
所以，所有 c 与所有 b 有 R 关系

所有 a 与有的 b 有 R 关系
有的 c 是 a
所以，有的 c 与有的 b 有 R 关系

混合关系推理的特点在于：它是以两个前提中的一个共同概念为媒介（这个概念叫作媒介概念），用性质命题中的词项（主项或谓项）去替换关系命题中的一个关系者项，从而形成新的关系命题。混合关系推理也有规则要求，符合规则要求的混合关系推理就是正确的推理。这些规则如下：

规则一：媒介概念在两个前提中至少要周延一次。

规则二：前提中不周延的项，结论中也不得周延。

规则三：前提中的性质命题必须是肯定的。

规则四：前提的质和结论的质要一致。

规则五：如果关系 R 不是对称的，则在前提中作为关系者前项（或后项）的那个概念，在结论中也必须相应的作为关系者前项（或后项），位置不得变换。

符合上述五条规则的混合关系推理都是正确的、有效的推理。例(7)、例(8)都符合上述规则要求，因而是正确的推理。若违反上述规则要求中的任何一条，则必定是无效的、不正确的推理。例如：

(9) 有的选民赞成所有的候选人；
　　周仁是选民；
　　所以，周仁赞成所有候选人。

(10) 铁的熔点比锡的熔点高；
　　铜不是铁；
　　所以，铜的熔点不比锡的熔点高。

这两个推理都是不正确的。例(9)违反推理规则一，媒介概念"选民"在两个前提中一次也没有周延。例(10)违反推理规则三，前提中的性质命题不应是否定的。

3. 关系命题及其推理的综合运用

关系命题及其推理部分的考查主要是在关系的逻辑性质上，要求应试者能够利用关系的逻辑性质尤其是关系的传递性来分析推理。

【例题3-16】　甘蓝比菠菜更有营养。但是，因为绿芥蓝比莴苣更有营养，所以甘蓝比莴苣更有营养。

以下除了哪项外,都可以作为题干成立的一个必要条件?(　　)

A. 菠菜比莴苣更有营养　　　　　　　　B. 菠菜比绿芥蓝更有营养

C. 绿芥蓝比甘蓝更有营养　　　　　　　D. 菠菜与绿芥蓝同样有营养

解析:正确答案是 C。选项 A、B、D 和题干条件相结合,利用关系的传递性都可以推出结论:甘蓝比莴苣更有营养。只有 C 选项,不能保证题干推理的成立。

【例题 3-17】 甲和乙任何一人都比丙、丁高。

如果上述为真,再加上以下哪项,则可得出"戊比丁高"的结论?(　　)

A. 乙比甲矮　　　　B. 乙比甲高　　　　C. 戊比乙高　　　　D. 戊比丙高

解析:正确答案是 C。由题干可以知道,甲比丙高、甲比丁高、乙比丙高、乙比丁高,如果要推出"戊比丁高"的结论,需要增加"戊比甲高"或"戊比乙高"作为前提。显然,C 选项"戊比乙高"正好可以与题干中的"乙比丁高"构成传递关系推理,从而得出结论"戊比丁高"。

【例题 3-18】 某学术会议正举行分组会议。某小组有 8 人出席。分组会议主席问大家原来各自认识与否。结果是全组中仅有一个人认识小组中的三个人,有三个人认识小组中的两个人,有四个人认识小组中的一个人。

若以上统计属实,则最能得出以下哪项结论?(　　)

A. 会议主席认识小组中的人最多,其他的人相互认识的少

B. 有些成员所说的认识可能仅是电视上或报告会上见过而已

C. 此类学术会议是第一次举行,大家都是生面孔

D. 虽然会议成员原来的熟人不多,但原来认识的都是至交

解析:正确答案是 B。从题干中的统计数字可知:统计中所说的"认识"是不对称的,至少有些人不是相互认识,而只是单向认识,即一个人认识另一个人,后者却不认识前者。最容易造成这种情况的是 B 选项。

【例题 3-19】 没有人爱每一个人;牛郎爱织女;织女爱每一个爱牛郎的人。

如果以上陈述为真,则下列哪项不可能为真?(　　)

Ⅰ.每一个人都爱牛郎

Ⅱ.每一个人都爱一些人

Ⅲ.织女不爱牛郎

A. Ⅰ　　　　　　B. Ⅱ　　　　　　C. Ⅲ　　　　　　D. Ⅰ、Ⅱ

解析:正确答案是 A。首先令Ⅰ为真,即"每一个人都爱牛郎"为真,在根据题干中"织女爱每一个爱牛郎的人"为真,可以推出"织女爱每一个人"。此结论与题干中的另一个命题"没有人爱每一个人"相矛盾,所以,Ⅰ不可能为真。Ⅱ可能为真,因为题干中只说"没有人爱每一个人",并没有说"没有人爱一些人"。Ⅲ可能真,因为题干中说"牛郎爱织女","爱"是非对称关系,所以织女可能爱牛郎也可能不爱牛郎。

【例题 3-20】 在年级排名中,程文的排名在朱丽后面,但是比李强的排名靠前;宋茵的排名在朱丽和李强的排名后面;王平的排名在宋茵的前面,但是却在朱丽的后面。

如果以上陈述为真,根据下列哪项能够推出张明的排名在程文的排名之后?(　　)

A. 程文的排名和王平的排名并列

B. 王平的排名和张明的排名并列

C. 张明的排名在宋茵的前面,但在王平的后面

D. 王平的排名在张明的前面,但在李强的排名后面

解析:正确答案是 D。要推出"张明的排名在程文的排名之后",需要找到排在张明前面,同时又排在程文之后的人作为前提。题干中"程文的排名在朱丽后面,但是比李强的排名靠前"就意味着"李强的排名在程文的后面";因此,要形成传递关系推理,只要在选项中寻找包含有"张明排名低于李强"的命题即可。所以,D 选项符合要求。

练习题

一、填空题

1. 性质命题是由_____、_____、_____和_____四个部分构成的。

2. 在性质命题中,当主项 S 与谓项 P 的外延具有真包含关系时,SAP 的取值是_____,SIP 的取值是_____。

3. 在性质命题中,项的周延性是指性质命题中_____和_____的_____在命题中被断定的情况。

4. 若性质命题的主项是周延的,则这一命题是_____命题;若性质命题的谓项是不周延的,则这一命题是_____命题。

5. 若 SAP 与 SEP 的取值均为假,则 S 与 P 之间可能具有的外延关系是_____或_____。

6. 正确三段论只能有三个不同概念(词项):小项、大项和中项。其中,结论中的_____叫小项,结论中的_____叫大项。

7. 三段论有四个格。第一格的结构为:中项在_____是主项,在_____是谓项。

8. 如果一个三段论有效式的结论是 SEP,小前提是 E 命题,则大前提只能是_____。

9. 在对当关系中,SAP 与 SEP 是_____关系,其性质为_____。

10. 若一有效三段论的大前提为特称肯定命题,则小前提必须是_____命题。

11. 如果一有效三段论第三格的结论是否定命题,那么这一有效三段论的大前提是_____命题,其三段论的式是_____。

12. 关系命题中关系的对称性可分为_____、_____和_____三种情况。

13. 在关系概念"佩服""同乡""母女"中,属于对称关系的是_____,属于反传递关系的是_____。

14. 在关系概念"真包含于关系""矛盾关系""交叉关系"中,属于反对称关系的是_____,属于非传递关系的是_____。

15. 构成混合关系推理前提的命题有的是_____,有的是_____。

二、判断题

1. 普通逻辑学是从命题内容方面去研究命题的真假的。(　　)

2. 推理的逻辑性是指推理的前提与结论之间联系的必然性。(　　)

3. 根据推理的思维进程方向的不同,推理分为必然性推理和或然性推理。(　　)

4. 性质命题形式结构中的主项和联项是逻辑常项,量项和谓项是逻辑变项。(　　)

5. 从语句结构上讲,判定性质命题的肯定与否定,标准只有一个,就是根据语句的意义

来加以断定。（   ）
6. 特称量项"有些""有"的逻辑含义是"仅仅有"，只限于部分不包含全部。（   ）
7. 主项周延的性质命题一定是否定命题。（   ）
8. 对当关系是指不同素材的性质命题之间的真假关系。（   ）
9. 在对当关系中，单称命题间的关系等同于全称命题间的关系。（   ）
10. 谓项不周延的性质命题必是特称命题。（   ）
11. 特称命题不能进行换质推理。（   ）
12. 一个正确的三段论有并且仅有三个不同概念，每个概念均出现两次。（   ）
13. 判定三段论的大小前提要以它们出现的先后顺序作为判定标准。排在前面的一定是大前提，排在后面的一定是小前提。（   ）
14. 根据三段论规则，前提中有一否定，则结论为否定，因此，结论否定，则前提必有一否定。（   ）
15. 根据三段论规则，前提中有一特称，则结论为特称，因此，结论特称，则前提必有一特称。（   ）
16. 遵守三段论各格逻辑规则的三段论一定是正确有效的三段论。（   ）
17. 关系命题由关系者项、关系项和关系量项组成，其中决定关系命题性质的是关系者项。（   ）
18. 概念间的全同关系既是对称的，又是非传递的。（   ）

三、指出下列语句表达何种性质命题？其主项和谓项的周延情况如何？请写出其命题形式

1. 没有共同犯罪是过失犯罪。
2. 新闻系毕业的学生并不都当记者。
3. 钓鱼岛是中国的领土。
4. 有的党员干部是不称职的。
5. 没有人是不犯错误的。
6. 并非植物都是乔木。
7. 不少人有心理疾病。
8. 没有商品不是有使用价值的。

四、根据性质命题变形推理规则，判定下列推理是否有效

1. 这次画展中有些作品是受到好评的，由此可见，这次画展中有些作品是没受到好评的。
2. 不劳动者不得食，所以，有些不得食者不是劳动者。
3. 有的人不是骗子，因此，有的骗子不是人。
4. 有的经济合同是无效的，所以，所有的经济合同都不是有效的。
5. 凡是正派的人都是光明磊落的人，所以，不光明磊落的人都不是正派人。
6. 所有商品都是有使用价值的，所以，有使用价值的物品都是商品。
7. 不想当将军的士兵不是好士兵，所以，好士兵都是想当将军的士兵。
8. 有些病毒不是不变异的，所以，有些变异的不是非病毒。
9. 贫富差距过大的社会不是稳定的社会，所以，不稳定的社会是贫富差距过大的社会。

10.这个人不是没有优点,所以,这个人是有优点的。

五、根据性质命题间的对当关系,解答下列问题

1.已知下列命题为假,请指出其素材相同的其余三个性质命题的真假。

(1)有些犯罪行为不是违法行为。

(2)所有有作案时间的人都是作案嫌疑人。

(3)有的金属是绝缘体。

(4)所有的鱼类都不是用鳃呼吸的。

2.请根据对当关系选择相应的命题来驳斥下列命题。

(1)价格昂贵的商品都是质量好的商品。

(2)有些鲸鱼不是哺乳动物。

(3)所有的蛇都不是有毒的。

(4)有些宗教迷信具有真理性。

3.指出下列各组命题的真假关系。

(1)导电体不都是金属;有的导电体是金属。

(2)没有一个人的经历不是一帆风顺的;没有一个人的经历是一帆风顺的。

(3)李白不是军事家;李白是军事家。

(4)所有刑事案件都是公开审理的案件;有的刑事案件不是公开审理的案件。

(5)所有的侵略战争都不是正义战争;并非所有的侵略战争都是正义战争。

4.若已知 I 命题与 O 命题都为真,能否确定 A 命题的真假?为什么?

5.对于性质命题 A、E、I、O 而言,若主项 S 真包含于谓项 P,在四个性质命题中,哪些取值为真?哪些取值为假?取值为假的命题间具有何种关系?若主项 S 与谓项 P 是交叉关系,在四个性质命题中,哪些取值为真?哪些取值为假?取值为真的命题间具有何种关系?

六、分析下列三段论的结构(要求:1.指出它们的大、小前提和结论;2.写出它们的逻辑形式,指出所属格和式;3.用三段论的规则检验它们是否是有效的推理)

1.并非所有细菌都有害,也并非所有生物都是细菌,所以,并非所有生物都有害。

2.供生产者自己消费的产品不是商品,所有商品都是有使用价值的,所以,有的有使用价值的产品不是供生产者自己消费的。

3.没有一个思想僵化者不是形而上学者,没有一个故步自封的人不是形而上学者,所以,没有一个故步自封的人不是思想僵化者。

4.有的非金属能导电,因为石墨是非金属,而石墨能导电。

5.眼镜蛇是毒蛇,这条蛇不是眼镜蛇,所以,这条蛇不是毒蛇。

6.中国人是勤劳勇敢的,我是中国人,所以,我是勤劳勇敢的。

7.钻石是很珍贵的,钻石是非金属,所以,非金属是很珍贵的。

8.不是快车是不带邮件的,下趟列车是快车,所以,下趟列车是一定带邮件的。

七、请将下列省略三段论恢复为完整式,并分析说明推理形式是否有效,前提是否真实?

(要求:1.指出省略的部分;2.还原为完整的三段论;3.检验其推理形式是否正确,如有错误,请指出是什么错误。)

1.这种物质不是有机物,因为有机物都含碳。

2. 某些经济学家是大学数学系的毕业生。因此,大学数学系的毕业生是对企业经营很有研究的人。

3. 这部作品不是文学作品,因为这部作品不是小说。

4. 陪审员都是18岁以上的人了,怎么会没有选举权呢?

5. 未经许可的复印销售教科书的行为是违法行为,因此,要承担相应的民事责任或刑事责任。

6. 某甲是窒息死亡的,因为凡窒息死亡的人都脸色发青。

7. 贪官都乐于并善于弄权,因为,他们都拥有不受约束一手遮天的大权。

8. 某甲有作案时间,所以,某甲是作案人。

八、运用本章相关知识回答下列问题

1. 已知:

(1) M 真包含 S;(2)"所有 M 不是 P"为真。

请用欧拉图表示 S 与 P 之间可能具有的各种外延关系。

2. 设 S 与 P 交叉,M 与 P 全异。请用欧拉图表示 S、M、P 三个概念之间的各种外延关系。

3. 根据下列已知条件,用欧拉图表示 S 和 P 两个概念之间的关系。

(1) SAP 为假。

(2) SEP 为真。

(3) SIP 为假。

(4) PES 为假。

(5) POS 为假。

4. 在括号内填入适当的符号,构成一个有效的三段论,并说明理由。

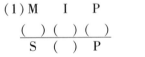 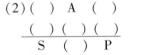 

5. 对于一个有效三段论而言,两个前提中只有大前提中的一个词项是周延的,这个三段论的大前提应该是什么命题?为什么?

6. 一个三段论的结论若是否定的,则其大前提不能是 I 命题。为什么?

7. 对于一个正确的三段论而言,大、小项及中项能否都周延两次?为什么?

8. 若一个有效三段论的结构形式是全称的,则中项不能周延两次,为什么?

9. 下面三句话一真两假,试确定 S 与 P 的外延关系。

(1) 有 P 是 S。

(2) 有 P 不是 S。

(3) 有 S 不是 P。

10. 下面三句话一真两假,请问,律师事务所8人中有几人会操作计算机?

(1) 律师事务所有人会操作计算机。

(2) 律师事务所有人不会操作计算机。

(3) 律师事务所所长不会操作计算机。

11. 下面三句话中只有一句是假的,请问,法学班班长是否会游泳?
(1)法学班所有同学都会游泳。
(2)法学班小孙同学会游泳。
(3)法学班所有同学都不会游泳。
12. 试从对称性和传递性两方面指明下列关系的逻辑性质。
(1)概念外延间的交叉关系。
(2)概念外延间的真包含关系。
(3)命题间的矛盾关系。
(4)命题间的等值关系。
13. "一切负数都不比一切正数大,零不是负数,所以,零不比一切正数大。"这个混合三段论的形式是否有效?为什么?
14. 从对称性或传递性的角度分析下列命题中标有横线的关系的逻辑性质。
(1)经济基础<u>决定</u>上层建筑。
(2)小张的话与小孙的话是<u>矛盾</u>的。
(3)小曹<u>欺骗</u>小卢,小卢<u>欺骗</u>小杨。
(4)A案件发生在B案件<u>之前</u>,B案件发生在C案件<u>之前</u>。
15. 从关系的逻辑性质方面指出下面语句中的逻辑错误。
(1)A国与B国接壤,B国与C国接壤,所以,A国与C国接壤。
(2)丽丽理解芳芳的心情,芳芳理解红红的心情,所以,丽丽肯定也理解红红的心情。
(3)我家离你家是很远,但你家离我家并不是很远呀!
(4)小梅和你是朋友,而你又与阿娇是朋友,所以,小梅和阿娇也肯定是朋友。

九、选择题

1. "鱼都是用鳃呼吸的。"下面哪个选项可以驳斥这一命题?( )
   A. 不用鳃呼吸的生物不可能是鱼类　　　　B. 没见过不用鳃呼吸的鱼类
   C. 鱼都不是用鳃呼吸的　　　　　　　　　D. 鲑鱼是鱼,但不用鳃呼吸

2. 小寨路街道办发现有保安未办暂住证。
   如果上述断定为真,则以下哪项不能确定真假?( )
   Ⅰ. 小寨路街道所有保安都未办暂住证。
   Ⅱ. 小寨路街道所有保安都办了暂住证。
   Ⅲ. 小寨路街道有保安办了暂住证。
   A. Ⅰ、Ⅱ和Ⅲ　　B. Ⅰ、Ⅱ　　C. Ⅰ、Ⅲ　　D. Ⅱ、Ⅲ

3. 在某次税务检查后,四名管理人员有如下结论:
   甲:所有个体户都没有纳税。
   乙:经营水果店的个体户霍老板没有纳税。
   丙:个体户不都没有纳税。
   丁:有的个体户没有纳税。
   如果四名管理人员中只有一人的断定是属实的,那么以下哪项是真的?( )
   A. 甲断定属实,霍老板没有纳税　　　　　B. 丙断定属实,霍老板纳了税

C. 丙断定属实,但霍老板没有纳税　　　　　　D. 丁断定属实,霍老板没有纳税

4. 有些导演留大胡子,因此,有些留大胡子的人是大嗓门。
   为使上述推理成立,必须补充以下哪项作为前提?(　　)
   A. 所有导演都是大嗓门　　　　　　　　　B. 所有大嗓门的人都是导演
   C. 有些导演是大嗓门　　　　　　　　　　D. 有些大嗓门的人不是导演

5. 如果 SEP 与 SOP 均假,那么 S 与 P 之间的外延关系应是(　　)。
   Ⅰ. 全同关系　　Ⅱ. 真包含关系　　Ⅲ. 全异关系　　Ⅳ. 真包含于关系
   A. Ⅰ、Ⅲ　　　　B. Ⅰ、Ⅳ　　　　C. Ⅰ、Ⅱ、Ⅲ和Ⅳ　　　　D. Ⅰ、Ⅲ和Ⅳ

6. 若以 MAP 与 SOM 为前提,其结论是(　　)。
   A. SOP　　　　B. SIP　　　　C. SEP　　　　D. 无法推出

7. 下列关系中具有非对称关系的是(　　)。
   A. 同事关系　　B. 父子关系　　C. 佩服关系　　D. 蕴涵关系

8. 一个有效三段论,若其结论是否定命题,则其大前提不能是(　　)。
   A. MIP　　　　B. PAM　　　　C. MOP　　　　D. MEP

9. 一个有效三段论,若其小前提是否定命题,则此三段论的结构形式是(　　)。
   Ⅰ. 第一格　　Ⅱ. 第二格　　Ⅲ. 第三格　　Ⅳ. 第四格
   A. Ⅰ、Ⅲ　　　　B. Ⅰ、Ⅳ　　　　C. Ⅱ、Ⅳ　　　　D. Ⅰ、Ⅲ和Ⅳ

10. 运用命题变形推理,由"说假话的人都不是正派人"可推出(　　)。
    A. 说假话的人都是正派人　　　　　　　B. 有些不正派的人不说真话
    C. 有些说假话的人不是正派人　　　　　D. 有些不正派的人说假话

第四章 演绎逻辑(二)
——复合命题及其演绎推理

推理是逻辑学研究的主要对象。本章主要介绍各种类型复合命题、复合命题推理的定义、构成、逻辑特征以及复合命题推理的有效性等问题。

核心问题

1. 什么是联言命题？其逻辑特性是什么？
2. 选言命题有几种类型？其逻辑特性是什么？
3. 假言命题有几种类型？其逻辑特性是什么？
4. 什么是负命题？其逻辑特性是什么？
5. 真值表有哪些作用？
6. 什么是归谬赋值法？如何用它来判定一个推理的有效性？
7. 联言推理的有效式有哪些？
8. 选言推理的有效式有哪些？
9. 假言推理的有效式有哪些？
10. 什么是二难推理？它有哪些有效式？
11. 什么是反三段论？
12. 什么是推理的综合运用？

关键词

复合命题　真值联结词　真值表　复合命题的逻辑特性　联言命题　合取词　联言推理　选言命题　析取词　选言推理　假言命题　蕴涵词　等值词　假言直言推理　负命题　否定词　二难推理　反三段论　多重复合命题　归谬赋值法

趣味逻辑

"咬眼"

两人在酒吧。甲对乙说："咱俩打赌吧，一百元钱。我能够用牙齿咬自己的左眼。"乙觉得不可能，于是欣然同意。没想到，甲把左眼窝中的假眼取下来，放到嘴里咬了一下。接着，甲又说："现在给你赢回一百元的机会，咱俩再打一次赌，我还能咬自己的右眼，你信不？"乙想，甲总不会两只眼都假吧，于是一狠心，又把一百元拍在桌上。怎料到，甲取下假牙咬了自己的右眼。乙愕然！

> **"跳下去或跑下去"**
> 一高层失火,张和李被困最高层。张说:"完了、完了,如果从楼梯往下跑,肯定葬身火海,如果从窗户往下跳肯定摔死。"李说:"别这么悲观,你想一想,跳下去就不会烧死,跑下去就不会摔死……"
>
> **"将脚放下来"**
> 下雨天,一位妇女牵着一只浑身泥污的宠物狗上了公交车,车上人不多,她就对售票员说:"喂,如果我给我的狗狗买张票,它能不能也有个座位?"售票员看了看,笑着说:"当然可以,女士。不过它也必须和其他乘客一样,不要将脚放在座椅上噢。"

第一节 复合命题概述

在"命题的概述"中曾指出命题的类型多种多样。根据命题本身是否包含其他命题,可将命题类型分为简单命题和复合命题。本节主要介绍复合命题的相关知识。

一、复合命题

复合命题就是自身中包含有其他命题的命题,其表现形式相当于语言中的复句。例如:
(1)"只有确立远大志向,才能不畏艰难险阻。"
(2)"物体要么是固体,要么是液体,要么是气体。"
(3)"并非所有桃花都是红色的。"

这些命题都是复合命题。例(1)中包含"确立远大志向"和"不畏艰难险阻"两个命题成分;例(2)中包含"物体是固体""物体是液体"和"物体是气体"三个命题成分;例(3)中包含"所有桃花都是红色的"这一命题成分。

在逻辑上,把复合命题所包含的其他命题称为复合命题的支命题(肢命题)。不同的复合命题,其支命题在种类上、数量上都有所不同。支命题决定复合命题的具体内容,是复合命题中的可变部分,复合命题的真假就决定于它所包含的支命题的真假。支命题作为复合命题中的逻辑变项,通常用小写字母 p、q、r、s 等来表示。这样,就把命题的具体思想内容舍去,使之形式化、符号化。

复合命题的支命题是通过"命题联结词"来联结的。如例(1)中的"只有……才……";例(2)中的"要么……要么……要么……";例(3)中的"并非"等语词。

命题联结词就是将支命题联结为复合命题的词语,简称为联结词。尽管表示复合命题联结词的自然语言形式多种多样,但就其表达的断定而言,都可归属于如下典型联结词所表达的断定:"并且""或者""如果……那么……""……当且仅当……""并非"等。复合命题中的联结词,是同类型复合命题中都共同具有的,它是复合命题形式中的逻辑常项,反映不同的复合命题与其支命题之间的真假关系,决定着复合命题的种类、逻辑性质等,是普通逻辑学研究的重点。

复合命题的逻辑形式是由典型命题联结词加上表示支命题的逻辑变项组成的。如:
例(1)的逻辑形式为:只有 p,才 q。

例(2)的逻辑形式为:要么 p,要么 q,要么 r。

例(3)的逻辑形式为:并非 p。

可见,命题形式舍去了具体的思想内容,凸显命题中的逻辑常项。逻辑学就是要在研究不同常项逻辑特性的基础上,来研究推理的普遍性质。

研究复合命题及其推理的逻辑又称为"命题逻辑"。

不同的复合命题有不同的逻辑特性,也有不同的逻辑联结词。按照组成复合命题的各个支命题之间的联系情况,可以把复合命题分成:联言命题、选言命题、假言命题和负命题四类。

二、真值联结词和真值形式

如前所述,命题的逻辑形式是对命题进行一定程度抽象后的结构方式或样式,一般由逻辑常项和逻辑变项两部分组成。这两部分都是既可以用自然语词来表示,也可以用人工语言符号来表示。从现代逻辑角度看,将逻辑常项和逻辑变项都用人工语言符号表示,实现了命题形式符号化,我们把这种符号化的命题形式称为命题公式。

本章所讨论的各种复合命题都是由若干支命题借助于一定的命题联结词而构成的。复合命题的各支命题之间,存在着因果、次序、真假、意义等许多方面的联系,逻辑学不可能对此一一加以研究。普通逻辑学只研究各支命题之间在结构上真假方面的联系,并且仅从支命题之间的真假关系角度来判定复合命题的真假。

1. 真值联结词

真值联结词就是只反映复合命题与支命题之间真假关系的联结词。在命题形式中,表示逻辑常项的特定符号就是真值联结词。它是对命题联结词的逻辑抽象。

在现代形式逻辑中,基本的真值联结词有五个,它们分别是:

(1)否定联结词。相当于自然语言中的"并非""没""不"等,一般用符号"¬"表示,读作"非"或"并非"。

(2)合取联结词。相当于自然语言中的"虽然……但是……""不但……而且……""……并且……"等,一般用符号"∧"表示,读作"并且"。

(3)析取联结词。相当于自然语言中的"或……或……""也许……也许……""可以……可以……"等,一般用符号"∨"表示,读作"或者"。

(4)蕴涵联结词。相当于自然语言中的"如果……那么……""只要……就……""若……必……"等,一般用符号"→"表示,读作"如果……那么……"。

(5)等值联结词。相当于自然语言中的"……当且仅当……""有且仅有……才……""如果而且只有……才……"等,一般用符号"↔"表示,读作"当且仅当"。

2. 真值形式

真值形式是由真值联结词和命题变项所构成的符号表达式。[1]

---

[1] 真值形式的构成,类似于代数式的构成。代数式是由若干数字、字母与数学符号 +、-、×、÷ 等,遵循一定的规则组合而成的。单独的一个字母如 a 就可以是一个代数式,若 a、b 是代数式,则 a×b、a÷b 等也是代数式。而若 p、q 是命题变项,则 p→q、p↔q、p∧q 等就是真值形式。

命题形式有两种：

一种是由命题联结词加上命题变项组成，如"p 并且 q"，其中的逻辑常项仍用自然语言表达。

另一种是由真值联结词加上命题变项组成，如"p∧q"，其中逻辑常项和变项都用特定的人工符号表达。这是完全符号化的命题形式，又称为"真值形式"。

逻辑学之所以要暂时脱离思维的具体内容，而使用纯形式的研究符号，是为了排除各种不必要的干扰，从而能更精确、更严密地研究思维的规律和推理的结构。

本章后面各节中所提到的真值形式是以只取真假二值的命题为逻辑变项、以真值联结词为逻辑常项而组成的命题公式。如"p∨q""p→q"等。

三、复合命题的逻辑特性和真值表

复合命题的逻辑特性是指它的真值。逻辑学是从真值（真假值）角度对复合命题进行定义与分析的。复合命题的真假取决于其支命题的真假组合。例如：

（1）"并非只有年满十八岁，才能有选举权。"

这个复合命题的支命题"只有年满十八岁，才能有选举权"是真命题，决定复合命题"并非只有年满十八岁，才能有选举权"为假命题。

（2）"并非所有花都是红色的。"

这个复合命题的支命题"所有花都是红色的"是假命题，决定复合命题"并非所有花都是红色的"为真命题。

由此可见，支命题的真假决定着复合命题的真假。这是复合命题的逻辑特性。

在现代形式逻辑中，通常是采用列表的方法来考察命题的真值。说明复合命题真假情况与其支命题真假之间关系的图表，称为真值表（表 4-1）。它是数理逻辑中用以定义命题联结词并确定复合命题真或假（即真值）的一种图表。

真　值　表　　　　　　　　　　　　　　　　　　　　　表 4-1

p	q	p→q
T	T	T
T	F	F
F	T	T
F	F	T

判定复合命题的真值，虽然最终仍要取决于它的断定是否符合客观实际，但在判定方法上则较为复杂。

从逻辑学角度看，复合命题的真值，唯一地取决于它所包含的各支命题的真假组合。复合命题是由支命题加上命题联结词构成的，而任一支命题又都具有或者为真，或者为假两种可能性。因此，当一个复合命题包含两个支命题时，其支命题的真假组合就为 $2 \times 2 (2^2)$，即 4 种可能性；若包含了三个支命题，其支命题的真假组合便为 $2 \times 2 \times 2 (2^3)$，即 8 种可能性；若支命题为 n 个，则其支命题的真假组合便为 2^n 种可能性。

借助于真值表，可以把一个复合命题所包含的各个支命题可能出现的真假组合情形全部列出，这样不但能较为直观地展示出复合命题形式的真假状况；而且，借助于真值表还能够有效地判定两个或两个以上的、具有相同支命题素材的不同类型复合命题形式间的关系。因此,真值表从更深层次上揭示了复合命题的逻辑性质,有助于人们更好地把握复合命题。

真值表的构成及其用途,详见本章第七节"真值表的判定作用"。

为方便问题的阐述,在后面分析各种基本类型复合命题的真值情况时,一般都只限于有两个支命题的命题组合形式。

第二节 联言命题及其推理

一、联言命题

联言命题就是断定事物若干种情况同时存在的命题。例如:

(1)"我很丑,但是我很温柔。"

(2)"甲、乙和丙都是民主党派的成员。"

(3)"我们既不能冤枉好人,也不能放纵坏人。"

例(1)和例(3)都同时断定两种事物情况的存在,例(2)则同时断定三种事物情况的存在,因而上述命题都是联言命题。

1. 联言命题的特征

联言命题是由两个或两个以上的支命题加命题联结词而构成的一种复合命题。

构成联言命题的支命题称为联言支,一般是用符号 p、q、r 等表示。

联结联言命题支命题的联结词有很多,如:

表述并列关系的:"……并且……""既……又……"等,例如:

(4)"得道多助,失道寡助。"

表述递进关系的:"不但……而且……""不仅……还……"等,例如:

(5)"他不但没有跪下,反而把腰杆挺得更直了。"

表述转折关系的:"虽然……但是……""尽管……但(却)……"

(6)"虽然他把学习抓得很紧,但是学习成绩仍然不理想。"

还有无条件句:"无论……都……""不管……都……""任凭……都……"等。

值得注意的是,有的联言命题会省略联结词,没有任何联结词联结的两个以上的语句,总的来看,都是同时断定了几种事物情况的存在,因而表述的就是一个联言命题。如:

(7)"甲是民盟成员,乙是九三社员,丙是民革党员。"

(8)"富贵不能淫,贫贱不能移,威武不能屈。"

联言命题,无论是用并列语句、递进语句还是其他语句来表述,从逻辑性质上讲,都属于对几种事物情况的同时断定,都具有"并且"一词表达的意义。因此,"并且"被视为是表述联言命题的典型联结词。这样,含有两个联言支的联言命题的逻辑形式表示为:

$$p \text{ 并且 } q$$

如前所述,真值联结词是自然语言中相应的语句连词的逻辑抽象,它舍弃了语句连词含有的其他非逻辑含义,只反映复合命题与其支命题之间的真假关系。联言命题支命题之间的关系,逻辑上叫作"合取(∧)"关系,因而联言命题也可用真值形式表示:

p∧q(读作"p与q的合取"或"p并且q")

2. 联言命题的逻辑性质

联言命题的逻辑性质,主要是指它的真假值。

联言命题的真假是由联言支的真假来确定的。由于联言命题是对几种事物情况的同时断定,因而,联言命题为真,必须是在它的所有联言支都为真的情况下;只要有一个联言支是假的,联言命题就是假的。如"西瓜又熟又甜"这个联言命题若为真,就需要:"西瓜熟"与"西瓜甜"这两个联言支同时为真;如果它们其中有一个是假的或两个都是假的时,"西瓜又熟又甜"这个命题就是假的。联言命题的逻辑性质,在逻辑上就称为"合取"。

联言命题(p∧q)的真假值和联言支(p、q)的真假关系,可以用表4-2表示如下(T为真;F为假):

联言命题的真值表 表4-2

p	q	p∧q
T	T	T
T	F	F
F	T	F
F	F	F

从联言命题的真值表可看出:复合命题的真值表,显示其支命题的真假与命题本身真假之间的关系,揭示了复合命题的逻辑特征。

备注:实际应用中,必须注意联言命题各个支命题的逻辑顺序。普通逻辑学仅仅是从真假值的角度去研究联言命题。但是,有些联言命题支命题的顺序必须结合自然语言表述的习惯来考虑。例如:

(9)"盈哥和红妹结了婚并且有了孩子。"

(10)"盈哥和红妹有了孩子并且结了婚。"

从纯逻辑学角度看,上述两例都是真命题,但结合自然语言的表达习惯和支命题所断定的情况来考虑,例(9)表述得显得恰当,而例(10)表述得就显得不太恰当。可见,对于联言命题,应当注意其支命题排列的逻辑顺序。

二、联言推理

联言推理是以联言命题为前提或结论,并且根据联言命题的逻辑特性进行推导的演绎推理。它有两种形式:分解式和组合式。

1. 分解式

分解式是以联言命题作为前提,以该命题中的某个联言支作为结论而构成的联言推理。其推理过程是通过对前提进行分解,从而获得人们所需要的某个联言支。例如:

(1) 鲁迅既是文学家,又是革命家;
所以,鲁迅是革命家。

联言推理分解式的形式结构为:

$$\frac{p \text{ 并且 } q}{\text{所以,} p(\text{或 } q)} \quad \text{或} \quad \frac{p \wedge q}{\therefore p(\text{或 } q)}$$

上述联言推理分解式的不同在于:左边推理形式中的命题变项已符号化,但常项未符号化;而右边推理形式中的命题变项和常项都已符号化,它是完全符号化[①]的推理形式。

分解式也可以用蕴涵式表示为:

$$(p \wedge q) \rightarrow p \quad 或 \quad (p \wedge q) \rightarrow q$$

分解式推理有效的依据是:若前提中联言命题为真,则其支命题必然都真。

2.组合式

组合式是以联言命题作为结论,以组成该命题的各个支命题作为前提而构成的联言推理。其推理过程是通过对若干个前提进行组合,从而获得一个联言命题。例如:

(2)李白是生活在唐朝的伟大诗人;
　　杜甫是生活在唐朝的伟大诗人;
　　所以,李白和杜甫都是生活在唐朝的伟大诗人。

联言推理组合式的形式结构为:

$$\frac{p}{q} \quad 或 \quad \frac{p}{q}$$
$$所以,p 并且 q \qquad \therefore p \wedge q$$

组合式也可以用蕴涵式表示为:

$$(p, q) \rightarrow p \wedge q$$

组合式推理有效的依据是:若前提中联言支都为真,则联言命题必然真。

因此,根据联言命题的逻辑性质,联言推理的规则是:

第一,肯定了联言命题,就要肯定各联言支。

第二,肯定了各联言支,就要肯定联言命题。

第三节　选言命题及其推理

一、选言命题

选言命题是断定事物若干种可能情况的命题。即断定若干事物情况中至少有一个是存在的命题。例如:

(1)"人固有一死,或重于泰山,或轻于鸿毛。"

(2)"你说错了,或者我听错了。"

(3)"张某、李某或王某是本案的作案人。"

(4)"选民选举时,要么投赞成票,要么投反对票,要么投弃权票。"

上述命题都是选言命题。例(1)和例(2)断定在两种事物情况中至少有一种是存在的。例(3)和例(4)断定在三种情况下至少有一种是真的。

选言命题是由两个或两个以上的支命题加命题联结词而构成的一种复合命题。

---

① 符号化就是以特定的人工语言替换常项或者变项。类似于数学公式。如 x + y = z,其中"+""="是常项,在特定的学科中有其特定的语义;"x""y""z"是变项,变项可替换具体的思维内容。若用"1""2""3"分别替换"x""y""z",则"1 + 2 = 3"就是"x + y = z"的一个替换实例。推理形式也有相应的替换实例。

构成选言命题的支命题称为选言支,一般用符号 p、q、r 等表示;
表示选言命题的联结词有很多,如:

"……或(者)……"

"可能……也可能……"

"也许……也许……"

"要么……要么……"

"不是……就是……"等等。

值得注意的是,选言命题的联结词,只是表明各选言支反映的事物情况中至少有一种事物情况是存在的,但是并未断定究竟是哪种事物情况存在。

在选言命题中,选言支之间存在着不同的关系。有些选言支彼此相容,有些选言支相互排斥。选言支之间的不同选择关系,决定着选言命题的不同逻辑性质。在逻辑上,根据选言支之间是否具有并存关系,将选言命题分为相容选言命题和不相容选言命题两类。

1. 相容选言命题

相容选言命题是断定几种事物情况可以同时存在的选言命题。例如:

(5)"他或者会英语,或者会法语。"

(6)"这篇论文没有通过,或者是因为论点不成立,或者是因为论据不充分,或者是因为论证方式有问题。"

上述两例命题都是相容选言命题,命题所包含的选言支并不互相排斥。例(5)中"他会英语"与"他会法语"这两种情况可以并存,并不必然地只能存在一种情况;例(6)中"这篇论文没有通过",其原因有可能是"论点不成立""论据不充分"和"论证方式有问题"同时存在所造成的。相容选言命题的逻辑特征,就在于其选言支之间的关系彼此相容,不相互排斥,可以同时存在。

相容选言命题的典型联结词是"或者"。此外,自然语言中的:"可能……也可能……""也许……也许……"等语句连词也是联结相容选言命题的联结词。

若以符号 p、q 表示选言支,则含有两个选言支的相容选言命题的逻辑形式是:

$$p \text{ 或者 } q$$

相容选言命题的逻辑性质:相容选言命题的真假是由其选言支的真假来确定的。由于相容选言命题断定的是几种事物情况中至少有一种事物情况存在,因而,只要有一个选言支真,相容选言命题就是真的;只有当相容选言命题所有选言支都为假时,相容选言命题才是假的。如例(5)只有在"他会英语"和"他会法语"这两种情况都是假的时才为假;只要它们其中有一个真或两个都真,"他或者会英语,或者会法语"这个相容选言命题就是真的。

由此引申:

一个相容选言命题是真的,要求至少有一个选言支是真的。

相容选言命题的逻辑性质,在逻辑上称为"析取(∨)"。因此,相容选言命题也可用真值形式表示:

$$p \vee q \text{(读作"}p \text{ 与 } q \text{ 的析取"或"}p \text{ 或者 } q\text{")}$$

相容选言命题的支命题至少是两个,也可以是多个。多于两个选言支的相容选言命题的逻辑性质是以具有两个选言支的相容选言命题为基础的,即逻辑性质是相同的。

相容选言命题(p∨q)的真假值和选言支(p、q)的真假关系,可以用真值表表示如下(表4-3)。

相容选言命题真值表　　　　　　　　　　　　　　　　表4-3

p	q	p∨q
T	T	T
T	F	T
F	T	T
F	F	F

2.不相容选言命题

不相容选言命题是断定几种事物情况不可以同时存在的选言命题。例如:

(7)"被告李某或者是有罪的,或者是无罪的。"

(8)"王某非自然死亡的原因,要么是自杀,要么是他杀,要么是意外事故。"

上述两例命题都是不相容选言命题,它们所包含的选言支是互相排斥的,在任何情况下都是不可能同时存在的。如例(7),在一个具体案件中,任何被告人只能是要么有罪,要么无罪。因而"被告李某是有罪的"和"被告李某是无罪的"这两种情况不可能同时存在,二者互相排斥;例(8)中三个选言支所反映的事物情况也同样不可能同时存在。不相容选言命题的逻辑特征,就在于其选言支之间的关系相互排斥,彼此不相容。

不相容选言命题的典型联结词是"要么……要么……"。此外,自然语言中的:"不是……就是……""或者……或者……二者必居其一""或者……或者……二者不可得兼"等语句连词也是联结不相容选言命题的联结词。

若以符号 p、q 表示选言支,则含有两个选言支的不相容选言命题的逻辑形式是:

要么 p,要么 q

不相容选言命题的逻辑性质:不相容选言命题的真假是由其选言支的真假来确定的。由于不相容选言命题断定的是几种事物情况不会同时存在,因而,一个不相容选言命题为真,要求至少有一个也只能有一个选言支是真的。如"在困难面前要么迎头而上,要么畏难退缩"这个命题若为真,就需要:"在困难面前迎头而上"与"在困难面前畏难退缩"这两个选言支中有而且只能有一个是真的;如果它们两个都真或都假,那么"在困难面前要么迎头而上,要么畏难退缩"这个命题就是假的。

由此引申:

一个不相容选言命题是真的,要求有且仅有一个选言支是真的。

不相容选言命题的逻辑性质,在逻辑上称为"严格析取"。不相容选言命题的命题联结词称为"严格析取词",用逻辑符号"$\underline{\vee}$"表示。这样,不相容选言命题的真值形式是:

p$\underline{\vee}$q(读作"p 与 q 的严格析取"或"要么 p,要么 q")

在现代命题逻辑理论中,一般不再使用"严格析取词",而是对其进行了替换,将其转化定义为:

$(p \vee q) \wedge \neg (p \wedge q)$

其中前一个联言支(p∨q)表示 p 与 q 至少有一个为真,后一个联言支¬(p∧q)表示 p

与 q 不可同真,从而清楚地显现了不相容选言命题的逻辑特性:p 与 q 中有而且只有一个为真。例如:"要么出车,要么跳马"表述的就是"或者出车,或者跳马,但是不能既出车又跳马"。

不相容选言命题(p∨q)的真假值和选言支(p、q)的真假关系,可以用真值表表示如下(表4-4)。

不相容选言命题真值表　　　　　　　　　　　　表4-4

p	q	p∨q
T	T	F
T	F	T
F	T	T
F	F	F

选言命题形式较之于联言命题形式复杂,在使用时必须对事物的各种情况及其相互间的关系作出具体分析,进而确定相应的选言命题形式。在自然语言中,命题联结词的使用并不规范,在许多情况下与逻辑学的要求有差别,例如:

(9)"今天或是星期日或是星期一。"

从命题具体内容看,这个选言命题的选言支彼此不相容,但它所使用的联结词却是表示相容选言命题的典型联结词"或(者)",而不是"要么……要么……"这个不相容选言命题的典型联结词。我们若根据联结词来确定该命题的性质,就会判断错误。可见,判定选言命题的类型,确定一个具体选言命题的各选言支究竟是否相容,必须借助于相关的内容方面的知识。一般来说,除了使用"要么……要么……"这样的联结词外,在使用其他联结词的情况下,仅从命题形式上是难以确定选言命题类型的。因此,在确定选言命题类型时,要根据语言形式和语境而非仅仅依据它所使用的联结词。

选言命题是人们认识事物解决问题过程中经常用到的一种思维形式。

二、选言推理

选言推理是前提中包含有选言命题,依据选言命题的逻辑性质进行的推理。

选言命题分为相容选言命题和不相容选言命题两类。相应的,选言推理也分为相容选言推理和不相容选言推理两类。

1. 相容选言推理

相容选言推理是前提中有一个相容选言命题,并且依据相容选言命题的逻辑性质进行推演的选言推理。例如:

(1)或者你说错了,或者我听错了;
　　你没有说错;
　　所以,我听错了。

相容选言推理有效式只有一个:否定肯定式。其形式结构为:

$$\begin{array}{ccc} p\text{ 或者 }q & & p\text{ 或者 }q \\ \underline{\text{非 }p} & \text{或} & \underline{\text{非 }q} \\ \text{所以},q & & \text{所以},p \end{array}$$

用符号形式表示为：

$$p \vee q \qquad p \vee q$$
$$\underline{\neg p} \quad 或 \quad \underline{\neg q}$$
$$\therefore q \qquad \therefore p$$

相容选言推理否定肯定式也可以用蕴涵式表示为：

$$((p \vee q) \wedge \neg p) \to q \quad 或 \quad ((p \vee q) \wedge \neg q) \to p$$

相容选言推理的依据是：相容选言命题真，则选言支必有一真。

相容选言命题断定选言支中至少有一个是真的，也可以都是真的。因此，相容选言推理的规则是：

第一，否定一部分选言支，就必然肯定另一部分选言支。

第二，肯定一部分选言支，却不能必然否定另一部分选言支。

2. 不相容选言推理

不相容选言推理是前提中有一个不相容选言命题，并且依据不相容选言命题的逻辑性质进行推演的选言推理。例如：

(2) 这张古画不是唐朝的，就是宋朝的；
　　这张古画是宋朝的；
　　所以，这张古画不是唐朝的。

(3) 要么改革开放，要么闭关锁国；
　　我们不能闭关锁国；
　　所以，我们要改革开放。

不相容选言命题的逻辑特性强调一个不相容选言命题是真的，有且仅有一个选言支是真的。因此，不相容选言推理的规则是：

第一，肯定一个选言支，就要否定其余的选言支。

第二，否定除一个以外的其他选言支，就要肯定未被否定的那一个选言支。

根据规则可知，不相容选言推理的有效式有两个：肯定否定式和否定肯定式。

例(2)是一个正确的不相容选言推理肯定否定式。其形式结构为：

要么 p，要么 q　　　要么 p，要么 q
$$\underline{p} \qquad 或 \qquad \underline{q}$$
所以，非 q　　　　所以，非 p

用符号形式表示为：

$$p \vee q \qquad p \vee q$$
$$\underline{p} \quad 或 \quad \underline{q}$$
$$\therefore \neg q \qquad \therefore \neg p$$

不相容选言推理肯定否定式也可以用蕴涵式表示为：

$$((p \vee q) \wedge p) \to \neg q \quad 或 \quad ((p \vee q) \wedge q) \to \neg p$$

不相容选言推理肯定否定式的依据是：若不相容选言命题是真的，则选言支只有一真。

例(3)是一个正确的不相容选言推理否定肯定式。其形式结构为：

要么 p，要么 q　　　要么 p，要么 q
$$\underline{非 p} \qquad 或 \qquad \underline{非 q}$$
所以，q　　　　　所以，p

用符号形式表示为：

$$p \vee q \qquad p \vee q$$
$$\underline{\neg p} \quad 或 \quad \underline{\neg q}$$
$$\therefore q \qquad \therefore p$$

不相容选言推理否定肯定式也可以用蕴涵式表示为：

$$((p \vee q) \wedge \neg p) \to q \quad 或 \quad ((p \vee q) \wedge \neg q) \to p$$

不相容选言推理否定肯定式的依据是：若不相容选言命题是真的，则选言支必有一真。

3. 运用选言推理应当注意的问题

在实际思维活动中，人们对事物的认识了解往往不可能是"一步到位"的。起初，人们通常是对认识对象的情况提出若干猜测，并以此作为选言支来建立选言命题，为认识的深化提供方向或范围。然后，再通过收集材料来验证这些猜测，以此来否定或肯定选言命题中的某些选言支，进而获得对该认识对象的确定性认识。这个过程就是选言推理的运用过程。但是，要想使选言推理过程正确，结论真实可靠，应当注意以下两个问题：

第一，必须注意分析前提中选言支之间的关系。尤其是在运用肯定否定式时，如果大前提中各选言支之间不是互相排斥的，就不可能推出真实可靠的结论。只有当大前提中各选言支互相排斥，亦即大前提是不相容选言命题时，才能够运用肯定否定式。例如：

(4) 某甲或是演员，或是导演；
　　某甲是演员；
　　所以，某甲不是导演。

这个推理的结论就不是必然可靠的。前提中的两个选言支不是互相排斥的，因此，不能由肯定其中一个选言支，进而在结论中去否定另一个选言支。

第二，必须注意分析前提选言命题中的选言支是否穷尽。① 尤其是在运用否定肯定式时，若前提中选言支有所遗漏，运用否定肯定式获得的结论，就不是必然可靠的。只有选言支穷尽，以此作为大前提运用否定肯定式进行推理，才能够获得必然真实可靠的结论。例如：

(5) 对待历史文化遗产，要么全盘地继承，要么是虚无主义；
　　对待历史文化遗产不能是虚无主义；
　　所以，对待历史文化遗产应该全盘地继承。

这个推理就是不正确的。因为大前提中的选言支没有穷尽，遗漏了"批判地继承"这一情况，导致结论不可靠。

第四节　假言命题及其推理

一、假言命题

假言命题是断定事物情况之间条件关系的命题。即断定某一事物情况的存在是另一事

---

① 正确的选言命题不一定穷尽选言支，但穷尽选言支的选言命题肯定是正确的。

物情况存在的条件的命题。例如：
(1)"如果某甲是盗窃犯，那么他去过作案现场。"
(2)"除非考试及格，否则不予录取。"
(3)"人不犯我，我不犯人；人若犯我，我必犯人。"

上述命题都是假言命题。由这三例命题可看出，假言命题并未直接断定某种事物情况存在或不存在，而只是断定一种事物情况与另一种事物情况之间，存在着什么样的条件制约关系。如例(1)既未断定"某甲是盗窃犯"，也未断定"他去过作案现场"；而只是断定"某甲是盗窃犯"是"他去过作案现场"的条件。例(2)和例(3)也同样。它们都只是断定前面那种事物情况是后面那种事物情况的某种条件。因此，假言命题又称条件命题。

假言命题只涉及两种事物情况，因此，假言命题是由两个支命题加上命题联结词而构成的一种复合命题。组成假言命题的两个支命题，一个称前件，另一个称后件。前件是作为条件的支命题，通常用字母"p"表示；后件是依赖条件而存在的支命题，通常用字母"q"表示。对前件和后件两种事物情况条件关系的断定，是通过假言联结词表示的。常用的假言联结词有：

"如果……那么……"
"只要……就……"
"若……则……"
"假如……就……"
"只有……才……"
"除非……不……"
"没有……没有……"
"当且仅当……才……"等等。

不同的假言联结词，表达的条件关系有所不同。依据假言命题所断定的两种事物情况之间的条件关系的不同，假言命题分为：充分条件假言命题、必要条件假言命题和充分必要条件假言命题三种。不同的假言命题有不同的逻辑性质。

1. 充分条件假言命题

断定事物情况之间具有充分条件关系的假言命题就是充分条件假言命题。

那么，什么是充分条件呢？

假定用 p 和 q 分别表示两种事物情况，则充分条件是指：

如果 p 存在，那么 q 就必然存在；而如果 p 不存在，q 却不一定不存在。在这种情况下，p 就是 q 的充分条件。比如"骄傲自满"是"使人落后"的充分条件。因为只要某个人骄傲自满，那么他必定会落后；但是，如果某个人没有骄傲自满，他是否就不会落后呢？不一定。所以说，"骄傲自满"是"使人落后"的充分条件。

充分条件假言命题就是断定一个事物情况是另一个事物情况的充分条件的假言命题，即断定前件是后件的充分条件的假言命题。例如：

(4)"只要功夫深，铁杵就能磨成针。"
(5)"如果寒潮来袭，那么气温就会下降。"

以上两例都是充分条件假言命题。例(4)断定"功夫深"是"铁杵磨成针"的充分条件。

例(5)断定"寒潮来袭"是"气温会下降"的充分条件。

充分条件假言命题的典型联结词是"如果……那么……"。

此外,自然语言中的"只要……就……""若……必……""假如……就……""一旦……就……"等语句连词也是联结充分条件假言命题的假言联结词。

充分条件假言命题的逻辑形式:

$$如果\ p,那么\ q$$

客观现实中,有的事物情况是由于某一种事物情况所引起的,只要有某一事物情况的产生和存在,就一定会有另一事物情况的产生和存在。充分条件假言命题就是对这种情况的断定。充分条件假言命题断定前件 p 是后件 q 的充分条件,就意味着有前件 p,就有后件 q,亦即断定前件 p 真,后件 q 就真。这种性质,在逻辑学中称为"蕴涵"。因而充分条件假言命题的假言联结词称为"蕴涵词(→)"。这样,充分条件假言命题也可用真值形式表示:

$$p→q(读作"p\ 蕴涵\ q"或"如果\ p,那么\ q")$$

充分条件假言命题的逻辑特性:充分条件假言命题的真假取决于它的前件和后件是否确实存在着充分条件关系。即取决于其前件出现时,其后件是否必然出现。因此,一个充分条件假言命题,只有当其前件真而后件假时,充分条件假言命题才是假的。在其他情况下都是真的。

充分条件假言命题的真假值与它的前、后件真假值之间的关系可以用真值表表示如下(表4-5)。

表4-5

p	q	p→q
T	T	T
T	F	F
F	T	T
F	F	T

此真值表是对充分条件假言命题的逻辑性质的描述和刻画。表明命题的真假与其前后件的真假之间的关系。

2. 必要条件假言命题

断定事物情况之间具有必要条件关系的假言命题就是必要条件假言命题。

那么,什么是必要条件呢?

假定用 p 和 q 分别表示两种事物情况,则必要条件是指:

如果 p 存在,那么 q 不一定存在,但是,如果 p 不存在,q 也一定不存在,在这种情况下,p 是 q 的必要条件。比如:"年满十八岁是一个公民有选举权的必要条件",原因就在于一个人年满十八岁,也不一定有选举权;但如果不满十八岁,则肯定是没有选举权的。因此,年满十八岁是有选举权的必要条件。

必要条件假言命题就是断定一个事物情况是另一个事物情况的必要条件的假言命题。即断定前件是后件的必要条件的假言命题。例如:

(6)"只有认识错误,才能改正错误。"

(7)"只有入虎穴,才能得虎子。"

以上两例都是必要条件假言命题。例(6)断定"认识错误"是"改正错误"的必要条件;例(7)强调"得虎子"的必要条件是"入虎穴"。

必要条件假言命题的典型联结词是"只有……才……"。

此外,自然语言中的"除非……不……""不……不……""除非……否则不……""没有……没有……"等语句连词也是联结必要条件假言命题时常用的假言联结词。

必要条件假言命题的逻辑形式:

$$只有 p, 才 q$$

逻辑学上,把必要条件假言命题的命题联结词叫作"逆蕴涵词",记为"←"(读作:逆蕴涵)。这样,必要条件假言命题也可用真值形式表示:

$$p←q(读作"p 逆蕴涵 q"或"只有 p, 才 q")$$

在现代命题逻辑理论中,一般不太用"逆蕴涵词",而是将"p←q"定义为:

$$\neg p → \neg q$$

必要条件假言命题反映的是前件对后件所具有的必不可少的作用,如果没有前件,就必定没有后件。"只有入虎穴,才能得虎子"强调的是"如果不入虎穴,那么是得不到虎子的",将"p←q"转化为"¬p→¬q"清楚地显现了必要条件假言命题的逻辑特性。

客观现实中,有的事物情况的产生和存在,往往是由多种事物情况的共同作用引起的,缺少其中的某一事物情况,就无法使另一事物情况产生和存在。对这种情况的断定,就是必要条件假言命题。如例(6)中"认识错误"是"改正错误"的必要条件,强调的就是:无前件必无后件,即"没有认识错误,就不可能改正错误"。

必要条件假言命题的逻辑特性:由于必要条件假言命题的真假取决于前件是否是后件的必要条件,因而一个必要条件假言命题是真的,那么,它的前件假时其后件一定假;而它的前件真时后件却可真可假;只有当其前件假而后件真时,整个必要条件假言命题才是假的。

必要条件假言命题的真假值与它的前、后件真假值之间的关系可以用真值表表示如下(表4-6)。

表4-6

p	q	p←q
T	T	T
T	F	T
F	T	F
F	F	T

必要条件假言命题真值表是对它的逻辑性质的描述和刻画。通过真值表,可以帮助我们理解和把握必要条件假言命题的逻辑性质。

3. 充分必要条件假言命题

断定事物情况之间具有充分必要条件关系的假言命题就是充分必要条件假言命题。

那么,什么是充分必要条件呢?

假定用 p 和 q 分别表示两种事物情况,则充分必要条件是指:

如果 p 存在,那么 q 就存在;如果 p 不存在,那么 q 也不存在。在这种情况下,p 就是 q 的充分必要条件。比如"能被2整除是某个数是偶数的充分必要条件",因为某个数能被2

整除,这个数才是偶数;若不能被2整除,则这个数肯定就不是偶数。所以说,某个数能被2整除是这个数是偶数的充分必要条件。

充分必要条件假言命题就是断定一个事物情况是另一个事物情况的充分必要条件的假言命题。即断定前件是后件的既充分又必要条件的假言命题。例如:

(8)"有而且只有在中国工人阶级及其政党的领导下,中国革命和建设才能胜利。"

(9)"如果而且只有三角形的两底角相等,该三角形才是等腰三角形。"

以上两例都是充分必要条件假言命题。例(8)断定"中国革命和建设胜利"的充分必要条件是要"在中国工人阶级及其政党的领导下";例(9)强调"三角形的两底角相等"是一个三角形是"等腰三角形"的充分必要条件。

充分必要条件假言命题的典型联结词是"当且仅当……才……"。

此外,自然语言中的"如果而且只有……才……""有且仅有……才……""如果……那么……并且只有……才……""如果……那么……并且如果非……那么非……"等语句连词也是联结充分必要条件假言命题时常用的假言联结词。

充分必要条件假言命题的逻辑形式一般表示为:

$$当且仅当 p, 才 q$$

前述的充分条件假言命题和必要条件假言命题是假言命题的两种基本形式。充分必要条件假言命题实际上是这两种假言命题的组合。因此,在日常语言中,常用分述充分条件与必要条件的句式来表述充分必要条件假言命题。例如:

(10)"人不犯我,我不犯人;人若犯我,我必犯人。"

(11)"凡事预则立,不预则废。"

现代逻辑理论中充分必要条件假言命题的假言联结词叫作"等值词",记为"↔"(读作"等值于")。这样,充分必要条件假言命题可用真值形式表示为:

$$p \leftrightarrow q(读作"p 等值于 q"或"当且仅当 p, 才 q")$$

充分必要条件假言命题的真假,是由其前件和后件的真假来确定的。如果其前件所断定的事物情况存在,而后件所断定的事物情况不存在;或者是其前件所断定的事物情况不存在,而后件断定的事物情况存在;这个充分必要条件假言命题都是假的。

一个真的充分必要条件假言命题,其前件真则后件一定真,而它的前件假则后件亦一定假。即其前件与后件是同真同假的关系。这就是充分必要条件假言命题的逻辑性质。

充分必要条件假言命题的真假值与它的前、后件真假值之间的关系可以用真值表表示如下(表4-7)。

真 值 表　　　　　　　　　　　　　表4-7

p	q	p↔q
T	T	T
T	F	F
F	T	F
F	F	T

通过真值表,可以看出,充分必要条件假言命题为真,当且仅当其前件与后件同真同假。所以,充分必要条件假言命题公式也被称为"等值式"。

第四章 演绎逻辑(二)——复合命题及其演绎推理

4. 如何正确运用假言命题

假言命题在日常生活中的应用十分普遍。日常生活中,人们认识事物,分析问题,常常是借助于已知事物情况之间的条件制约关系,根据某种事物情况的出现或不出现,推断另一事物情况是否会出现。由于假言命题是反映事物情况之间的条件和结果的命题,所以,了解和把握假言命题的逻辑知识,具有非常重要的意义。

(1)必须注意分清假言命题的不同类型,准确把握假言命题前件和后件之间的逻辑关系,避免强加条件关系和混淆条件关系这两种主要的逻辑错误。例如:

(12)"如果某甲到过现场,那么某甲就是本案的凶手。"

不同的条件关系决定假言命题的不同类型。运用何种假言命题,就应具有何种条件关系;否则,就有可能出现强加条件关系的逻辑错误。如例(12)中的前件"某甲到过现场"和后件"某甲是本案的凶手"之间并不是充分条件关系,充分条件关系纯属主观强加的;这个命题的前件和后件之间的关系实际上是必要条件关系,应该用一个必要条件假言命题表述。

假言命题前件和后件之间的不同条件关系,一般是通过不同的假言联结词来表示的,从而使不同类型的假言命题得以区别开来。如果没有准确地把握各种假言命题逻辑联结词的确切含义,或者在实际运用假言命题时没有考虑其前件和后件在内容方面的联系,就有可能犯混淆条件关系的逻辑错误。例如:

(13)"只有骄傲自满,才会使人落后。"

上述命题由于逻辑联结词的误用,导致了混淆条件关系的逻辑错误。因为从其前件和后件在内容上的联系来看,"骄傲自满"是"使人落后"的充分条件,因此,应改为"只要……就会……"才是正确的。

再如:

(14)"如果生活规律,就能身体健康。"

显然,从逻辑联结词上看,这是一个充分条件假言命题。但从其前件和后件在内容上的联系来看,则是一个必要条件假言命题。其假言联结词应是:"只有……才能……"或"必须……才能……"之类的语词才正确。可见,由于对假言联结词的随意使用,就导致了混淆条件关系的逻辑错误。

(2)必须正确进行充分条件假言命题和必要条件假言命题之间的相互转换。

假言命题可以相互转换,是由它的前件和后件之间互为条件关系的逻辑特点所决定的。因为,对充分条件假言命题来说,有前件必有后件。即前件真,则后件必真;而对必要条件假言命题来说,无前件必无后件,也就是说有后件必有前件。即后件真,前件必真。如果把充分条件假言命题的前件作为必要条件假言命题的后件,把充分条件假言命题的后件作为必要条件假言命题的前件,那么,通过真值表,我们就会发现,它们的真假值是相同的。例如:

(15)"如果死者是砒霜中毒而死的,那么死者的牙根会呈现青黑色。"

也就等于说:

(16)"除非死者的牙根呈现青黑色,否则死者就不是砒霜中毒而死的。"

由上述两例我们可看出,在例(15)前件"死者是砒霜中毒而死的"是后件"死者的牙根会呈现青黑色"的充分条件的同时,例(16)中"死者的牙根呈现青黑色"则成为"死者是砒霜中毒而死的"的必要条件。由此,逻辑学总结出一条普遍规律:

断定前件 p 是后件 q 的充分条件,那么,后件 q 就是前件 p 的必要条件。
断定前件 p 是后件 q 的必要条件,那么,后件 q 就是前件 p 的充分条件。
因此,充分条件假言命题可以转换成必要条件假言命题。例如:
(17)"如果溶液中含酸,那么就能使石蕊试纸变红。"
可以转换成:
(18)"只有使石蕊试纸变红,溶液中才会含酸。"
即"如果 p,那么 q"(p→q)等值于"只有 q,才 p"(q←p)。
同样,必要条件假言命题也可以转换成充分条件假言命题。例如:
(19)"只有某数能被 4 整除,某数才能被 8 整除。"
可以转换成:
(20)"如果某数能被 8 整除,那么某数就能被 4 整除。"
即"只有 p,才 q"(p←q)等值于"如果 q,那么 p"(q→p)。
假言命题经过条件转换后,应与原命题的真假值相等(可通过真值表来判定)。
假言命题的相互转换具有重要意义。它不仅可以从不同角度揭示和说明事物情况之间的条件关系,而且有助于命题表达方式的准确性和多样性。

二、假言推理

假言推理是前提中含有假言命题,依据假言命题逻辑性质进行的推理。

一个真的假言命题,是正确反映两种事物情况之间条件制约关系的命题。就客观事物情况而言,一种事物情况的存在或不存在,总是同另一种事物情况的出现或不出现相联系。人们只要认识和把握事物情况之间的这种条件制约关系,就能够由其中一种情况的存在或不存在,来推知另一种事物情况的出现或不出现。这是假言命题赖以进行的客观基础。

假言推理的大前提通常是一般性命题,它只是断定"p"和"q"两种事物情况间存在某种条件制约关系;既未断定"p"这一事物情况存在或不存在,也未断定"q"这一事物情况出现或未出现。而小前提是把大前提断定的这种条件制约关系引申到特殊场合,并且断定在这种特殊场合下,"p"(或"q")已经存在(肯定)或不存在(否定),从而推知在这种特殊场合下,"q"(或"p")必然出现(肯定)或不出现(否定)。

因此,假言推理的过程明显地体现了演绎推理由一般推知特殊的思维过程。[1]

假言命题分为三种类型,相应地,假言推理[2]也分为三类:充分条件假言推理、必要条件假言推理和充分必要条件假言推理。

1. 充分条件假言推理

充分条件假言推理是前提中含有一个充分条件假言命题,并依据充分条件假言命题的逻辑性质进行的推理。

由充分条件假言命题的逻辑性质可知:前件是后件的充分条件,有前件必有后件。肯定

---

[1] 雍琦.《逻辑》.北京中国政法大学出版社.1999 年版.第 197 页。
[2] 此处的假言推理由于另一个前提及结论一般是直言命题,因此通常又被称为假言直言推理,以别于其前提均为假言命题的纯假言推理。

前件就要肯定后件;反过来,后件就是前件的必要条件,后件不存在,前件也一定不存在。否定后件就要否定前件。由此,充分条件假言推理的正确有效式有两种:肯定前件式和否定后件式。

肯定前件式:前提中的小前提肯定大前提充分条件假言命题的前件,进而在结论中肯定它的后件。其推理形式结构为:

$$如果\ p,那么\ q$$
$$\underline{p\qquad\qquad}$$
$$所以,q$$

用符号形式表示为:

$$p \to q$$
$$\underline{p\qquad}$$
$$\therefore q$$

也可以用横式(蕴涵式)表示为:

$$((p \to q) \land p) \to q$$

例如:

(1) 如果溶液中含酸,就能使石蕊试纸变红;
　　<u>醋溶液中含酸;　　　　　　　　　</u>
　　所以,醋溶液能使石蕊试纸变红。

否定后件式:前提中的小前提否定大前提充分条件假言命题的后件,进而在结论中否定它的前件。其推理形式结构为:

$$如果\ p,那么\ q$$
$$\underline{非\ q\qquad\qquad}$$
$$所以,非\ p$$

用符号形式表示为:

$$p \to q$$
$$\underline{\neg q\qquad}$$
$$\therefore \neg p$$

也可以用横式(蕴涵式)表示为:

$$((p \to q) \land \neg q) \to \neg p$$

例如:

(2) 如果死者是砒霜中毒致死的,死者牙根就会呈现出青黑色;
　　<u>这名死者牙根没有呈现出青黑色;　　　　　</u>
　　所以,这名死者不是砒霜中毒致死的。

但是,对于充分条件假言推理来说,下面的推理是不必然正确有效的:

(3) 如果溶液中含酸,那么就能使石蕊试纸变红;
　　<u>A 溶液中不含酸;　　　　　　　</u>
　　所以,A 溶液不能使石蕊试纸变红。

(4) 如果溶液中含酸,那么就能使石蕊试纸变红;
　　<u>A 溶液能使石蕊试纸变红;　　　　　</u>
　　所以,A 溶液中含酸。

上述这两个推理都是不合逻辑的推理。因为,充分条件假言命题的前件是其后件的充分条件,当前件所断定的情况不存在时,其后件所断定的情况未必不存在。因此,是不能通过否定前件而必然地否定后件的,如例(3)。同样,由于充分条件假言命题的后件是其前件的必要条件,当后件所断定的情况存在时,其前件所断定的情况未必就存在。所以,就不能通过肯定后件而在结论中必然地肯定前件,如例(4)。

由此可见,充分条件假言命题的逻辑性质,决定了充分条件假言推理的规则:

第一,肯定前件就要肯定后件;否定后件就要否定前件。

第二,否定前件不能必然地否定后件;肯定后件不能必然地肯定前件。

2. 必要条件假言推理

必要条件假言推理是前提中含有一个必要条件假言命题,并依据必要条件假言命题的逻辑性质进行的推理。

由必要条件假言命题的逻辑性质可知:前件是后件的必要条件,没有前件就一定没有后件,否定前件就要否定后件;反过来,后件就是前件的充分条件,有了后件就一定有前件,肯定后件就要肯定前件。由此,必要条件假言推理的正确有效式有两种:否定前件式和肯定后件式。

否定前件式:前提中的小前提否定大前提必要条件假言命题的前件,进而在结论中否定它的后件。其推理形式结构为:

$$\begin{array}{l}\text{只有 p,才 q}\\ \underline{\text{非 p}}\\ \text{所以,非 q}\end{array}$$

用符号形式表示为:

$$\begin{array}{l}p \leftarrow q\\ \underline{\neg\, p}\\ \therefore \neg\, q\end{array}$$

也可以用横式(蕴涵式)表示为:

$$((p \leftarrow q) \wedge \neg\, p) \rightarrow \neg\, q$$

例如:

(5)社会组织只有具有必要的经费,才能成为法人;
    <u>这个社会组织不具有必要的经费,</u>
    所以,这个社会组织不能成为法人。

肯定后件式:前提中的小前提肯定大前提必要条件假言命题的后件,进而在结论中肯定它的前件。其推理形式结构为:

$$\begin{array}{l}\text{只有 p,才 q}\\ \underline{q}\\ \text{所以,p}\end{array}$$

用符号形式表示为:

$$\begin{array}{l}p \leftarrow q\\ \underline{q}\\ \therefore p\end{array}$$

也可以用横式(蕴涵式)表示为:

$$((p \leftarrow q) \wedge q) \rightarrow p$$

例如：

（6）只有具有社会危害性的行为，才是犯罪行为；
　　他的行为是犯罪行为；
　　所以，他的行为是具有社会危害性的行为。

但是，对于必要条件假言推理来说，下面的推理就不是必然正确有效的，例如：

（7）只有到过作案现场的人，才是直接作案人；
　　他到过作案现场；
　　所以，他是直接作案人。

（8）只有到过作案现场的人，才是直接作案人；
　　他不是直接作案人；
　　所以，他未到过作案现场。

上述两个推理都是不合逻辑的推理。因为，必要条件假言命题的前件是其后件的必要条件，当前件所断定的情况存在时，其后件所断定的情况未必也存在。因此，是不能通过肯定前件而必然地在结论中肯定后件的，如例（7）。同样，由于必要条件假言命题的后件是其前件的充分条件，当后件所断定的情况不存在时，其前件所断定的情况不一定不存在。所以，就不能通过否定后件而在结论中必然地否定前件，如例（8）。

由此可见，必要条件假言命题的逻辑性质，决定了必要条件假言推理的规则：

第一，否定前件就要否定后件；肯定后件就要肯定前件。

第二，肯定前件不能必然地肯定后件；否定后件不能必然地否定前件。

3. 充分必要条件假言推理

充分必要条件假言推理是前提中含有一个充分必要条件假言命题，并依据充分必要条件假言命题的逻辑性质进行的推理。

由充分必要条件假言命题的逻辑性质可知：前件是后件的既充分又必要的条件，有前件必有后件，无前件必无后件；有后件必有前件，无后件必无前件。因此，充分必要条件假言推理的正确有效式有四种：

（1）肯定前件式。前提中的小前提肯定大前提充分必要条件假言命题的前件，进而在结论中肯定它的后件。其推理形式结构为：

　　　　当且仅当 p，才 q
　　　　p
　　　　所以，q

用符号形式表示为：

　　　　$p \leftrightarrow q$
　　　　p
　　　　$\therefore q$

也可以用横式（蕴涵式）表示为：

$$((p \leftrightarrow q) \wedge p) \rightarrow q$$

（2）肯定后件式。

前提中的小前提肯定大前提充分必要条件假言命题的后件，进而在结论中肯定它的前件。其推理形式结构为：

$$当且仅当 p, 才 q$$
$$\underline{q}$$
$$所以, p$$

用符号形式表示为：

$$p \leftrightarrow q$$
$$\underline{q}$$
$$\therefore p$$

也可以用横式（蕴涵式）表示为：

$$((p \leftrightarrow q) \wedge q) \rightarrow p$$

（3）否定前件式。前提中的小前提否定大前提充分必要条件假言命题的前件，进而在结论中否定它的后件。其推理形式结构为：

$$当且仅当 p, 才 q$$
$$\underline{非 p}$$
$$所以, 非 q$$

用符号形式表示为：

$$p \leftrightarrow q$$
$$\underline{\neg p}$$
$$\therefore \neg q$$

也可以用横式（蕴涵式）表示为：

$$((p \leftrightarrow q) \wedge \neg p) \rightarrow \neg q$$

（4）否定后件式。前提中的小前提否定大前提充分必要条件假言命题的后件，进而在结论中否定它的前件。其推理形式结构为：

$$当且仅当 p, 才 q$$
$$\underline{非 q}$$
$$所以, 非 p$$

用符号形式表示为：

$$p \leftrightarrow q$$
$$\underline{\neg q}$$
$$\therefore \neg p$$

也可以用横式（蕴涵式）表示为：

$$((p \leftrightarrow q) \wedge \neg q) \rightarrow \neg p$$

读者可以充分必要条件假言命题"一个整数是偶数当且仅当它能被 2 整除"为前提，分别构成符合充分必要条件假言推理形式的四个推理。

由此可见，充分必要条件假言命题的逻辑性质，决定了充分必要条件假言推理的规则：

第一，肯定前件就要肯定后件；肯定后件就要肯定前件。

第二，否定前件就要否定后件；否定后件就要否定前件。

第四章 演绎逻辑(二)——复合命题及其演绎推理

三、例题分析

【例题 4-1】 某餐馆的所有菜,或属于川菜系或属于湘菜系,周先生的菜中有川菜,因此周先生的菜中没有湘菜。（   ）

以下哪项最能增强上述论证?

A. 周先生是四川人,只喜欢川菜。

B. 餐馆规定,如果点了川菜,可以不点湘菜;但点了湘菜,则一定也要点川菜。

C. 周先生是湖南人,他喜欢湘菜。

D. 餐馆规定,点了湘菜就不能点川菜,反之亦然。

解析:正确答案是 D。题干中的大前提是相容选言命题,若运用肯定否定式进行推理是不正确的。但增加 D 选项则可以使题干中的大前提变成不相容选言命题,进而运用肯定否定式进行不相容选言推理。

【例题 4-2】 某单位要从众多报名者中挑选出 20 名献血者进行体检。最不可能被挑选上的是 2012 年以来已经献过血,或是 2013 年以来在献血体检中不合格的人。

如果上述断定是真的,那么以下哪项所言及的报名者最可能被选上?（   ）

A. 小周 2013 年献过血,他的血型是 O 型,医用价值最高。

B. 老曹 2012 年因体检不合格未能献血,2015 年体检合格献过血。

C. 大杨最近一次献血时间是在 2011 年,他因公伤残疾,血管里流动着义务献血者的血。
   他说:"我比任何人都有理由献血。"

D. 小孙 2014 年报名献血,因"澳抗"阳性体检不合格,这次出具了"澳抗"转阴的证明,
   并坚决要求献血。

解析:正确答案是 C。题干断定一个相容选言命题,"或者 2012 年以来已经献过血,或者 2013 年以来在献血体检中不合格的人都是最不可能被挑选上的人",只要满足其中任一条件就属于最不可能被挑上的人。选项 A、B、D 中所指都属于最不可能被挑上的人。只有 C 选项中大杨的条件不属于最不可能被挑上的人,所以,最有可能被挑上。

【例题 4-3】 如果周教授当选为学术委员会主任,他一定是学术委员会委员。

以上陈述是以下面哪句为假设前提的?（   ）

A. 只有学术委员会委员才有资格被选为学术委员会主任。

B. 只有周教授才可当选为学术委员会主任。

C. 只有教授才可被选为学术委员会主任。

D. 一些学术委员可能不被选为学术委员会主任。

解析:正确答案是 A。该选项断定"学术委员会委员"是"选为学术委员会主任"的必要条件。以此为前提,则"周教授当选为学术委员会主任"就是"他是学术委员会委员"的充分条件。

【例题 4-4】 妈妈:"不完成作业就不能上网玩游戏。"

孩子:"妈妈,我做完作业了,我可以上网玩游戏了!"

妈妈:"不对。我只是说,你如果不完成作业就不能上网玩游戏。"

以下除哪项外都能从上面的对话中推出?（   ）

A. 孩子的意思是只要完成了作业,就可以去上网玩游戏。
B. 妈妈的意思是只有完成了作业才可能让孩子上网玩游戏。
C. 孩子完成作业后,妈妈就一定准许他上网玩游戏。
D. 妈妈的意思是即使完成了作业,也不一定准许孩子上网玩游戏。

解析:正确答案是 C。妈妈的话只是断定"完成作业"是"上网玩游戏"的必要条件。但孩子却错误地把"完成作业"理解为"上网玩游戏"的充分条件。A、B、D 都可以从题干推出。

【例题 4-5】 如果甲和乙逻辑学课程考试都没有及格的话,那么丙一定及格。

上述前提再增加以下哪项,就可以推出"甲考试及格"的结论?（　　）

A. 丙及格　　　　　　　　B. 丙没有及格
C. 乙没有及格　　　　　　D. 乙和丙都没有及格

解析:正确答案是 D。题干命题是一个充分条件假言命题,若想推出"甲及格"（即对前件中的部分进行否定）,就必须运用"否定后件式"进行充分条件假言推理,由"丙不及格"推出"并非甲和乙逻辑学课程考试都没有及格"（即"或者甲考试及格,或者乙考试及格"）,这样,再加上一个条件"乙不及格",运用相容选言推理的否定肯定式,就可得到"甲考试及格"的结论。所以,在题干的基础上,要推出"甲及格",必须具备两个条件:丙不及格,乙也不及格。

第五节　负命题及其推理

一、负命题

负命题就是否定某个命题的命题。

负命题是一种比较特殊的复合命题,在日常工作和学习中,当我们需要对某个命题表示否定和不同意见时常会用到负命题。例如:

(1)"并非一切水生动物都是用鳃呼吸的。"

(2)"并不是只有个子高,才能成为篮球运动员。"

上述两例命题都是负命题。例(1)否定"一切水生动物都是用鳃呼吸的"。例(2)则是对"只有个子高,才能成为篮球运动员"的否定。对某个命题进行否定,也就等于断定该命题为假。因此,在日常生活中,当我们反驳或批评某个观点,或者直接断定表达某种意见的命题为假时,实际上就是作出了一个相应的负命题。

负命题是由支命题加命题联结词构成。

负命题的支命题只有一个,称为"否定支",通常用符号 p 表示。

负命题的命题联结词称为"否定词",以"并非"为典型联结词。在日常语言中,否定词不一定出现在支命题前面。如"闪光的并不都是金子"。

负命题的逻辑形式是:并非 p。

在现代逻辑中,否定词"并非"用符号"¬"或"—"(读作"并非"或"非")表示,本书采用前者表示方法,这样上述形式可用命题公式表示为:

$$¬p$$

负命题与性质命题的否定命题是不同的。

负命题是复合命题,它否定的对象是某个命题。而性质命题的否定命题是简单命题,它是否定命题主项具有谓项所表示的性质。例如:

(3)"所有年轻人都不是京剧爱好者。"

(4)"并非所有年轻人都不是京剧爱好者。"

例(3)就是一个全称否定命题,它是否定命题主项"年轻人"具有谓项所表示的性质"京剧爱好者"。而例(4)则是一个负命题,是对"所有年轻人都不是京剧爱好者"这个全称否定命题的否定。

"既不可同真,又不可同假"的矛盾关系是负命题与其支命题之间的真假关系,因为负命题的真假是由其支命题的真假来确定的。换言之,如果否定支真,则相应的负命题假;如果否定支假,则相应的负命题真。这就是负命题的逻辑特性。

用真值表表示如下(表4-8)。

真 值 表　　　　　　　　　　　　　　表4-8

p	¬p
T	F
F	T

二、性质命题的负命题及等值命题

在日常生活中,对任何一个观点或建议,人们都可以有与之相对的、不同的看法,即都可以构建一个负命题。任何一个具体的命题都有自己的负命题,研究不同类型的负命题,目的在于把握它的等值命题,以便正确理解否定某个命题时实际表示的断定。

所谓等值命题,是指真假完全相同的两个命题,或者说是具有等值关系的命题。前面所介绍的性质命题及各类复合命题都能进行否定并且都有与之负命题等值的命题。我们先来介绍性质命题的负命题及其等值命题。

性质命题的负命题就是其支命题为性质命题的负命题。性质命题有六种,性质命题的负命题也有六种:

并非这个S是P;

并非这个S不是P;

并非所有S都是P(¬A);

并非所有S都不是P(¬E);

并非有的S是P(¬I);

并非有的S不是P(¬O)。

上述负命题都有与其具有等值关系的命题。

根据负命题与其所否定的支命题之间的真假关系可知,一个性质命题的负命题就等值于与这个性质命题构成矛盾关系的命题。因此,根据前面介绍的性质命题对当关系以及负命题的逻辑特性,可以得出以下等值形式。具体情况如下:

1."并非这个S是P"等值于"这个S不是P"

2."并非这个S不是P"等值于"这个S是P"

单称肯定命题和单称否定命题之间的关系是矛盾关系。因而,单称肯定命题的负命题和单称否定命题是等值的;单称否定命题的负命题和单称肯定命题是等值的。例如:

(1)"并非泰山是世界最高的山"等值于"泰山不是世界最高的山"。

(2)"并非印刷术不是中国人发明的"等值于"印刷术是中国人发明的"。

3."并非所有S都是P"等值于"有的S不是P"

用逻辑公式表示为:

$$\neg SAP \leftrightarrow SOP \quad 或 \quad \neg A \leftrightarrow O$$

例如:

(3)"并非所有宣传都是文艺"等值于"有的宣传不是文艺"。

由对当关系可知,全称肯定命题与特称否定命题是矛盾关系。因此,全称肯定命题负命题的等值命题就是特称否定命题。

4."并非所有S都不是P"等值于"有的S是P"

用逻辑公式表示为:

$$\neg SEP \leftrightarrow SIP \quad 或 \quad \neg E \leftrightarrow I$$

例如:

(4)"并非青年人都不是可靠的"等值于"有的青年人是可靠的"。

由对当关系可知,全称否定命题与特称肯定命题是矛盾关系。因此,全称否定命题负命题的等值命题就是特称肯定命题。

5."并非有的S是P"等值于"所有S都不是P"

用逻辑公式表示为:

$$\neg SIP \leftrightarrow SEP \quad 或 \quad \neg I \leftrightarrow E$$

例如:

(5)"并非有的宗教是真理"等值于"所有宗教都不是真理"。

由对当关系可知,特称肯定命题与全称否定命题是矛盾关系。因此,特称肯定命题负命题的等值命题就是全称否定命题。

6."并非有的S不是P"等值于"所有S都是P"

用逻辑公式表示为:

$$\neg SOP \leftrightarrow SAP \quad 或 \quad \neg O \leftrightarrow A$$

例如:

(6)"并非有些梨花不是白色的"等值于"所有梨花都是白色的"。

由对当关系可知,特称否定命题与全称肯定命题是矛盾关系。因此,特称否定命题负命题的等值命题就是全称肯定命题。

三、复合命题的负命题及等值命题

复合命题的负命题就是否定某个复合命题的命题,也就是以复合命题作支命题的负命题。根据负命题与其支命题之间的真假关系可知,一个复合命题的负命题等值于这个复合命题为假时其支命题的真假组合。

第四章 演绎逻辑(二)——复合命题及其演绎推理

1. 联言命题负命题及其等值命题

联言命题的负命题就是支命题为联言命题的负命题,用公式表示为"¬(p∧q)",即"并非(p并且q)"。

"并非(p并且q)"是对"p并且q"的否定,也就是断定"p并且q"为假。由联言命题的逻辑性质可知:只要其中一个联言支为假,联言命题就是假的。因而,断定"并非(p并且q)"就等于断定"或者p假,或者q假"。这样,与联言命题负命题等值的命题就是一个相应的选言命题。即

"并非(p并且q)"等值于"非p或者非q"。

用公式表示为:

$$\neg(p\land q)\leftrightarrow \neg p\lor \neg q$$

例如:

(1)"并非大刘既高又胖",就等于是说:"或者大刘不高,或者大刘不胖"。

2. 相容选言命题负命题及其等值命题

相容选言命题的负命题就是支命题为相容选言命题的负命题,用公式表示为"¬(p∨q)",即"并非(p或者q)"。

"并非(p或者q)"是对"p或者q"的否定,也就是断定"p或者q"为假。由相容选言命题的逻辑性质可知:只有在所有选言支都为假时,相容选言命题才是假的。因而,断定"并非(p或者q)"就等于断定"p假并且q假"。这样,与相容选言命题负命题等值的命题就是一个相应的联言命题。即

"并非(p或者q)"等值于"非p并且非q"。

用公式表示为:

$$\neg(p\lor q)\leftrightarrow \neg p\land \neg q\text{①}$$

例如:

(2)"并非他来或者你去",就等于是说:"他不来并且你不去"。

3. 不相容选言命题负命题及其等值命题

不相容选言命题的负命题就是支命题为不相容选言命题的负命题,用公式表示为"¬(p∨q)",即"并非(要么p,要么q)"。

"并非(要么p,要么q)"是对"要么p,要么q"的否定,也就是断定"要么p,要么q"为假。由不相容选言命题的逻辑性质可知:不相容选言命题为真是在有且只有一个选言支为真的情况下;若选言支都真或都假时,不相容选言命题就是假的。因而,断定"并非(要么p,要么q)"就等于断定"或者p真并且q真,或者p假并且q假"。即

"并非(要么p,要么q)"等值于"或者(p并且q),或者(非p并且非q)"。

用公式表示为:

$$\neg(p\lor q)\leftrightarrow (p\land q)\lor(\neg p\land \neg q)$$

例如:

---

① 联言命题负命题的等值命题:"¬(p∧q)↔¬p∨¬q"。
与相容选言命题负命题的等值命题:"¬(p∨q)↔¬p∧¬q"在逻辑学上被合称为德·摩根定律。

(3)"并非要么你去,要么我去",就等于是说:"你和我都去,或者你和我都不去"。

4. 充分条件假言命题负命题及其等值命题

充分条件假言命题的负命题就是支命题为充分条件假言命题的负命题,用公式表示为"¬(p→q)",即"并非(如果 p,那么 q)"。

"并非(如果 p,那么 q)"是对"如果 p,那么 q"的否定,也就是断定"如果 p,那么 q"为假。由于充分条件假言命题只有当其前件真而后件假时,这个命题才是假的。因而,断定"并非(如果 p,那么 q)"就等于断定"p 真并且 q 假"。这样,与充分条件假言命题负命题等值的命题就是一个相应的联言命题。即

"并非(如果 p,那么 q)"等值于"p 并且非 q"。

用公式表示为:

$$\neg(p\rightarrow q)\leftrightarrow p\wedge\neg q$$

例如:

(4)"并非如果打雷,那么下雨",就等于是说:"即使打雷也未必下雨"。

5. 必要条件假言命题负命题及其等值命题

必要条件假言命题的负命题就是支命题为必要条件假言命题的负命题,用公式表示为"¬(p←q)",即"并非(只有 p,才 q)"。

"并非(只有 p,才 q)"是对"只有 p,才 q"的否定,也就是断定"只有 p,才 q"为假。由于必要条件假言命题只有当其前件假而后件真时,这个命题才是假的。因而,断定"并非(只有 p,才 q)"就等于断定"p 假并且 q 真"。这样,与必要条件假言命题负命题等值的命题是一个相应的联言命题。即

"并非(只有 p,才 q)"等值于"非 p 并且 q"。

用公式表示为:

$$\neg(p\leftarrow q)\leftrightarrow\neg p\wedge q$$

例如:

(5)"并非只有个子高的人,才可以打篮球",就等于是说:"即使是个子不高的人,也可以打篮球"。

6. 充分必要条件假言命题负命题及其等值命题

充分必要条件假言命题的负命题就是支命题为充分必要条件假言命题的负命题,用公式表示为"¬(p↔q)",即"并非(当且仅当 p,才 q)"。

"并非(当且仅当 p,才 q)"是对"当且仅当 p,才 q"的否定,也就是断定"当且仅当 p,才 q"为假。由于充分必要条件假言命题当其前件真而后件假或者是其前件假而后件真时,该命题就是假的。因而,断定"并非(当且仅当 p,才 q)"就等于断定"或者 p 真并且 q 假,或者 p 假并且 q 真"。这样,与充分必要条件假言命题负命题等值的命题就是一个相应的选言命题。即

"并非(当且仅当 p,才 q)"等值于"p 并且非 q,或者非 p 并且 q"。

用公式表示为:

$$\neg(p\leftrightarrow q)\leftrightarrow(p\wedge\neg q)\vee(\neg p\wedge q)$$

例如:

(6)"并非当且仅当甲队是冠军,乙队才会是亚军",就等于是说:"或者甲队是冠军但乙队不是亚军,或者甲队不是冠军但乙队是亚军"。

7. 负命题的负命题及其等值命题

否定一个负命题,就可以得到这个负命题的负命题。"并非p"的负命题就是:"并非'并非p'"。这里,两个"并非"表示两次否定,而两次否定即意味着肯定。可见,"并非p"的负命题就是"p"。即

$$\neg(\neg p) \leftrightarrow p$$

例如:

(7)"并非不是老曹去",就等于说:"老曹去"。

四、负命题推理

负命题推理是根据负命题与其等值命题之间逻辑关系进行推导的推理。即依据负命题的逻辑特性,以负命题作为前提,相应的等值命题作为结论,就得到各种命题负命题的等值推理。具体包括性质命题负命题推理、复合命题负命题推理以及模态命题负命题推理。

例如:

(1)并非青年大学生都是不可靠的,所以,有的青年大学生是可靠的。

逻辑形式:

$$\neg SAP \rightarrow SI \neg P(SOP)$$

(2)并非这次事故既有天灾又有人祸,所以,这次事故或者不是天灾,或者不是人祸。

逻辑形式:

$$\neg(p \land q) \rightarrow \neg p \lor \neg q$$

(3)并非只有贪污,才会犯大错误,所以,即使没有贪污,也会犯大错误。

逻辑形式:

$$\neg(p \leftarrow q) \rightarrow \neg p \land q$$

(4)并非如果投资房地产,那么就能发大财,所以,即使投资房地产,也未必能发大财。

逻辑形式:

$$\neg(p \rightarrow q) \rightarrow p \land \neg q$$

(5)并非所有疾病必然都有确定的诱因,所以,有些疾病可能没有确定的诱因。

逻辑形式:

$$\neg \Box SAP \rightarrow \Diamond SOP$$

可见,在负命题及其等值命题之间加上"所以",就构成了负命题推理。上述推理都是有效的推理。

五、例题分析

在各类逻辑能力测试中,常常出现以复合命题形式表达的结论、观点、论题或论断,要求应试者从给出的选择答案中找出最能推翻其结论、观点或论断的答案,这时,就需要用到复合命题负命题、复合命题负命题的等值命题的相关知识。

【例题4-6】 并非老周既会下围棋又会打桥牌。

如果上述断定为真,那么以下哪项断定必定为真?(　　)

A. 老周会下围棋但不会打桥牌。

B. 老周会打桥牌但却不会下围棋。

C. 老周既不会下围棋也不会打桥牌。

D. 如果老周会下围棋,那么他一定不会打桥牌。

解析:正确答案是 D。

令 p 表示"老周会下围棋",q 表示"老周会打桥牌",则题干断定:并非(p 并且 q),其等值命题是:(并非 p)或者(并非 q)。而"(并非 p)或者(并非 q)"等值于"如果 p,那么(并非 q)"。

【例题 4-7】 某海岛上的土著居民分为骑士和无赖两部分人,骑士只讲真话,无赖只讲假话。甲和乙是该岛上的两个土著居民,关于他们,甲说了以下这句话:"或者我是无赖,或者乙是骑士。"

根据上述条件,可推出以下哪项结论?(　　)

A. 甲和乙都是骑士。

B. 甲和乙都是无赖。

C. 甲是骑士,乙是无赖。

D. 甲是无赖,乙是骑士。

解析:正确答案是 A。假设甲是无赖,无赖只讲假话,则甲的话是假的,意味着"并非或者甲是无赖,或者乙是骑士"。此话的意思是:甲不是无赖并且乙不是骑士。此结论(甲不是无赖)与假设前提(甲是无赖)矛盾。所以,甲不能是无赖,甲是骑士。既然甲是骑士,则甲的话就是真的。以"或者我是无赖,或者乙是骑士"这句话为大前提,以"甲是骑士"为小前提,进行相容选言推理的否定肯定式推理,可推出结论:乙是骑士。所以,甲和乙都是骑士。

【例题 4-8】 如果"鱼和熊掌不可兼得"是不可改变的事实,那么以下哪项也一定是事实?(　　)

A. 鱼可得但熊掌不可得。

B. 熊掌可得但鱼不可得。

C. 如果鱼可得,那么熊掌不可得。

D. 如果鱼不可得,那么熊掌可得。

解析:正确答案是 C。题干的意思是:鱼和熊掌是不能都得到的,即"或者得不到鱼或者得不到熊掌"。C 选项包含有这层含义。

【例题 4-9】 在评价一个企业管理者的素质时,有人说:"只要企业能获得利润,其管理者的素质就是好的。"

以下各项都是对上述看法的质疑,除了(　　)。

A. 有时管理层会用牺牲企业长远利益的办法获得近期利润。

B. 某电视机厂的领导任人唯亲,工厂越办越糟,群众意见很大。

C. 某地的卷烟厂连年利润可观,但领导层中挖出了一个贪污集团。

D. 有的管理者采取不正当竞争办法损害其他企业,获得本企业利润。

解析:正确答案是 B。题干是充分条件假言命题。该命题负命题的等值命题是:"p 并且非q"。选项A、C、D都能质疑题干。只有B选项与"p并且非q"不同,不能质疑题干。

【例题4-10】 "政治家要有准确预测的才能,如果预测之事没有发生,也必须有巧妙说明的本领。"如果这一判断是真实的,那么以下哪项不能是真的?(　　)

A.政治家可能做出错误的预测。

B.政治家可能没有巧妙说明的本领。

C.政治家如果没有巧妙说明的能力,那么就一定事事都能做出准确的预测。

D.政治家可能既没有准确预测的才能,又没有巧妙说明的本领。

解析:正确答案是D。题干命题结构为"如果非p,那么q"。题干命题为真,则其负命题或负命题的等值命题为假。D选项"非p并且非q"即为题干命题负命题的等值命题。C选项的逻辑结构"如果非q,那么p"与题干逻辑结构一致;题干真,C选项也必真。A选项的逻辑结构为"非p",B选项的结构为"非q",题干真,它们都可能真。

第六节　复合命题推理的扩展

复合命题的基本类型有限,因而推理的基本形式也有限。但日常思维中的命题推理,常常是几种推理相结合,从而形成很多有效的综合推理形式。

一、假言连锁推理

假言连锁推理是以两个或两个以上具有内在联系的假言命题为前提,推出另一个假言命题作结论的推理。通常又称假言三段论。假言连锁推理的特点是:前提中前一个假言命题的后件必须与后一个假言命题的前件相同。假言连锁推理也分为充分条件假言连锁推理、必要条件假言连锁推理和充分必要条件假言连锁推理三种。这里我们只介绍常用的前两种推理。

1. 充分条件假言连锁推理

充分条件假言连锁推理就是以充分条件假言命题为前提而进行推演的假言连锁推理。例如:

(1) 如果摩擦物体,就会使物体发热;

如果物体发热,就会使物体的体积膨胀;

所以,如果摩擦物体,那么就会使物体的体积膨胀。

这是充分条件假言连锁推理的肯定式,其推理形式如下:

$$p \to q$$
$$\underline{q \to r}$$
$$\therefore p \to r$$

(2) 如果没有想象力,就不会有好的广告创意;

如果没有好的广告创意,就不可能取得最佳的广告效果;

所以,要想取得最佳的广告效果,就要有想象力。

这是充分条件假言连锁推理的否定式,又称假言归谬推理。其推理形式结构为:

$$p \to q$$
$$\underline{q \to r}$$
$$\therefore \neg r \to \neg p$$

两个以上前提的充分条件假言连锁推理的推导过程与上述推理过程相同。

2. 必要条件假言连锁推理

必要条件假言连锁推理就是以必要条件假言命题为前提而进行推演的假言连锁推理。例如：

（3）只有社会和谐稳定，才能又好又快地发展社会主义市场经济；
　　只有又好又快地发展社会主义市场经济，才能更好地提高人民的生活水平；
　　所以，如果要更好地提高人民的生活水平，那么就要保持社会和谐稳定。

这是必要条件假言连锁推理的肯定式，其推理形式结构为：

$$p \leftarrow q$$
$$q \leftarrow r$$
$$\therefore p \leftarrow r$$

（4）只有确立远大志向，才能不畏艰难险阻；
　　只有不畏艰难险阻，才能不断勇攀科学高峰；
　　所以，如果不确立远大志向，那么就不能不断勇攀科学高峰。

这是必要条件假言连锁推理的否定式，其推理形式结构为：

$$p \leftarrow q$$
$$q \leftarrow r$$
$$\therefore \neg p \rightarrow \neg r (p \leftarrow r)$$

两个以上前提的必要条件假言连锁推理的推导过程与上述推理过程相同。

总之，假言连锁推理是根据条件关系的传递性进行推论的复合命题推理。

二、假言选言推理

假言选言推理是以假言命题和选言命题为前提所构成的复合命题推理。它分为充分条件假言选言推理、必要条件假言选言推理和充分必要条件假言选言推理三种。但常用的是充分条件假言选言推理。

充分条件假言选言推理是以具有合取关系的两个或两个以上的充分条件假言命题和一个相应具有两个或两个以上选言支的选言命题为前提而进行推演的推理。逻辑学依据前提中选言前提选言支的数目，将充分条件假言选言推理分为二难推理、三难推理、四难推理等。我们在此介绍最常见的一种：二难推理。

二难推理是以两个充分条件假言命题和一个具有两个选言支的选言命题为前提，依据充分条件假言命题和选言命题的逻辑特性而由前提必然推出结论的演绎推理。二难推理常被用于论辩中，辩论一方提出两种假定的可能作前提，再由这两种可能引申出相应的结论，对方无论是作出肯定还是否定的回答，结果都会使自己陷入进退维谷、左右为难的境地。例如：

（1）如果你是个诚信之人，那么你就不能说假话；
　　如果你是个守时之人，那么你就不该没有时间观念；
　　你或者说了假话，或者没有时间观念；
　　所以，你或者不是个诚信之人，或者不是个守时之人。

(一)二难推理的形式

二难推理有不同的种类。根据二难推理的结论是简单命题还是复合命题,二难推理可以分为简单式和复杂式;根据二难推理是由在前提中肯定充分条件假言命题的前件到结论中肯定它的后件,还有由在前提中否定充分条件假言命题的后件到结论中否定它的前件,二难推理可以分为构成式和破坏式。因此,二难推理就有四种有效的推理形式:简单构成式、简单破坏式、复杂构成式和复杂破坏式。

1. 简单构成式

简单构成式是指作为前提的两个假言命题前件不同而后件相同,选言前提中的选言支分别肯定假言前提的不同前件,结论中肯定假言前提的相同后件的推理形式。其推理形式结构为:

如果 p,那么 r
如果 q,那么 r
<u>p 或者 q</u>
所以,r

用符号形式表示为:

$p \rightarrow r$
$q \rightarrow r$
<u>$p \vee q$</u>
$\therefore r$

也可以用横式(蕴涵式)表示:

$$((p \rightarrow r) \wedge (q \rightarrow r) \wedge (p \vee q)) \rightarrow r$$

例如:

(2)如果美国从阿富汗撤军,那么它入侵了阿富汗;
如果美国不从阿富汗撤军,那么它入侵了阿富汗;
<u>美国或者从阿富汗撤军,或者不从阿富汗撤军;</u>
所以,美国入侵了阿富汗。

简单构成式运用的推理有效式为充分条件假言推理的肯定前件式,其结论是一个简单命题。其推理有效的依据是充分条件假言命题和选言命题的逻辑特性:前提中选言命题的两个支命题(p 与 q)分别是两个假言命题的前件;选言命题为真,要求支命题至少有一真;无论哪个支命题(p 或 q)真,通过充分条件假言推理的肯定前件式,假言命题的后件(r)都必真。

2. 简单破坏式

简单破坏式是指作为前提的两个假言命题前件相同而后件不同,选言前提中的选言支分别否定假言前提的不同后件,结论中否定假言前提的相同前件的推理形式。其推理形式结构为:

如果 p,那么 q
如果 p,那么 r
<u>非 q 或非 r</u>
所以,非 p

用符号形式表示为：

$$p \rightarrow q$$
$$p \rightarrow r$$
$$\neg q \vee \neg r$$
$$\therefore \neg p$$

也可将其转化为蕴涵式：

$$((p \rightarrow q) \wedge (p \rightarrow r) \wedge (\neg q \vee \neg r)) \rightarrow \neg p$$

例如：

(3) 如果一部作品是优秀作品，那么它的思想内容就好；
    如果一部作品是优秀作品，那么它的艺术性就高；
    <u>这部作品或者是思想内容不好，或者是艺术性不高；</u>
    所以，这部作品不是优秀作品。

简单破坏式运用的推理有效式为充分条件假言推理的否定后件式，其结论是一个简单命题。其推理有效的依据是充分条件假言命题和选言命题的逻辑特性：前提中选言命题为真，要求支命题至少有一真；选言命题的两个支命题分别是非q与非r；无论哪个支命题（非q或非r）真，通过充分条件假言推理的否定后件式，假言命题的前件（p）的否定都必真。

3. 复杂构成式

复杂构成式是指作为前提的两个假言命题前件与后件都不相同，选言前提中的选言支分别肯定假言前提的不同前件，结论中分别肯定假言前提的不同后件的推理形式。其推理形式结构为：

如果 p，那么 r
如果 q，那么 s
<u>p 或者 q</u>
所以，r 或者 s

用符号形式表示为：

$$p \rightarrow r$$
$$q \rightarrow s$$
$$p \vee q$$
$$\therefore r \vee s$$

也可将其转化为蕴涵式：

$$((p \rightarrow r) \wedge (q \rightarrow s) \wedge (p \vee q)) \rightarrow (r \vee s)$$

例如：

(4) 如果别人的意见是正确的，那么我们就应当虚心接受；
    如果别人的意见是不切实际的，那么我们就应当提出异议；
    <u>或者别人的意见是正确的，或者别人的意见是不切实际的；</u>
    所以，或者我们应当虚心接受；或者应当提出异议。

复杂构成式运用的推理有效式为充分条件假言推理的肯定前件式，其结论是一个选言命题。其推理有效的依据是充分条件假言命题和选言命题的逻辑特性：前提中选言命题的两个支命题（p与q）分别是两个假言命题的前件；选言命题为真，要求支命题至少有一真；无论哪个支命题(p 或 q)真,通过充分条件假言推理的肯定前件式,假言命题的后件(r 或 s)至少有一真。

4. 复杂破坏式

复杂破坏式是指作为前提的两个假言命题前后件都不相同,选言前提中的选言支分别否定假言前提的不同后件,结论中分别否定假言前提的不同前件的推理形式。其推理形式结构为:

如果 p,那么 r
如果 q,那么 s
非 r 或者非 s
所以,非 p 或者非 q

用符号形式表示为:

$p \rightarrow r$
$q \rightarrow s$
$\neg r \vee \neg s$
$\therefore \neg p \vee \neg q$

也可将其转化为蕴涵式:

$((p \rightarrow r) \wedge (q \rightarrow s) \wedge (\neg r \vee \neg s)) \rightarrow (\neg p \vee \neg q)$

例如:

(5) 如果你的长矛是最锋利的矛,那么你的长矛能够刺穿你的盾;
　　如果你的盾牌是最坚固的盾,那么你的长矛不能够刺穿你的盾;
　　你的长矛或者不能够刺穿你的盾,或者能够刺穿你的盾;
　　所以,或者你的长矛不是最锋利的矛,或者你的盾牌不是最坚固的盾。

复杂破坏式运用的推理有效式为充分条件假言推理的否定后件式,其结论是一个选言命题。其推理有效的依据是充分条件假言命题和选言命题的逻辑特性:前提中选言命题为真,要求支命题至少有一真;选言命题的两个支命题分别是非 r 与非 s;无论哪个支命题(非 r 或非 s)真,通过充分条件假言推理的否定后件式,假言命题的前件(p 或 q)的否定至少有一真。

(二) 破斥二难推理的方法

二难推理是论辩过程中一种很有力的工具。但是二难推理是一种复杂的复合命题推理,如果运用不当,就会发生错误。实际运用中,常常有人故意用错误的二难推理进行诡辩。所以,我们应该掌握一些破解对手二难推理的方法。

那么,如何有效地破解呢?

一个正确的二难推理必须遵守以下规则要求:

第一,前提中的假言命题,其前件必须是后件的充分条件。即必须是一个真实的充分条件假言命题;

第二,前提中的选言命题,其选言支应该是穷尽的,没有遗漏;

第三,推理要依据充分条件假言命题和选言命题的逻辑特性,符合充分条件假言推理和选言推理的规则要求。

在这三条规则中,前两条是针对前提真实性的规定,第三条是对推理形式正确性的要求。一个二难推理如果违反上述要求,就不会是一个正确的二难推理。破斥错误的二难推理,就是要指出推理违反上述规则要求。

根据二难推理的规则,破解二难推理常用的方法有:

1. 指出推理前提不真实

二难推理的前提不真实有两种情况:一种是假言前提虚假,即前件不是后件的充分条件;另一种是选言前提虚假,即选言支没有穷尽。例如:

(6)如果一个学生学习努力,他的学习方法就好;
　　如果一个学生学习不努力,他的学习方法就不好;
　　张学生或者学习努力,或者学习不努力;
　　所以,张学生或者学习方法好,或者学习方法不好。

上述二难推理的假言前提是虚假的。"一个学生学习努力"并不是"他的学习方法好"的充分条件。

(7)如果一个演绎推理不正确,那么它就没有价值;
　　如果一个演绎推理不能从已知推出未知,那么它也没有价值;
　　一个演绎推理或者不正确,或者不能从已知推出未知;
　　所以,一个演绎推理总是没有价值。

上述二难推理的选言前提是虚假的。它的选言支没有穷尽,还有"既正确又能从已知推出未知的演绎推理"这种情况存在。

2. 指出推理形式不是有效的

二难推理是以假言命题和选言命题为前提的推理,它必须遵守二难推理的规则要求。违反规则要求,就是一个无效的二难推理。例如:

(8)如果政治上犯罪,就要受到法律制裁;
　　如果经济上犯罪,就要受到法律制裁;
　　某甲或是政治上没有犯罪,或是经济上没有犯罪;
　　所以,某甲不会受到法律制裁。

这是一个推理形式不正确的二难推理。它违反充分条件假言推理"否定前件不能必然否定后件"的规则要求。

3. 构建一个与原二难推理相反的二难推理

这是一种特殊的反驳二难推理的方法。它通过构建出一个与原二难推理相反的二难推理,并从中推出相反的结论,来达到驳斥原二难推理的目的。具体做法是:

第一,新构建的二难推理的假言前提的前件要与原二难推理假言前提的前件相同,但后件相反;假言前提的前件和后件应有蕴涵关系,不应随意编造。

第二,选言前提保持不变。

第三,新构建的二难推理的结论与原二难推理结论相矛盾。

传说在雅典时期,一个平民的儿子准备出去演说,他的父亲表示反对,就劝他说:"你不要到处去演说。因为如果你说真话,那么富人会反对你;如果你说假话,那么穷人会反对你。既然演说只会招致大家反对你,你又何苦为之呢?"在这里,父亲就劝儿子使用了一个二难推

理,形式如下:

(9) 如果你演说时讲真话,那么富人会反对你;
如果你演说时讲假话,那么穷人会反对你;
<u>或者你演说时讲真话,或者你演说时讲假话;</u>
所以,或者富人反对你,或者穷人反对你。

而他的儿子则针对父亲的二难推理,构建了一个新的二难推理:

(10) 如果我演说时讲真话,那么穷人会拥护我;
如果我演说时讲假话,那么富人会拥护我;
<u>或者我演说时讲真话,或者我演说时讲假话;</u>
所以,或者穷人会拥护我,或者富人会拥护我。

这样,平民的儿子便跳出了他父亲为之设置的两难境地,从而起到了一定的反驳作用。

三、假言联言推理

假言联言推理是以假言命题和联言命题为前提所构成的复合命题推理,它分为充分条件假言联言推理、必要条件假言联言推理和充分必要条件假言联言推理三种形式。常用的是充分条件假言联言推理,即通过一个联言命题断定具有合取关系的两个或两个以上充分条件假言命题的前件或后件,从而得出结论的假言命题。这里介绍前提是两个充分条件假言命题和一个相应具有两个联言支的联言命题的充分条件假言联言推理。

充分条件假言联言推理有不同的种类。根据充分条件假言联言推理的结论是简单命题还是复合命题,充分条件假言联言推理可以分为简单式和复合式;根据充分条件假言联言推理是由在前提中肯定充分条件假言命题的前件到结论中肯定它的后件,还是由在前提中否定充分条件假言命题的后件到结论中否定它的前件,充分条件假言联言推理可以分为肯定式和否定式。这样,充分条件假言联言推理就有四种有效的推理形式:简单肯定式、简单否定式、复合肯定式和复合否定式。

下面分别是这四种形式的例句,请读者根据已掌握的相关知识,自行总结归纳出它们的结构形式并用相应的蕴涵式表示。

例如:

(1) 如果是人民的干部,那么应当关心人民群众的生活;
如果是一名共产党员,那么也应当关心人民群众的生活;
<u>他既是人民的干部,又是一名共产党员;</u>
所以,他应当关心人民群众的生活。

简单肯定式运用的推理有效式为充分条件假言推理的肯定前件式,其结论是一个简单命题。

(2) 如果田某真正认识了错误,那么他就会承认错误;
如果田某真正认识了错误,那么他就会改正错误;
<u>田某既不承认错误,也不改正错误;</u>
所以,田某没有真正认识错误。

简单否定式运用的推理有效式为充分条件假言推理的否定后件式,其结论是一个简单命题。

(3) 如果商品数量不足,就不能满足市场需求;
如果商品质量不好,就不能得到消费者好评;
<u>某些商品既数量不足,又质量不好;</u>
所以,某些商品既不能满足市场需求,又不能得到消费者好评。

复合肯定式运用的推理有效式为充分条件假言推理的肯定前件式,其结论是一个联言命题。

(4) 如果我们没有在战略上藐视敌人,就会犯"右倾"机会主义的错误;
如果我们没有在战术上重视敌人,就会犯"左倾"机会主义的错误;
<u>我们既不会犯右倾机会主义错误,又不会犯"左倾"机会主义错误;</u>
所以,我们既要在战略上藐视敌人,又要在战术上重视敌人。

复合否定式运用的推理有效式为充分条件假言推理的否定后件式,其结论是一个联言命题。

四、反三段论

反三段论是指前提和结论都是假言命题的一种复合命题推理。

"逻辑之父"亚里士多德所创立的三段论是一种蕴涵式,即以大前提(p)和小前提(q)作为前件,以结论(r)作为后件构成充分条件假言命题形式。如果我们只从命题推理的角度来分析,这种蕴涵式的三段论的一般形式就是:

$$\text{如果 p 并且 q,那么 r}$$

三段论作为一种正确的推理形式,当其前提都真时结论是不可能假的,如果结论假就说明它的前提至少有一个是假的。这就是反三段论的基本思想。

反三段论的形式是:

$$\frac{\text{如果 p 并且 q,那么 r}}{\text{非 r}}$$
$$\text{所以,并非(p 并且 q)}$$

而"并非(p 并且 q)"等值于"非 p 或者非 q"。

如果又已知其中有一个前提(p)是真的,则可以进一步推出另一个前提(q)一定是假的。即

$$\frac{\text{非 p 或者非 q}}{p}$$
$$\text{所以,非 q}$$

例如:如果甲和乙都是盗窃犯,那么丙是盗窃犯。现已经查明丙不是盗窃犯,所以,甲和乙至少有一个不是盗窃犯。即或者甲不是盗窃犯,或者乙不是盗窃犯。如果又知道其中甲是盗窃犯的话,那么就可进一步推出乙不是盗窃犯。即

(1) <u>如果甲和乙都是盗窃犯,那么丙是盗窃犯;</u>
所以,如果甲是盗窃犯并且丙不是盗窃犯,那么乙不是盗窃犯。

这样,反三段论的推理形式也可表示为:

<u>如果 p 并且 q,那么 r</u>
所以,如果 p 并且非 r,那么非 q

第四章 演绎逻辑(二)——复合命题及其演绎推理

或

如果 p 并且 q,那么 r
所以,如果 q 并且非 r,那么非 p

反三段论推理在思维中应用得很广泛。如果若干条件联合(合取)起来构成某一事物情况的充分条件,那么,当这一事物情况不出现时,就可以推出几个条件中至少有一个条件尚未具备。凡是进行这样的推理,就要用到反三段论的形式。例如:

(2)如果某人学习刻苦并且方法正确,那么某人就可以取得较好成绩。因此,如果某人学习刻苦但成绩不好,那么他的学习方法不正确。

反三段论不但前提蕴涵结论,而且结论也蕴涵前提,即前提与结论是等值的。

五、例题分析

【例题 4-11】 如果你犯了法,你就会受到法律制裁;如果你受到法律制裁,别人就会看不起你;如果别人看不起你,你就无法受到尊重;而只有得到别人的尊重,你才能过得舒心。

从上述叙述中,可以推出下面哪一个结论?(　　)

A. 你不犯法,日子就会过得舒心。
B. 你犯了法,日子就不会过得舒心。
C. 你日子过得不舒心,证明你犯了法。
D. 你日子过得舒心,表明你看得起别人。

解析:正确答案 B。若将题干中的命题"只有得到别人的尊重,你才能过得舒心"转换为"如果你得不到别人的尊重,你就不会过得舒心"。则题干的内容就可构成假言连锁推理,推出结论:"如果你犯了法,你就不会过得舒心"。

【例题 4-12】 如果玛丽喜欢表演,那么她报考戏剧学院,如果她不喜欢表演,那么她可以成为戏剧理论家。如果她不报考戏剧学院,那么不能成为戏剧理论家。

由此可推出玛丽:(　　)

A. 不喜欢表演　　　　　　　　B. 成为戏剧理论家
C. 不报考戏剧学院　　　　　　D. 报考戏剧学院

解析:正确答案是 D。

设 p = 玛丽喜欢表演,q = 报考戏剧学院,r = 戏剧理论家,则题干中的充分条件假言命题可以表示为:

(1)p→q。
(2)¬p→r。
(3)¬q→¬r。
(4)r→q　　　[(3)假言易位]。
(5)¬p→q　　[(2)(4)充分条件假言连锁推理]。
(6)q　　　　[(1)(5)二难推理简单构成式]。

所以,结论是:玛丽报考戏剧学院。

【例题 4-13】 相传有两座怪城,一座"真城",一座"假城"。凡真城里的人都说真话,假城里的人都说假话。一位知晓这一情况的旅行者第一次来到其中一座城市,他只要问第一个遇到的人一个"是与非"的问题,就明白自己所到的城市是真城还是假城。

下列哪个问句是最恰当的?(　　)

A. 你是真城的人吗? 　　　　B. 你是假城的人吗?

C. 你是说真话的人吗? 　　　D. 你是这座城市的人吗?

解析:正确答案是 D。"你是这座城市的人吗?"无论是真城的人还是假城的人,回答"是"表明来到的城市是真城,回答"不是"表明来到的城市是假城。

【例题 4-14】 我国已故著名逻辑学家金岳霖小时候听到"金钱如粪土""朋友值千金"这样两句话后,发现有逻辑问题,因为它们可以推出"朋友如粪土"的荒唐结论。

既然"朋友如粪土"这个结论不成立,于是从逻辑上可以推出(　　)。

A. "金钱如粪土"这一说法是假的。

B. 如果朋友确实值千金,那么金钱并非如粪土。

C. "朋友值千金"这一说法是真的。

D. "金钱如粪土""朋友值千金"这样两句话或者都真,或者都假。

解析:正确答案是 B。这是一个反三段论。具体推理过程是:如果"金钱如粪土"是真的并且"朋友值千金"是真的,那么"朋友如粪土"也是真的。但事实上,"朋友如粪土"是假的,所以,或者并非"金钱如粪土"或者并非"朋友值千金"。B 选项指出:如果"朋友值千金"是真的,那么"金钱如粪土"就不成立。

第七节　多重复合命题与真值表判定作用

一、多重复合命题

日常语言中的复合命题,并不都是以联言命题、选言命题或假言命题这几种基本复合命题的单纯形式出现,而往往是以它们的综合形式出现。例如:

"如果只强调团结,不强调斗争;或者只强调斗争,不强调团结,那么就不能达到既搞清思想又团结同志的目的。"

上述命题综合地、分层次地包括联言命题、选言命题、假言命题和负命题。这种由复合命题组合而成的命题,称为多重复合命题。也可以说,多重复合命题就是指由复合命题作支命题而构成的复合命题。其形式结构特点在于一个总的复合命题形式中,至少包含着一个复合命题成分。

多重复合命题类型可以有许多种。如果以联言命题为主体就是联言型的多重复合命题;如果以选言命题为主体就是选言型的多重复合命题;如果以假言命题为主体就是假言型的多重复合命题,等等。如上例就是以假言命题为主体的假言型多重复合命题,因为其最终起作用的命题联结词是"如果……那么……"这个表达充分条件假言命题的命题联结词。

从逻辑学的角度了解多重复合命题,重点在于如何将自然语句转化为相应的命题公式。要更好地分析一个多重复合命题,避免自然语言的多义性和命题具体内容的干扰,使分析过程和结论更加精准,在逻辑上更具有普遍性,就必须借助于符号和公式,准确地用真值形式表示出一个多重复合命题的逻辑结构。

如前所述,真值形式中的命题变项不限于两个,真值联结词也不限于一种,但不管是什么样的真值形式,都可以归结为本章中所介绍的复合命题真值形式的不同组合。分析多重复合命题时,要注意命题联结词的主次。在分析一个多重复合命题的结构时,括号有着重要作用,借助于括号,能明确区分出多重复合命题的层次以及命题联结词的主次。此外,在普通逻辑中,对已经学过的命题联结词的联结顺序作出规定:在有括号时,先括号内,后括号外;在无括号时,按照¬、∧、∨、∨̄、→、←、↔的先后顺序进行。因此,任何用自然语言表述的复合命题,都可以符号化为由¬、∧、∨、∨̄、→、←、↔等命题联结词组成的命题公式(真值形式)。

【例题 4-15】 写出下列复合命题的真值形式:

Ⅰ.明天我要么去登华山,要么去游法门寺,除非天气不好。

解析:令 p 表示"明天我去登华山",q 表示"明天我去游法门寺",r 表示"明天天气好",则Ⅰ的真值形式是:¬r←¬(p∨̄q)。

Ⅱ.如果湖水是清澈的,那么或者戴维能看见湖底却装作看不见,或者戴维的视力确实有问题。

解析:令 p 表示"湖水是清澈的",q 表示"戴维能看见湖底",r 表示"戴维装作看不见湖底",s 表示"戴维的视力确实有问题",则Ⅱ的真值形式是:p→((q∧r)∨s)。

Ⅲ.虽然他承认了错误,但是,如果他没有深刻认识错误,那就不可能彻底改正错误。

解析:令 p 表示"他承认了错误",q 表示"他深刻认识错误",r 表示"他可能彻底改正错误",则Ⅲ的真值形式是:p∧(¬q→¬r)。

多重复合命题也有负命题。其负命题的等值式,依据的仍然是前面所介绍的各种复合命题负命题的等值规律,只是所代入的命题成分和演变过程略显复杂一些而已。

【例题 4-16】 写出下列复合命题等值命题的真值形式:

Ⅳ.写出与"并非只要多施肥料,苹果树就不但能抗病虫害,而且结果多"等值的命题。

解析:令 p 表示"多施肥料",q 表示"苹果树能抗病虫害",r 表示"苹果结果多",则Ⅳ中命题的真值形式是:¬(p→(q∧r))。

其等值命题是:p∧(¬q∨¬r),即"即使多施肥料,苹果树也不能抗病虫害,或者结果不多"。

Ⅴ.写出与"并非要么扣留驾驶执照6个月,要么罚款3000元"等值的充分条件假言命题。

解析:令 p 表示"扣留驾驶执照6个月",q 表示"罚款3000元",则Ⅴ中命题的真值形式是:¬(p∨̄q)。

其等值的充分条件假言命题是:¬(¬p∧¬q)→(p∧q),即"如果做不到既不罚款也不扣照,那么就必须接受既罚款也扣照"。

二、真值形式的判定

真值形式在其命题变项不同取值组合下会有不同的真值,真值形式因此分为三类:重言式、矛盾式及协调式。

重言式是表示常真的命题形式。一真值形式是重言式,当且仅当不论其命题变项取何值,命题的真值恒为真。如:p∨¬p。在真值表上,对应于真值形式的主联结词的值均为真的命题是重言式,因此,又称永真式。

矛盾式是表示常假的命题形式。一真值形式是矛盾式,当且仅当不论其命题变项取何值,命题的值恒为假。如:¬(p∨¬p)。在真值表上,对应于真值形式的主联结词的值均为假的命题是矛盾式。矛盾式是重言式的负命题。

协调式是表示有真有假的命题形式。一真值形式是协调式,当且仅当不论其命题变项取何值,命题的值有真有假。如:p∨q。在真值表上,对应于真值形式的主联结词的值有真有假的命题就是协调式。

在这三类命题形式中,重言式具有特别重要的意义,重言式的真是独立于命题具体内容的真。它是逻辑真理的表现形式。例如所有复合命题演绎推理的有效推理形式,都是重言蕴涵式。

一个真值形式是否是重言式,可以通过真值表来判明。

我们知道,任一真值形式都可以用命题变项和基本真值联结词组成,一旦命题变项的真值确定,整个真值形式的真值也就随之确定。

本章所介绍由命题联结词和命题变项组成的命题公式,都属于这三类真值形式。前述的各种复合命题,我们都使用真值表来显示它们的逻辑特性。下面我们再简要介绍怎样用真值表来判定任一复合命题形式是否为重言式。

一般而言,真值表判定方法的步骤是:

第一,找出所要判定的真值形式中所有的命题变项,列出这些命题变项的各种取值组合。构建一个真值表,首先必须计算出不同命题变项的数量,因为它决定真值表的横行数。计算公式为 2^n(不包括栏目行),其中 2 表示任一命题变项可取真假二值,n 表示命题变项的数量。其次,计算真值联结词数量,因为真值表的纵列数量是真值联结词与不同命题变项数量之和。例如:p∨q 的真值表是 5 个横行,3 个纵列;¬(p∨¬p)的真值表是 3 个横行,4 个纵列。表格画好后,就可以依序填好栏目行,再写出命题变项的真值组合情况。这里要注意的是,对于命题变项的真值组合,要"真假对半开",即若有两个命题变项,第一个命题变项的真假是先写两行真,再写两行假。若是三个命题变项,则第一个命题变项的真假是先写四行真,再写四行假。其余同上类推。

第二,根据真值联结词的定义,计算出真值形式在命题变项的各组赋值下的真值。如果真值表的最后一列的所有取值为真,则这一真值形式为重言式;所有取值为假,则为矛盾式;取值有真有假,则为协调式。

【例题 4-17】 用真值表方法判定"p∨¬p"是否为重言式。

解析:

如表 4-9 所示。

真 值 表　　　　　　　　　　　　　　　表 4-9

p	¬p	p∨¬p
T	F	T
F	T	T

由真值表可知,"p∨¬p"在命题变项的不同赋值下均为真,是重言式。

【例题 4-18】 用真值表方法判定"p∧q"的真值形式。

解析：

如表 4-10 所示。

真 值 表　　　　　　　　　　　　　　　表 4-10

p	q	p∧q
T	T	T
T	F	F
F	T	F
F	F	F

由真值表可知,"p∧q"在命题变项的不同赋值下取值有真有假,所以,"p∧q"是协调式。

【例题 4-19】 用真值表方法判定"p∨q"与"¬p→q"是否真值相同。

解析：

合并列出题干两个真值形式的真值表(表 4-11)。

真 值 表　　　　　　　　　　　　　　　表 4-11

p	q	¬p	p∨q	¬p→q
T	T	F	T	T
T	F	F	T	T
F	T	T	T	T
F	F	T	F	F

由上述真值表可知,在"p∨q"与"¬p→q"命题变项的真假组合相同的情况下,它们的真值相同,即具有"同真同假"的关系,所以,"p∨q"与"¬p→q"这两个真值形式等值。

在计算真值形式的真值时,必须熟记基本真值联结词的定义。此外,若已知真值形式,则可如上例直接构造真值表来判定,否则就需要先将命题形式或推理形式符号化,然后再构造真值表进行判定。

【例题 4-20】 用真值表方法判定"只有年满十八岁,才有选举权"与"如果有选举权,那么年满十八岁"这两个命题是否等值。

解析：令 p 表示"年满十八岁",q 表示"有选举权",则上述两个命题的真值形式分别为：p←q 与 q→p,合并列出这两个真值形式的真值表(表 4-12)。

真 值 表　　　　　　　　　　　　　　　表 4-12

p	q	p←q	q→p
T	T	T	T
T	F	T	T
F	T	F	F
F	F	T	T

由上述真值表可知,p←q 与 q→p 两个真值形式等值,所以,两个命题为等值命题。

可见,通过真值表既可以清楚地显示一个命题形式的真值情况,也可以判定不同命题形式是否真值相同。

三、一般命题推理形式有效性的判定

事实上,凡是复合命题推理的有效推理形式,都是重言蕴涵式。如果我们把命题推理中的前提视为"蕴涵式"的前件,把结论视为"蕴涵式"的后件,那么,对于演绎推理来说,"若前提真,则结论必然真"的推理实际上就是"前提蕴涵结论"的必然性推理。这样,本章所介绍的各类复合命题推理,都可以转化为命题推理的推理形式,即只包含命题变项和命题联结词的真值形式。任何一个复合命题推理形式都可以用蕴涵式表达。

具体做法是:先分别写出各前提和结论的真值形式;再用"∧(合取)"将各前提的真值形式联结起来;最后用"→(蕴涵)"将前提的合取式和结论联结起来。这样所得到的蕴涵式就是所要判定的命题推理的真值形式。在逻辑学中,凡是一个有效的推理形式,都相当于一个重言式,即命题推理真值形式中前提的合取蕴涵结论。由此得出结论:一命题推理是有效的,当且仅当它的真值形式是重言蕴涵式。

逻辑学中用来判定命题推理有效式的方法很多,我们介绍两种基本方法:真值表方法和归谬赋值法。

(一)真值表方法

真值表可以判定任一真值形式是否为重言式(或矛盾式或协调式),自然也可以判定任一命题推理的蕴涵式是否为重言式。我们通过下面的例题来说明如何运用真值表方法来判定命题推理的真值形式类型。

【例题 4-21】 用真值表方法证明下面的命题推理形式是否为重言式。

Ⅰ.((p→q)∧¬q)→¬p

Ⅱ.((p∨q)∧¬p)→q

Ⅲ.((p←q)∧p)→q

解析:Ⅰ.如表 4-13 所示。

真 值 表　　　　表 4-13

p	q	¬p	¬q	p→q	(p→q)∧¬q	((p→q)∧¬q)→¬p
T	T	F	F	T	F	T
T	F	F	T	F	F	T
F	T	T	F	T	F	T
F	F	T	T	T	T	T

由表 4-13 知,Ⅰ:((p→q)∧¬q)→¬p 为重言式,因为其最终赋值均为真,所以推理形式有效。这是充分条件假言推理的否定后件式。

Ⅱ.如表 4-14 所示。

真 值 表　　　　表 4-14

p	q	¬p	p∨q	(p∨q)∧¬p	((p∨q)∧¬p)→q
T	T	F	T	F	T
T	F	F	T	F	T
F	T	T	T	T	T
F	F	T	F	F	T

由表4-14知,Ⅱ:((p∨q)∧¬p)→q 为重言式,因为其最终赋值均为真,所以推理形式有效。这是相容选言推理的否定肯定式。

Ⅲ. 如表4-15所示。

真 值 表　　　　　　　　　　　　表4-15

p	q	p←q	(p←q)∧p	((p←q)∧p)→q
T	T	T	T	T
T	F	T	T	F
F	T	F	F	T
F	F	T	F	T

由表4-15可知,Ⅲ:((p←q)∧p)→q 不是重言式,因为其最终赋值有一假。这是必要条件假言推理的肯定前件式,是无效的推理形式。

【例题4-22】 真值表解题:

请列出下列三命题的真值表:

Ⅰ. 甲、乙、丙只有一人在现场。

Ⅱ. 当且仅当甲、丙都在现场,乙才不在现场。

Ⅲ. 只有甲不在现场或者乙在现场,丙才在现场。

据表回答:当Ⅰ、Ⅱ、Ⅲ都为真时,谁在现场?谁不在现场?

解析:令 p 表示"甲在现场",q 表示"乙在现场",r 表示"丙在现场"。

则Ⅰ的真值形式为:p∨q∨r;

Ⅱ的真值形式为:(p∧r)↔¬q;

Ⅲ的真值形式为:(¬p∨q)←r。

合并列出这三个真值形式的真值表(表4-16)。

真 值 表　　　　　　　　　　　　表4-16

p	q	r	¬p	¬q	p∨q∨r	(p∧r)↔¬q	(¬p∨q)←r
T	T	T	F	F	T	F	T
T	T	F	F	F	T	F	T
T	F	T	F	T	T	T	F
T	F	F	F	T	T	F	T
F	T	T	T	F	T	F	T
F	T	F	T	F	T	F	T
F	F	T	T	T	T	F	T
F	F	F	T	T	F	F	T

结论:由表4-16(第7横行)可知,当Ⅰ、Ⅱ、Ⅲ都为真时,甲、丙不在现场,乙在现场。

(二)归谬赋值法

从理论上讲,用真值表可以判定任一真值形式的真值情况及其逻辑性质。但如果真值形式中的命题变项过多或公式过长,所要构造的真值表就较为繁琐。如上面【例题4-21】包含有三个命题变项的真值形式就已经很繁杂;如果是像二难推理复杂破坏式:((p→q)∧(r→s)∧(¬q∨¬s))→(¬p∨¬r)这样的真值形式就会有17横行,15纵列,那就更麻烦并且容易出现错误。为了简化程序,就要寻找其他的判定方法。归谬赋值法就是一种简化真值表的方法。

归谬赋值法的基本思想是:对任一重言蕴涵式来说,其前件真而后件假是不可能的。为此,要证明一个蕴涵式是重言式,需要先假定所要判定的蕴涵式不是重言式(命题的值为假),并根据这个假定,依据真值联结词的逻辑特性,给每个命题变项赋值。若在赋值过程中出现矛盾赋值,即出现同一个命题变项赋值既真又假的情况,则说明原假定不能成立,因而它是重言式。反之,若没有出现矛盾赋值,则说明至少存在一组赋值满足前件真且后件假,则该式不是重言式。

下面,举例说明归谬赋值法的运用。

【例题 4-23】 用归谬赋值法判定((p→q)∧(r→s)∧(¬q∨¬s))→(¬p∨¬r)是否为重言式。

解析:假定上述真值形式不是重言式,则:

```
    ((p → q) ∧ (r → s) ∧ (¬ q ∨ ¬ s))→(¬ p ∨ ¬ r)
(1)                                F
(2)            T              T         F
(3)                                 (F)①T   (F)T
(4)    T           T              T
(5)  T           T
(6)        T           T      (F)T    (T)F
```

判定:由于命题变项 s 出现赋值矛盾,所以,原假设不成立,该真值形式是重言式。

具体步骤如下:

第一步,假设被判定的命题形式(真值蕴涵式)为假。即在主联结词"→"下标上 F,如(1)。

第二步,根据真值联结词的真值表定义,依次对该真值形式中的支命题赋以相应的真值。根据蕴涵式的逻辑性质,给前件((p→q)∧(r→s)∧(¬q∨¬s))赋值真,后件(¬p∨¬r)赋值假;前件是合取式,故在两个"∧"下标上 T,如(2)。后件是析取式,为使其假,则必须使"¬p"和"¬r"都为假。"¬p"假,则 p 真,"¬r"假,则 r 真,如(3)。为使前件真,三个合取(联言)支"(p→q)""(r→s)"和"(¬q∨¬s)"必须真,如(4)。(5)是承袭了(3)中 p、r 的赋值。而要使"(p→q)"真,在 p 已赋值真的情况下,q 也必须真;要使"(r→s)"真,在 r 已赋值真的情况下,s 也必须真;q 赋值已真,则"¬q"赋值必为假,要使"(¬q∨¬s)"真,"¬s"则必须真,即 s 必须假,如(6)。

一般而言,对支命题的赋值从后件开始,因为后件(结论)比较简单,而且当后件为假时,其变项的真值比较容易确定。

第三步,检查所有命题变项的真值。若出现 p∧¬p 形式的逻辑矛盾,则可断定假设不

---

① 此处括号内表示的是负命题的真值,这样便于分析支命题的真值,不至于混淆负命题与其支命题的真值。

成立，从而判定求证命题为重言式。如【例题4-22】，由于命题变项 s 出现既真又假的赋值矛盾，因而可断定原假设不成立，故该真值形式是重言式。

可见，归谬赋值法是以真值联结词的真值表定义作为判定的基础，根据形式逻辑的归谬原则来进行判定的一种常用的命题逻辑判定方法。

实际应用中，如果熟练掌握归谬赋值法，则可将上例中的六个步骤合并写为一行，使之显得更为简便。

【例题4-24】 用归谬赋值法判定((p→r)∧(q→r)∧(p∨q))→r 是否为重言式。

解析：假定上述真值形式不是重言式，则：

$$((p \to r) \wedge (q \to r) \wedge (p \vee q)) \to r$$
$$F\ T\ F\ \ \ F\ T\ \ F\ T\ \ \ F\ T\ T\ \ \ \ F\ F$$

判定：假设蕴涵式为假，赋值中支命题 q 出现赋值矛盾，所以，假设不成立，故原真值形式是重言式。

某些真值形式在用归谬赋值法判定时，会出现多种可能的赋值情况，这时就应对每一种可能的赋值情况进行讨论。如果每一种赋值情况都导致矛盾，就可判定原真值形式为重言式；只要有一种可能的赋值情况没有导致矛盾，就说明原真值形式不是重言式。

【例题4-25】 试用归谬赋值法判定下列推理是否有效：

如果罪犯的态度老实，就会彻底交代自己的罪行；如果罪犯揭发检举其同伙，那么他就有立功表现；该罪犯或没有彻底交代罪行，或没有检举揭发其同伙，所以，该罪犯或者态度不老实，或者没有立功表现。

解析：令 p 表示"罪犯的态度老实"，q 表示"彻底交代自己的罪行"，r 表示"该罪犯揭发检举其同伙"，s 表示"他有立功表现"。则上述推理的真值形式及归谬赋值如下：

$$((p \to q) \wedge (r \to s) \wedge (\neg q \vee \neg r)) \to (\neg p \vee \neg s)$$
$$T\ T\ T\ \underline{T}\ \ T\ T\ T\ \ \ T\ (F)T\ T(T)\underline{F}\ \ \ \ F\ \ (F)T\ F(F)T$$
$$T\ T\ T\ \ \underline{F}\ T\ T\ \ \ T\ (F)T\ T(T)\underline{F}\ \ \ \ F(F)T\ \ F(F)T$$

在这个例题中，我们是无法一次就确定真值形式是否有效的。因为对于"(r→s)"来说，当其取值为真且"s"赋值也为真时，"r"的取值就有两种可能，既可以取真值，也可以取假值，而"(r→s)"都会为真。但当"(r→s)"中"r"的取值为假时，与"(¬q∨¬r)"中"r"的取值没有出现赋值矛盾。也就是说至少有一组赋值满足前件真后件假，故原真值形式不是重言式，推理不是有效的。

由此可见，遇到【例题4-24】这种情况，运用归谬赋值法来判定，也就谈不上简洁便利，因此，有必要掌握其他的证明方法。

四、复合命题推理的综合运用

运用真值表方法，可以判定某个推理是否有效，但真值表方法有个大缺陷，就是它把有效性的判定转化成真值演算，忽视对思维过程的展现。而在实际思维中，人们往往是从若干个前提出发，运用多种形式的复合命题推理，一步一步地推演出某特定结论。这就是复合命题推理的综合运用。我们举例来加以说明。

【例题4-26】 周文手机不见了，她与好友茜一同回忆手机可能落在哪里。已经知道下

列情况为真:
(1)要么落在校逸夫图书馆,要么落在阶梯教室。
(2)如果好友茜的回忆可靠,那么是下课后遗失的。
(3)只有上课时拿过手机,好友茜的回忆才不可靠。
(4)若落在阶梯教室,则是下课前遗失的。
(5)上课时没有拿过手机,只是拿过手帕。
试推断周文的手机究竟落在哪里?请写出推导过程。
解析:
具体推理过程为:
第一步:用(5)作为前提,运用联言推理的分解式。即
上课时没有拿过手机,只是拿过手帕。
所以,上课时没有拿过手机。
第二步:用已知命题(3)和第一步所推出的结论作为前提,运用必要条件假言推理的否定前件式。即
只有上课时拿过手机,好友茜的回忆才不可靠;
上课时没有拿过手机;
所以,好友茜的回忆可靠。

第三步:用已知命题(2)和第二步所推出的结论作为前提,运用充分条件假言推理的肯定前件式。即
如果好友茜的回忆可靠,那么是下课后遗失的;
好友茜的回忆可靠;
所以,(手机)是下课后遗失的。

第四步:用已知命题(4)和第三步所推出的结论作为前提,运用充分条件假言推理的否定后件式。即
若落在阶梯教室,则是下课前遗失的;
(手机)是下课后遗失的;
所以,(手机)不是落在阶梯教室。

第五步:用已知命题(1)和第四步所推出的结论作为前提,运用不相容选言推理的否定肯定式。即
要么落在校逸夫图书馆,要么落在阶梯教室;
(手机)不是落在阶梯教室;
所以,(手机)落在校逸夫图书馆。
结论:手机落在了校逸夫图书馆。

正确运用复合命题综合推理,应当熟练掌握各种复合命题推理的有效推理形式,在每一个推理步骤中都要遵守相应的推理规则,否则,就不可能得到真实可靠的结论。

可是,在进行复合命题综合推理时,不能像上例,总带着"具体内容"进行推演,这样的推导过程太过于繁琐。我们可以借鉴现代逻辑的一些方法来进行推理。

现代逻辑是从传统逻辑发展而来的,它不仅完全形式化,而且功能更强大、系统更完善。

第四章 演绎逻辑(二)——复合命题及其演绎推理

现代逻辑将逻辑规律(重言式)作为一个整体加以研究,使用完全形式化的人工语言,构建严格的推导演绎系统。这样的系统分为公理系统和自然推理系统。它们异曲同工,都以形式化和系统化的方法来研究复合命题的推理形式,具有同等的推演能力。只不过公理系统证明的出发点是公理,而自然推理系统的出发点是设定的有效式和等值式(定律)①。自然推理系统没有公理,只有推理规则,而且根据它们从随时引进的假设或前提来推导结论,更符合人们日常思维中的推理方式,因此又称之为自然推理。不过,我们下面介绍的例题推理过程运用的也并不是严格意义上的自然推理。

自然推理系统作为一个形式证明系统,它的推导证明过程是一个命题形式的序列,推理规则保证序列中的命题形式要么是给定的前提,要么是由前提或推理定理推导出的结论。序列中的每一个结论都为它前面序列的前提所蕴涵,从而保证前提蕴涵结论。形式证明的结构一般由序列号、真值形式和理由三部分组成。通过真值形式之间的"逻辑变形"和"逻辑演变"表示必然性推理的全过程。自然推理是判定推理形式有效性的又一种方法,它具有判定和推导双重功能。

【例题 4-27】 某排球队有 1 号、3 号、4 号、6 号、9 号和 12 号六名主力队员。他们之间的最佳配合有如下几条规律:

A. 要是 4 号队员(p)上场,6 号队员(q)也要上场。
B. 只有 1 号队员(r)不上场,3 号队员(s)才不上场。
C. 要么 3 号队员上场,要么 6 号队员上场。
D. 如果 9 号队员(t)和 12 号队员(w)同时上场,则 4 号队员也要上场。

某场比赛需要 1 号队员和 12 号队员同时上场。问:为了保持最佳阵容,9 号队员该不该上场?

解析:
运用形式证明推导过程如下:

序列号	真值形式	理由
(1)	p→q	前提
(2)	¬r←¬s	前提
(3)	s∨q	前提
(4)	(t∧w)→p	前提
(5)	r∧w	条件
(6)	r	[(5),联言推理分解式]
(7)	w	[(5),联言推理分解式]
(8)	s	[(2)(6)必要条件假言推理否定前件式]
(9)	¬q	[(3)(8)不相容选言推理肯定否定式]
(10)	¬p	[(1)(9)充分条件假言推理否定后件式]
(11)	¬(t∧w)	[(4)(10)充分条件假言推理否定后件式]
(12)	¬t∨¬w	[(11)联言命题负命题的等值式]

---

① 本章中介绍的推理有效式和等值式都可以作为推理的出发点、定律或推导的依据。

（13）　　¬t　　　　　　　　　［(12)(7)相容选言推理否定肯定式］

结论：9号队员(t)不该上场。

【例题4-28】 已知下面的情况是真实的：

A. 如果甲不是杀人凶手(¬p)，则乙或是杀人凶手(q)，或是知情人(r)。
B. 只有乙是身强力壮的人(s)，他才能进入作案现场(t)。
C. 如果乙是杀人凶手，则乙一定进入过作案现场。
D. 只有乙进入过作案现场，他才是知情人。
E. 乙身体瘦弱。

请问：甲、乙两人谁是杀人凶手？请写出推导过程。

解析：

运用形式证明推导过程如下：

序列号	真值形式	理由
(1)	¬p→(q∨r)	前提
(2)	s←t	前提
(3)	q→t	前提
(4)	t←r	前提
(5)	¬s	前提
(6)	¬t	［(2)(5)必要条件假言推理否定前件式］
(7)	¬q	［(3)(6)充分条件假言推理否定后件式］
(8)	¬r	［(4)(6)必要条件假言推理否定前件式］
(9)	¬q∧¬r	［(7)(8)联言推理组合式］
(10)	¬(q∨r)	［(9)德·摩根律］
(11)	p	［(1)(10)充分条件假言推理否定后件式］

结论：甲是杀人凶手。

形式证明过程中，推理本身已经没有任何内涵上的联系，它只表现为一系列符号与符号之间的推演变形。但它排除了各种不必要的（内容方面的）干扰，便于我们更精确、更严密、更便捷地进行推理。

复合命题推理是一个复杂的思维过程。推导时，要正确理解和分析已知命题。一个结论的得出，往往会有多种推导方法和途径。逻辑能力越强，推导的方法越多，途径也越简捷。要想掌握和提高综合推理的能力，必须理解和熟悉基本的推理有效式和等值式，在实践中逐步积累推导的经验和技巧。

练习题

一、填空题

1. 真值形式是指由_____和_____所构成的符号表达式。
2. 现代形式逻辑中基本的真值联结词有_____、_____、_____、_____和_____。
3. 与命题"榴梿和火龙果都是热带水果"矛盾的析取命题是_____。

第四章 演绎逻辑(二)——复合命题及其演绎推理

4. 负命题的支命题与该负命题的等值命题之间的关系是_____。

5. 若命题 A 与命题 B 是矛盾关系,命题 B 与命题 C 是矛盾关系,则命题 A 与命题 C 必然是_____关系。

6. 必要条件假言推理的有效式是_____和_____。

7. 真值形式分为_____、_____和_____三类。

8. 归谬赋值法是以真值联结词的_____作为判定的基础,根据形式逻辑的_____来进行判定的一种常用命题逻辑判定方法。

9. 与"只有什么事都不干,才不会犯错误"矛盾的合取命题是_____,与之等值的析取命题是_____,与之等值的蕴涵命题是_____。

10. 若"¬p∧q"取值为真,则 p 的取值为_____,q 的取值为_____。

11. 等值命题是指命题之间具有_____关系的命题;矛盾关系是指命题之间具有_____关系的命题。

12. 若 p 取值为假,q 取值为真,则"¬p∧q"取值为_____,"p∨¬q"取值为_____,"p→q"取值为_____,"¬p←q"取值为_____。

二、判断题

1. 复合命题的逻辑特性在于支命题的真假决定复合命题的真假。　　　　　　(　　)

2. 复合命题中的联结词反映不同的复合命题与其支命题之间的真假关系,是复合命题形式中的逻辑变项。　　　　　　　　　　　　　　　　　　　　　　　　　(　　)

3. 二难推理就是"左右为难"的推理。　　　　　　　　　　　　　　(　　)

4. 等值命题是指既不同真也不同假的两个命题。　　　　　　　　　　(　　)

5. 一个推理的前提真并且结论真,这个推理一定是正确的。　　　　　　(　　)

6. 相容选言命题的支命题中只能有一个为真。　　　　　　　　　　　(　　)

7. 蕴涵的前后件可以同真同假,也可以前假后真,但不可以前真后假。　　(　　)

8. 推理就是由若干个命题组成的序列。　　　　　　　　　　　　　　(　　)

9. 一个性质命题的负命题就等值于与这个性质命题具有矛盾关系或反对关系的命题。　　　　　　　　　　　　　　　　　　　　　　　　　　　　　　　(　　)

10. 负命题的支命题可以有若干个。　　　　　　　　　　　　　　　(　　)

11. 若前件 p 是后件 q 的必要条件,那么后件 q 就是前件 p 的充分条件。(　　)

12. 多重复合命题是指支命题都是复合命题的命题。　　　　　　　　　(　　)

三、下列命题属于何种复合命题?指出其命题联结词并写出其逻辑形式

1. 不入虎穴,焉得虎子?

2. 富贵不能淫,贫贱不能移,威武不能屈。

3. 不破不立,不塞不流,不止不行。

4. 人不犯我,我不犯人;人若犯我,我必犯人。

5. 必须多做练习,才能学好逻辑。

6. 甲、乙、丙并非都是西安人。

7. 一着不慎,满盘皆输。

8. 每一个表决者,或者支持 A 提案,或者支持 B 提案,绝不允许含糊其辞,模棱两可。

9. 如果周日晴天并且学校没有其他大型活动,那么我们或者去野外郊游或者去参观历史博物馆。

10. 这个水晶球或是紫水晶球而不是紫黄水晶球,或是紫黄水晶球而不是紫水晶球。

四、写出下列命题的负命题及其等值命题,并用公式表示

1. 今天晚饭要么去吃西餐,要么去吃中餐。

2. 没有春天的耕耘,就没有秋天的收获。

3. 如果是真正的艺术家,那么就会写诗或绘画。

4. 只要多施肥料,果树就不仅能抗病虫害,而且能结很多果。

5. 我很丑,但很温柔。

6. 当且仅当衣食足,才能知荣辱。

7. 明天休假或者去看展览,或者去看电影,或者去游乐园。

8. 不是东风压倒西风,就是西风压倒东风。

9. 除非生病或者有要紧的事,他才不来上课。

10. 当且仅当喜鹊叫,客人到。

五、下列推理属于何种推理?是否为有效式?有效式请用符号表示其推理形式

1. 党的领导干部既要有德,也要有才,所以,党的领导干部要德才兼备。

2. 军队、警察、法庭、监狱都是暴力工具,所以,法庭、监狱是暴力工具。

3. 周兄这个暑假自驾游,可能去甘南,也可能去青海湖,肯定不去其他地方。据和他一起出游的孙兄讲,他们去了甘南,所以,周兄这个暑假自驾游没有去青海湖。

4. 小刘不是辽宁人,就是陕西人;小刘说他是辽宁人,所以,小刘不是陕西人。

5. 只有树立坚定的信心,才会不懈地努力;只有不懈地努力,才能取得优异的成绩。所以,如果没有树立坚定的信心,那么就很难取得优异成绩。

6. 或者"所有S都是P"为假,或者"所有S都不是P"为假;"所有S都不是P"为假;所以"所有S都是P"为真。

7. 人民教师,就要努力钻研业务,但我是搞后勤工作的,所以我没必要努力钻研业务!

8. 一个人如果经常练习短跑,他就会有速度;一个人如果经常练习长跑,他就会有耐力。这个人经常练短跑,也经常练长跑;所以,他跑起来是既有速度又有耐力。

9. 如果没有仔细调查取证,就弄不清案情;如果弄不清案情,就不能作出正确判决。因此,如果要作出正确判决,就要仔细调查取证。

10. 如果不去赴宴,那么有人会不高兴而背地里指责我;如果去赴宴,那么也会有人不高兴而背地里指责我;总之,去与不去,都会有人背地里指责我。

11. 如果罪犯的态度老实,就会彻底交代自己的罪行;如果罪犯揭发检举其同伙,那么他就有立功表现;该罪犯或没有彻底交代罪行,或没有检举揭发其同伙,所以,该罪犯或者态度不老实,或者没有立功表现。

12. 如果任某有作案时间而且有作案动机,那么她就是作案嫌疑人。所以,如果排除任某的作案嫌疑,而且知道她有作案动机,那么她没有作案时间。

13. 如果你娶到一个好老婆,你就会获得人生的幸福;如果你娶到一个坏老婆,你就会成为一位哲学家;你或者娶到好老婆,或者娶到一个坏老婆,所以,你或者获得人生的幸福,或者成为一位哲学家。

14.只有超过合同约定的时间或者改变合同约定的地点,我方才应当赔偿对方损失。可是我方没有改变约定的地点,所以,我方不应赔偿损失。

15.当且仅当一个数能被2和5整除,这个数才能被10整除。这个数不能被10整除,所以,这个数不能被2整除,也不能被5整除。

六、请借助二难推理相关知识来破解下列二难推理

古希腊的普罗泰格拉斯是当时著名的辩者,主要教授论辩术和法律。据说有一个名叫欧提勒士的人,拜他为师学习法律。师生两人订了一份合同,约定:在毕业时欧提勒士先付给普罗泰格拉斯一半学费,另一半学费要等欧提勒士第一次出庭打赢官司后付清。但是,欧提勒士毕业后总不出庭打官司。普罗泰格拉斯索要无果,就向法庭提出诉讼,并告知欧提勒士:

如果欧提勒士这场官司胜诉,那么按照合同的约定,他应付给我另一半学费;

如果欧提勒士这场官司败诉,那么按照法庭的判决,他也应付给我另一半学费;

欧提勒士这场官司或者胜诉或者败诉;

总之,欧提勒士都应付给我另一半学费。

如果你是欧提勒士,你会怎么办?请以二难推理形式针锋相对地构建一个反诉讼。

七、真值表解题

1.用真值表方法判定下列命题是否等值:

(1)"即使你不表态,我也要表态"与"并非如果你不表态,我也不表态"。

(2)"他或者会下围棋或者会打桥牌"与"如果他不会下围棋,那么他会打桥牌"。

(3)A.既要员工节假日加班(p),又要员工不抱怨,这是做不到的;

B.或者员工节假日不加班,或者允许员工抱怨(q)。

2.请用简化真值表法(归谬赋值法)判定:

(1)"如果地球围绕太阳公转(p),但并不围绕自己的轴线自转(q),那么,地球上就没有白天和黑夜(r)。可是,事实是地球上有白天和黑夜。所以,或者地球并不公转,或者地球既公转又自转。"这个推断是否合理?

(2)"杀人犯或者是张某(p)或者是赵某(q)。如果张某是杀人犯,那么作案时间应该在午夜12点之后(r),因为午夜12点之前,有人证明张某还在办公室。但是,被害者的邻居证实,被害者屋里的枪声是午夜12点之前传出的。所以,杀人犯是赵某。"这个推断是否有效?

(3)$((p \land q \land r) \to s) \to (\neg s \to (p \to (q \to \neg r)))$是否为重言式?

(4)$((r \to \neg p) \land (\neg q \to \neg r) \land p) \to \neg q$是否为重言式?

3.请用真值表方法判定:

A:如果张三是本案主犯,那么李四是从犯。($p \to q$)

B:如果李四是从犯,那么张三是本案主犯。($q \to p$)

C:张三不是本案主犯。($\neg p$)

(1)上述三个命题中只有一真,哪一个为真?张三是否是本案主犯,李四是否是从犯?

(2)上述三个命题都真,张三是否是本案主犯,李四是否是从犯?

(3)上述三个命题中只有一假,张三是否是本案主犯,李四是否是从犯?

4. 列出真值表。

甲：或者小朱是志愿者(p)，或者小孔是志愿者(q)。

乙：如果小朱不是志愿者，那么小孔也不是志愿者。

丙：如果小朱是志愿者，那么小孔不是志愿者。

丁：甲、乙、丙的话都对。

请回答：在什么情况下，丁所说的话能成立。

5. 有四人观棋，边观棋边评说。

甲：如果出车(p)，那么会丢炮(q)。

乙：丢炮也不出车。

丙：只有出车，才能不丢炮。

丁：或者丢炮，或者出车。

事实证实四人中，只有一人的评判正确。请用真值表方法解答：

(1) 谁的评判正确。

(2) 如果不出车，(是否)_____丢炮。

八、运用推理的相关知识解答下列问题，并写出推理过程

1. 某地区发生一起命案，经过周密调查，刑侦人员掌握以下事实：

(1) 凶手在甲(p)、乙(q)、丙(r)三人之中，不可能是其他人。

(2) 只有是谋财杀人案(s)，甲才是凶手。

(3) 如果是谋财杀人案，那么被害人必然要丢失财物(t)。

(4) 如果乙是凶手，那么案件应发生在当晚大暴雨后(m)。

(5) 案件发生在当晚大暴雨前，并且被害人财物没有丢失。

请用形式证明方式推断：谁是凶手？

2. 某单位表彰大会，几个人在议论：

(1) 只有张明没得奖或李冬没得奖，王红和高联才都得奖。

(2) "王红没得奖或高联没得奖"是不真的。

(3) 李冬得奖了。

问：由上述议论能否确定张明、王红、高联谁得奖？（写出推导过程和推理依据）

3. 请推断在下列情况下应怎样走棋？

(1) 要么出车(p)，要么走炮(q)，要么跳马(r)。

(2) 若出车，则马被吃掉(t)。

(3) 若不出车，则炮走不得。

(4) 马不能被吃掉。

4. 某城市一小区发生一起命案，经对现场勘查，刑侦队收集整理的信息是：

(1) 如果案件发生在午夜1时之前(p)，那么可以排除赵某作案的可能(q)。

(2) 如果案件发生在午夜1时之后，那么若贾某不是作案人(¬r)，则赵某也不是作案人。

(3) 如果孙某不是作案人(¬s)或者贾某是作案人，则赵某也是作案人。

(4) 案发期间，孙某不在当地，没有作案可能。

请通过形式证明的方法推断谁是作案人?

5. 某足球队根据以往比赛的经验得出如下总结:

(1) 乙(q)和丁(s)不可同时上场。

(2) 如果丙(r)上场,那么丁上场。

(3) 如果甲(p)上场,那么乙上场。

(4) 或者戊(t)和已(u)不同时上场,或者丙上场。

问:某场比赛需要甲和乙同时上场,为了保持场上最佳阵容,戊该不该上场?

九、选择题

1. 教授:如果父母都是O型血,其子女的血型也只能是O型,这是遗传规律。

   学生:这不是真的,我的父亲是B型血,而我则是O型血。

   学生最有可能把教授的陈述理解为( )。

   A. 只有O型血的人才会有O型血的孩子

   B. O型血的人不可能有B型血的孩子

   C. B型血的人永远都会有O型血的孩子

   D. 如果父母都是B型血,其孩子也会是B型血

2. 以"P并且Q"和"非Q或者R"为前提进行演绎推理,可得出的结论是( )。

   A. P并且非Q   B. Q并且非R   C. Q并且R   D. P并且非R

3. 与"某甲既是故意犯罪又是过失犯罪"这个命题不能同真的命题有( )。

   Ⅰ. 某甲没有过失犯罪

   Ⅱ. 某甲要么故意犯罪,要么过失犯罪

   Ⅲ. 某甲没故意犯罪

   Ⅳ. 某甲既没故意犯罪,也没过失犯罪

   Ⅴ. 如果某甲故意犯罪,那么他未过失犯罪

   A. Ⅰ、Ⅲ和Ⅴ   B. Ⅱ、Ⅳ

   C. Ⅰ、Ⅱ、Ⅲ、Ⅳ和Ⅴ   D. Ⅳ、Ⅴ

4. 下列命题形式中,与"非p并且非q"等值的命题形式是( )。

   Ⅰ. 并非(p或q)   Ⅱ. 并非(p且q)

   Ⅲ. p或非q   Ⅳ. 并非(如果非p,那么q)

   Ⅴ. 非p或q

   A. Ⅰ、Ⅳ   B. Ⅲ、Ⅴ   C. Ⅰ、Ⅱ   D. Ⅳ、Ⅴ

5. 与"如果你不来,那么我也来"等值的命题有( )。

   Ⅰ. 或者你来,或者我来   Ⅱ. 并非你不来,我也不来

   Ⅲ. 并非你不来,我也来   Ⅳ. 如果我来,那么你不来

   Ⅴ. 如果你来,那么我不来

   A. Ⅰ、Ⅱ   B. Ⅱ、Ⅳ   C. Ⅰ、Ⅲ和Ⅴ   D. Ⅰ、Ⅱ和Ⅲ

6. 与"并非只有某甲是北京人,某甲才会说流利的普通话"等值的命题是( )。

   A. "只要某甲会说流利的普通话,某甲就是北京人。"

   B. "虽然某甲是北京人,某甲也不会说流利的普通话。"

C. "某甲不是北京人,但某甲会说流利的普通话。"

D. "某甲不是北京人,并且某甲不会说流利的普通话。"

7. "甲、乙、丙三人中至少有一个人去过现场",这个命题是(　　)。

　　A. 不相容选言命题　　　　　　　　　B. 简单命题

　　C. 联言命题　　　　　　　　　　　　D. 相容选言命题

8. 若已知"李某是小轿车司机"这一命题为假,下列复合命题中哪些必然真?(　　)

　　Ⅰ. 李某不但是小轿车司机,而且是本案的同案犯

　　Ⅱ. 如果李某是小轿车司机,那么他就是本案的同案犯

　　Ⅲ. 如果李某不是小轿车司机,那么李某就不会是本案的同案犯

　　Ⅳ. 李某或者不是小轿车司机,或者不是本案的同案犯

　　A. Ⅰ、Ⅱ　　　　　　　　　　　　　B. Ⅱ、Ⅳ

　　C. Ⅰ、Ⅱ、Ⅲ和Ⅳ　　　　　　　　　D. Ⅲ、Ⅳ

9. 在某次足球联赛中,如果甲队或乙队没有出线,那么丙队出线。

　　上述前提中再增加以下哪项,可以推出"乙队出线"的结论?(　　)。

　　A. 丙队不出线　　　　　　　　　　　B. 甲队和丙队都出线

　　C. 甲队不出线　　　　　　　　　　　D. 甲队和丙队都不出线

10. "甲与乙是同案犯"与"甲与乙是盗窃犯"这两个命题(　　)。

　　A. 都是复合命题

　　B. 都是简单命题

　　C. 前者是联言命题,后者是关系命题

　　D. 前者是关系命题,后者是联言命题

11. 下列各组真值形式中,具有相同逻辑常项的是(　　)。

　　Ⅰ. p→q 与 ¬p←q　　　　　　　　　Ⅱ. p→q 与 r→s

　　Ⅲ. ¬p↔r 与 q↔s　　　　　　　　　Ⅳ. q∨p∧¬q 与 p∨(q∧r)

　　Ⅴ. p∧r 与 q∧r

　　A. Ⅱ、Ⅲ、Ⅴ　　B. Ⅱ、Ⅴ　　　　C. Ⅱ、Ⅲ　　　　D. Ⅰ、Ⅳ

12. 航天号飞机的失事或是由于设备故障,或是由于人为破坏;现已查明失事原因确系设备故障。因此,可以排除人为破坏。

　　以下哪项正确地评价了上述命题推理?(　　)

　　A. 推理正确,是不相容选言推理的肯定否定式

　　B. 推理正确,是相容选言推理的否定肯定式

　　C. 推理错误,是不相容选言推理的否定肯定式

　　D. 推理错误,是相容选言推理的肯定否定式

13. 如果室外的风很大,我们就会去放飞风筝。

　　如果天空不晴朗,我们就不会放飞风筝。

　　如果天气很暖和,我们就会放飞风筝。

　　假定上述断定属实,如果我们现在正正在放飞风筝,则下述的哪项断定也必定为真?(　　)

Ⅰ.风很大　　　Ⅱ.天气晴朗　　　Ⅲ.天气暖和
A. Ⅰ　　　　　B. Ⅰ、Ⅲ　　　　C. Ⅲ　　　　D. Ⅱ

14. 下列推理形式中,有效的有(　　)。
　　Ⅰ.(p→q)∧¬q→¬p　　　　　　　　Ⅱ.(p∨q)∧p→¬q
　　Ⅲ.(¬p←¬q)∧p→q　　　　　　　　Ⅳ.(p→¬q)∧q→¬p
　　Ⅴ.(p↔q)∧p→q
　　A. Ⅰ、Ⅱ、Ⅲ、Ⅳ和Ⅴ　　　　　　　B. Ⅰ、Ⅱ、Ⅴ
　　C. Ⅰ、Ⅲ、Ⅳ和Ⅴ　　　　　　　　 D. Ⅲ、Ⅳ、Ⅴ

15. 与"如果窒息时间过长,那么人就会死亡"矛盾的命题是(　　)。
　　A. 或者窒息时间不长,或者人会死亡
　　B. 虽然窒息时间过长,但人并不会死亡
　　C. 要么窒息时间过长,要么人就不会死亡
　　D. 窒息时间过长并且人会死亡

16. 某班级承诺:只要全班同学都在承诺书上签字,那么,如果全班有一人作弊,全班同学的考试成绩都以不及格计。任课教师接受并实施了该班的这一承诺,结果班上还是有人作弊,但班长的考试成绩是优秀。以下哪项是从上述断定逻辑得出的结论?(　　)
　　A. 作弊的就是班长本人　　　　　　B. 全班多数人没有作弊
　　C. 全班有人没在承诺书上签字　　　D. 全班没有人在承诺书上签字

17. "如果不以事实为根据(p),或者不以法律为准绳(q),那么就不能公正断案(r)"这一命题的真值形式为(　　)。
　　A. p→q∧r　　　　　　　　　　　　B. p←(q∧r)
　　C. p→(q∨r)　　　　　　　　　　　D. (p∨q)→r

18. 世界羽毛球锦标赛男子团体赛的决赛前,某国教练在排兵布阵,其想法是:如果2号队员的竞技状态好,并且伤势已经痊愈,那么让2号队员出场;只有2号队员不能出场,才会派3号队员出场。
　　如果决赛时3号队员出场,则以下哪一项肯定为真?(　　)
　　A. 2号队员伤势比较重
　　B. 2号队员的竞技状态不好
　　C. 3号队员没有受伤
　　D. 如果2号队员伤已痊愈,那么他的竞技状态不好

19. 大磊因未戴泳帽被拒绝进入深水池。大磊出示深水合格证说:根据规定我可以进入深水池。游泳池的规定是:未戴泳帽者不得进入游泳池;只有持有深水合格证,才能进入深水池。
　　大磊最可能把游泳池的规定理解为(　　)。
　　A. 除非持有深水合格证,否则不能进入深水池
　　B. 只有持有深水合格证的人,才不需要戴泳帽
　　C. 如果持有深水合格证,就能进入深水池
　　D. 准许进入游泳池的,不一定准许进入深水池

20. 若"p∨q"为真并且"p∧q"为真,则下列真值形式必然真的是( )。

　　Ⅰ. p→q∧r　　　　　　　　　　　　　Ⅱ. q←p∧q
　　Ⅲ. ¬p↔(p→q)　　　　　　　　　　　Ⅳ. p∨(q∧r)
　　Ⅴ. p∧(q∨r)

A. Ⅱ、Ⅲ、Ⅴ　　　B. Ⅱ、Ⅴ　　　C. Ⅱ、Ⅲ　　　D. Ⅱ、Ⅳ、Ⅴ

第五章 模态逻辑

模态逻辑是研究含有模态词的命题的逻辑特性及其推理有效性的逻辑学分支。早在二千多年前,古希腊著名思想家亚里士多德在其《工具论》中对模态命题及其推理问题就作过初步的研究。

在前面的章节中,主要介绍的是非模态命题及其推理,非模态命题只是断定事物情况的存在。但是,当人们进一步研究有关事物情况的规律时,会发现有些事物的存在具有必然性,如"冬天过后必然是春天";有些事物情况的存在具有可能性,如"坏事变好事是可能的"。因此,普通逻辑学是在介绍经典逻辑的基础上,来研究涉及模态词的命题及其推理。

模态逻辑以命题逻辑为基础,命题逻辑中的符号、形成规则、定义、公理、变形规则以及以此为出发点推导出的定理都是模态逻辑不可或缺的组成部分。

核心问题

1. 什么是真值模态命题?有几种基本类型?其真假关系如何?
2. 什么是规范模态命题?有几种基本类型?其真假关系如何?
3. 什么是模态推理?

关键词

模态词　模态命题　真值模态命题　模态方阵　规范模态命题　模态推理

趣味逻辑

"新的和正确的"

雷姆的第一本书出版了。他在朋友面前吹嘘:"看过我的书了?我这本书有许多新的、正确的观点。"他的朋友说:"看过,的确有许多新的和正确的观点。但凡是新的都不正确,凡是正确的都不是新的。"

"少睡觉"

学生:"我常梦想我自己能成为一名教授。老师,我怎样做才能使梦想变成现实呢?"

教授:"少睡觉!"

"入眼"

老孙:"上个星期,刮沙尘暴,沙粒落入我老婆的眼睛里,她去医院看,结果花了我二百多。"

小吴:"那不算什么,上个礼拜,一件风衣落入我爱人眼睛里,结果花了我二千多。"

第一节　真值模态命题及其推理

一、模态命题简述

模态命题是指一切含有模态词的命题。逻辑学把反映事物对象存在方式或发展程度以及命题真假程度的词项称作模态词。

"模态"是英语 modal 的音译，modal 源于拉丁语 modalis，意思是形态、样式、程度等，是指客观事物或人们认识的存在和发展的样式、情状、趋势等。模态词就是表达模态概念的语词，通常有广义和狭义两种不同解释。

广义模态词反映事物或认识存在、发展的各种程度、样式、趋势等，范围相当广泛。如涉及道义的"应当""允许"，涉及认知的"知道""相信"，涉及时态的"将要""永远"等，这些模态词与命题的真假程度没有直接关系。

狭义模态词反映事物或认识的必然性、可能性、偶然性等，因其涉及命题真假的强弱程度，又称为真值模态词，如"必然""可能"等。本书中我们主要介绍狭义模态逻辑的内容，即含有狭义模态词的命题及其推理。对广义模态逻辑中的规范模态命题也作一简要介绍。

必须说明的是，在狭义模态逻辑范围内讨论的"必然"和"可能"等模态词，与人们日常交流中使用的"必然"和"可能"语词并不是完全一致的。日常语言中的"必然"和"可能"，其内涵并没有严格规定，因而使用时随意性较大。在多数情况下，人们是在经验范围内使用"必然"和"可能"这类语词的。而模态逻辑意义上的"可能"，是指逻辑上不存在矛盾；"必然"，是指不仅不存在矛盾，而且表达一定的逻辑规律。在这个特定意义上，说一个命题是可能的，就是断定这一命题在逻辑上不会是永假的；说一个命题是必然的，则是断定这一命题在逻辑上是永真的。因而，普通逻辑学又将狭义模态逻辑称为"真值模态逻辑"，将狭义模态命题称为"真值模态命题"[①]。

真值模态逻辑通常将不含有模态词的命题都称为"非模态命题"，也叫作"实然命题"。我们前面各章介绍的命题就是实然命题。真值模态命题是在实然命题上加上模态词而构成的新命题。

二、真值模态命题的种类

真值模态命题是断定事物情况的必然性或可能性的命题。例如：
（1）经济过热必然导致通货膨胀。
（2）经济过热可能导致通货膨胀。
（3）谎言必然是不能持久的。
（4）谎言可能是不能持久的。
可见，真值模态命题就是实然命题加上模态词"必然""可能"而构成的新命题。若用命

---

① 王莘.《逻辑》.北京.北京大学出版社.2009 年版.第 175 页、第 176 页。

题变项"p"代替实然命题,真值模态命题的基本形式①就是:

必然 p

可能 p

从形式结构上看,真值模态命题同样是由命题常项和命题变项两部分组成,其中"必然""可能"是逻辑常项,"p"是逻辑变项。"p"所代表的实然命题,既可以是简单命题,也可以是复合命题;既可以是肯定命题,也可以是否定命题。所以,基本的真值模态命题有四种:

(1)必然肯定命题:断定事物情况必然存在的命题。例如:

"科学战胜迷信是必然的。"

"不受制约的权力必然产生腐败。"

其逻辑形式:必然 p(或 p 是必然的)。

用公式表示:□p(符号"□"表示"必然")。

(2)必然否定命题:断定事物情况必然不存在的命题。例如:

"时间不可逆是必然的。"

"客观规律必然不以人的意志为转移。"

其逻辑形式:必然非 p(或非 p 是必然)。

用公式表示:□¬p。

表示必然模态命题的模态词,除了"必然"外,还有"一定""必定""总是"等。

(3)可能肯定命题:断定事物情况可能存在的命题。又叫或然肯定命题。例如:

"艾滋病最终被治愈是可能的。"

"泰坦尼克号沉没可能是轮船设计有缺陷所致。"

其逻辑形式:可能 p(或 p 是可能的)。

用公式表示:◇p(符号"◇"表示"可能")。

(4)可能否定命题:断定事物情况可能不存在的命题。又叫或然否定命题。例如:

"月球上没有生命是可能的。"

"可能明天不下雪。"

其逻辑形式:可能非 p(或非 p 是可能的)。

用公式表示:◇¬p。

表示可能模态命题的模态词,除了"可能"外,还有"也许""大概"等。

由模态命题的组成成分可看出对模态命题的研究就是在对非模态命题研究的基础上,进而研究模态词的逻辑性质及其推演关系。所不同之处在于,经由命题联结词构成的非模态命题的真值决定于其支命题的真假情况,而由模态词构成的模态命题,其真假却并不完全是由支命题的真值所决定,这是模态词与命题联结词的根本区别。

三、模态命题的真假关系

具有相同素材(即具有相同命题变项)的基本模态命题之间在真假方面存在着相互制约

---

① 在模态命题的语言表达形式中,模态词既可以在句首,也可以在句中,还可以在句尾。本书只介绍模态逻辑的基础知识,因此,在分析模态命题的命题形式时,将模态词统一前置,将模态命题的命题形式构成概括为:模态词+命题(p)。

的关系,上述四种真值模态命题之间的真假关系与前面所介绍的性质命题之间的真假关系相类似,也可以用四方形图来表示。该四方图形被称为模态方阵(图5-1)。

在模态方阵中：

必然 p 与必然非 p 的关系是反对关系。二者之间存在着"不能同真,可以同假"的关系。即当其中一个命题为真时,另一个命题必假;当其中一个命题为假时,另一个命题真假不能确定。

可能 p 与可能非 p 的关系是下反对关系。二者之间存在着"不能同假,可以同真"的关系。即当其中一个命题为假时,另一个命题必真;当其中一个命题为真时,另一个命题真假不能确定。

必然 p 与可能非 p,必然非 p 与可能 p 之间的关系是矛盾关系。二者之间存在着"既不同真,也不同假"的关系。即当其中一个命题为真时,另一个命题必假;当其中一个命题为假时,另一个命题必真。

必然 p 与可能 p,必然非 p 与可能非 p 之间的关系是差等关系。即必然命题真,可能命题必真;必然命题假,可能命题真假不定(可真可假);可能命题假,必然命题必假;可能命题真,必然命题真假不定(可真可假)。

在实际应用中,人们常将模态命题与非模态命题结合在一起来表达自己的思想。若将非模态命题也纳入我们的考察范围,来讨论必然 p、必然非 p、可能 p、可能非 p、p、非 p 之间的关系,则模态方阵可以拓展为模态六角阵图,见图5-2。

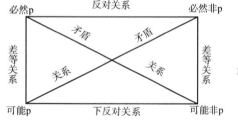

图5-1　模态方阵

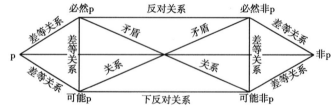

图5-2　模态六角阵图

其中,必然 p 与 p 是差等关系,即必然 p 真,则 p 真;p 假,则必然 p 假。p 与可能 p 是差等关系,即 p 真,则可能 p 真;可能 p 假,则 p 假,其余类推。

要注意的是,如前所述书中所涉及的"必然 p""可能 p"中的"p"可以代表任何命题,"p"既可以是 SAP、SEP、SIP、SOP,也可以是"p 并且 q""如果 p,那么 q""p 或者 q"等。同时,我们还可以用两个模态命题如"必然 p"与"可能 q"构成一个复合模态命题。例如："必然 p 并且可能 q""如果必然 p,那么可能 q"等,这样就构成许许多多的不同形式的模态命题。这些复杂的模态命题的真值可以根据模态概念的意义与逻辑联结词的意义来加以确定。但是,这涉及一些相当复杂的问题,限于篇幅,本书不准备介绍。

四、模态推理

模态推理是以模态命题为前提或结论,并根据模态命题的逻辑性质进行推演的推理。例如：

(1) 谎言是必然不能长期欺骗人的；
所以，谎言是不可能长期欺骗人的。

(2) 骄兵必败；
所以，骄兵不可能不败。

模态推理的种类繁多。我们仅介绍几种常用的模态推理。

(一) 对当模态推理

对当模态推理是根据模态方阵中模态命题的对当关系而进行推演的必然性推理。

1. 依据矛盾关系的模态推理

(1) 必然 p 真，推出可能非 p 假。

(2) 必然 p 假，推出可能非 p 真。

(3) 必然非 p 真，推出可能 p 假。

(4) 必然非 p 假，推出可能 p 真。

(5) 可能 p 真，推出必然非 p 假。

(6) 可能 p 假，推出必然非 p 真。

(7) 可能非 p 真，推出必然 p 假。

(8) 可能非 p 假，推出必然 p 真。

2. 依据反对关系的模态推理

(9) 必然 p 真，推出必然非 p 假。

(10) 必然非 p 真，推出必然 p 假。

3. 依据下反对关系的模态推理

(11) 可能 p 假，推出可能非 p 真。

(12) 可能非 p 假，推出可能 p 真。

4. 依据差等关系的模态推理

(13) 必然 p 真，推出可能 p 真。

(14) 必然非 p 真，推出可能非 p 真。

(15) 可能 p 假，推出必然 p 假。

(16) 可能非 p 假，推出必然非 p 假。

例如：

(3) 不可能我们班所有同学都去参加文艺汇演（不可能 p）；
所以，必然我们班有些同学没去参加文艺汇演（必然非 p）。

(4) 并非必然有些人不会犯错误（并非必然 SOP）；
所以，可能所有人都会犯错误（可能 SAP①）。

其余实例请读者自举。

【例题 5-1】 从"强盗的儿子未必是强盗"出发，必然能推出：

A. 强盗的儿子必然不是强盗。

---

① SOP 与 SAP 是矛盾关系，若用 p 表示其中一个，则另一个就是非 p。

B. 强盗的儿子可能不是强盗。

C. 强盗的儿子可能是强盗。

D. 强盗的儿子不可能是强盗。

解析：正确答案是 B。依据模态方阵中的矛盾关系由必然 p 假，推出可能非 p 真。

(二) 模态三段论

模态三段论是在三段论系统中引入模态词而形成的必然性推理。常见的模态三段论有以下几种组合方式：

1. 必然模态三段论

即三段论的两个前提都是必然模态命题。

2. 可能模态三段论

即三段论的两个前提都是可能模态命题。

3. 混合模态三段论

即三段论的两个前提中，一个是必然模态命题，另一个是可能模态命题。

4. 必然模态命题和性质命题结合构成的三段论

即一个前提是必然模态命题，而另一个前提是性质命题。

5. 可能模态命题和性质命题结合构成的三段论。

即一个前提是可能模态命题而另一个前提是性质命题。

上述前提组合都可以像直言三段论那样，形成不同的格，并得到不同的式。例如：

(5) 所有可见光必然是电磁波；

　　紫光必然是可见光；

　　所以，紫光必然是电磁波。

这是在三段论中引入"必然"模态词项而形成的模态推理。其推理形式是：

　　　　　　　所有 M 必然是 P

　　　　　　　所有 S 必然是 M

　　　　　　　所以，所有 S 必然是 P

(6) 洪涝灾害可能使农作物歉收；

　　今年可能有洪涝灾害；

　　所以，今年农作物可能歉收。

这是在三段论中引入"可能"模态词项而形成的模态推理。其推理形式是：

　　　　　　　所有 M 可能是 P

　　　　　　　所有 S 可能是 M

　　　　　　　所以，所有 S 可能是 P

(7) 凡作案人必然到过作案现场；

　　他可能是作案人；

　　所以，他可能到过作案现场。

这是在三段论中引入"必然"和"可能"两种模态词项而形成的推理。其推理形式是：

　　　　　　　所有 M 必然是 P

　　　　　　　所有 S 可能是 M

　　　　　　　所以，所有 S 可能是 P

(8) 所有鸟可能都是有翅膀的动物；
有些鸟不会飞是必然的；
所以,有些有翅膀的动物可能不会飞。

这仍是在三段论中引入"必然"和"可能"两种模态词项而形成的推理。但它是第三格 OAO 式。即

所有 M 可能是 S
有的 M 必然不是 P
所以,有的 S 可能不是 P

(9) 科学家必然具有求实精神；
爱因斯坦是科学家；
所以,爱因斯坦必然具有求实精神。

这个模态三段论的前提中,一个是必然命题,另一个是性质命题。其推理形式是：

所有 M 必然是 P
所有 S 是 M
所以,所有 S 必然是 P

(10) 任何人都可能会犯错误；
曹操也是人；
所以,曹操也可能会犯错误。

这个模态三段论的前提一个是可能命题,一个是性质命题。其推理形式是：

所有 M 可能是 P
所有 S 是 M
所以,所有 S 可能是 P

(三) 复合模态命题推理

复合模态命题之间存在着逻辑关系,因而可以进行推理。例如：
(1) "必然(p 并且 q)"等值于"必然 p 并且必然 q"。
(2) "可能(p 或 q)"等值于"可能 p 或可能 q"。
(3) "不可能(p 并且非 q)"等值于"必然(如果 p,那么 q)"。
(4) "可能(p 并且 q)"蕴涵"可能 p 并且可能 q"。
(5) "必然 p 或者必然 q"蕴涵"必然(p 或 q)"。

【例题 5-2】 本杰明："除非所有的疾病都必然有确定的诱因,否则有些疾病可能难以预防。"

富兰克林："我不同意你的看法。"

以下哪项断定,能准确表达富兰克林的看法？（　　）

A. 有些疾病可能没有确定的诱因,但所有的疾病都必然可以预防
B. 所有的疾病都可能没有确定的诱因,但有些疾病可能加以预防
C. 有些疾病可能没有确定的诱因,但有些疾病可能加以预防
D. 有些疾病必然没有确定的诱因,但所有的疾病都可能加以预防

解析：正确答案是 A。题干中本杰明的看法表明：如果不是所有疾病都必然有确定的诱

因,那么有些疾病可能难以预防。富兰克林不同意本杰明的看法,即"不是所有疾病都必然有确定的诱因,但并非有些疾病可能难以预防"。由此可以推出富兰克林的看法是:"有些疾病可能没有确定的诱因,但所有疾病都必然可以预防。"

第二节　规范模态命题及其推理

一、规范模态命题简述

规范模态命题属于广义模态逻辑研究的内容,它是含有"必须""允许""禁止"等涉及人的行为规范及其规范程度的模态词的命题,又称为道义命题。例如:

（1）父母必须抚养教育未成年子女。
（2）允许公民不公开自己的隐私。
（3）禁止危害公共利益。

上述命题都是规范模态命题,它们不仅规范人们的行为,还对规范的强度作出反映。在人们的工作、生活、学习中,存在着各种各样的道德规范、法律规范、政治规范、礼仪规范、纪律规范、社会习俗甚至乡规民约等,它们对每个人的现实生活都起到有形或无形的约束作用。规范模态命题就是一种用来约束人们行为规范的命题,它在一定情况下给人的行为提出某种命令或规定。规范模态命题所涉及的内容与法律制度和伦理道德观念相关联,但普通逻辑学不是从法律制度和伦理道德的角度来研究规范模态命题,它是从逻辑推理的角度来研究规范词和含有规范词的命题以及由此所构成的推理。

二、规范模态命题的种类

在现代规范模态逻辑中,规范模态命题包含的涉及人行为规范的规范模态词主要有三种:"必须"、"禁止"及"允许"。由这三种规范模态词组成的规范模态命题又可以是肯定的,或是否定的。因此,规范模态命题分为六种:

1. "必须"型规范命题

此命题又称为义务性或命令性的规范,是包含"必须"（"应当""应该""有……的义务"等）一类规范模态词的命题。它表明履行相关的行为规定是必须的,通常带有强烈的命令色彩。

必须肯定命题是表示规定某种行为必须履行的命题。

其逻辑形式是:必须 p。

用公式表示为:Op(符号"O"表示"必须")。

例如:

（1）大学生必须努力学习。
（2）凡是知道案件情况的人,都有作证的义务。

必须否定命题是表示规定某种行为必须不实施的命题。

其逻辑形式是:必须非 p。

用公式表示为：O¬p。

例如：

(3)一切正直的人都应该不惧恶人的诽谤。

2."禁止"型规范命题

"禁止"型规范命题是包含"禁止"（"严禁""不准""不得""不许"等）一类规范模态词的命题。它表明实施相关的行为规定的某种行为，是不允许的。

禁止肯定命题是表示规定某种行为不得实施的命题。

其逻辑形式是：禁止p。

用公式表示为：Fp（符号"F"表示"禁止"）。

例如：

(4)任何人不得侵害公民的人身权利。

(5)禁止在公共场合吸烟。

禁止否定命题是表示规定某种行为不得不实施的命题。

其逻辑形式是：禁止非p。

用公式表示为：F¬p。

例如：

(6)禁止驾驶员行车不带驾驶执照。

3."允许"型规范命题

又称为授权性规范命题，是包含"允许"（"可以""准予""有权""有……的权利""有……的自由"等）一类规范模态词的命题。它表明履行相关的行为规定是允许的。

允许肯定命题是表示规定某种行为可予实施的命题。

其逻辑形式是：允许p。

用公式表示为：Pp（符号"P"表示"允许"）。

例如：

(7)"公民有信仰宗教的自由。"

(8)"双方当事人可以自行和解。"

允许否定命题是表示规定某种行为可以不实施的命题。

其逻辑形式是：允许非p。

用公式表示为：P¬p。

例如：

(9)"允许子女不随父姓。"

在以上六种规范模态命题中，"禁止p"与"必须非p"；"禁止非p"与"必须p"实际上所断定的内容是等值的。例如：

(10)"禁止酒后驾车"等值于"必须不酒后驾车"。

(11)"禁止驾驶员行车不带驾驶执照"等值于"驾驶员行车必须带驾驶执照"。

因此，当人们从逻辑角度来考察各种规范模态命题之间关系时，就把"禁止p"定义为"必须非p"；把"禁止非p"定义为"必须p"。这样，规范模态命题就可以归结为四种主要形式：

必须肯定命题：必须 p(Op)。
必须否定命题：必须非 p(O¬p)。
允许肯定命题：允许 p(Pp)。
允许否定命题：允许非 p(P¬p)。

三、规范模态命题间的逻辑关系

在规范模态命题中，规范词"必须""允许"同真值模态命题中的模态词"必然""可能"是有一定对应关系的。"必须"表现着人们行为的当然性；而"允许"表现着人们行为的某种可能性。但是"必然""可能"与"必须""允许"之间也有明显的不同："必然""可能"反映事物情况的必然性与可能性，因而有真假性质，从逻辑角度可判定真值模态命题的真值；而"必须""允许"等规范词表现的是人的行为是否符合一定的社会行为规范，它只有对错问题，无所谓真或假的问题。通常人们是根据这种命题的断定是否符合所在社会的行为规范来确定其"正确（妥当）"与否。人们的行为符合规范就是正确的、对的，不符合规范的就是不正确的、错的。因此，当逻辑学分析规范命题之间的逻辑关系时，主要分析的是各种命题之间正确与否（而不是真实与否）方面的对当关系，并不像前面分析性质命题及真值模态命题之间关系时，是着重分析它们之间在真值上的相互制约关系。

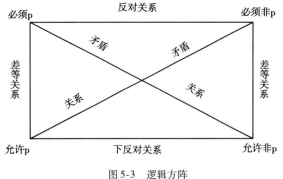

图 5-3　逻辑方阵

四种主要规范模态命题之间的逻辑关系，类似于 A、E、I、O 之间的真假对当关系。我们可以借助于逻辑方阵来加以表示和说明（图 5-3）。

图 5-3 表明：

必须 p 与必须非 p 之间的关系是反对关系。即当其中一个命题正确时，另一个命题必不正确；当其中一个命题不正确时，另一个命题正确与否不能确定。

允许 p 与允许非 p 之间的关系是下反对关系。即当其中一个命题不正确时，另一个命题必正确；当其中一个命题正确时，另一个命题正确与否不能确定。

必须 p 与允许非 p，必须非 p 与允许 p 之间的关系是矛盾关系。即当其中一个命题正确时，另一个命题必不正确；当其中一个命题不正确时，另一个命题必正确。

必须 p 与允许 p，必须非 p 与允许非 p 之间的关系是差等关系。即由必须 p（必须非 p）正确可推允许 p（允许非 p）正确；由允许 p（允许非 p）不正确可推必须 p（必须非 p）不正确；但由必须 p（必须非 p）不正确推允许 p（允许非 p）正确与否不确定；由允许 p（允许非 p）正确推必须 p（必须非 p）正确与否也不确定。

根据规范模态命题之间的对当关系，可以进行相应的逻辑推理。

四、规范模态推理

规范模态推理是指前提中至少有一个前提是规范模态命题，并且根据规范模态命题的逻辑性质，推出一个新的规范模态命题的必然性推理。本书仅介绍常见的几种。

(一)根据规范模态命题间逻辑关系进行的推理

1.依据矛盾关系进行的推理
(1)必须 p 推出并非允许非 p。
(2)并非必须 p 推出允许非 p。
(3)必须非 p 推出并非允许 p。
(4)并非必须非 p 推出允许 p。
(5)允许 p 推出并非必须非 p。
(6)并非允许 p 推出必须非 p。
(7)允许非 p 推出并非必须 p。
(8)并非允许非 p 推出必须 p。
例如：
① 大学生必须努力学习；
　所以，并非(不)允许大学生不努力学习。

2.依据反对关系进行的推理
(9)必须 p 推出并非必须非 p。
(10)必须非 p 推出并非必须 p。
例如：
② 所有旅客必须接受安全检查；
　所以，并非旅客必须不接受安全检查。

3.依据下反对关系进行的推理
(11)并非允许 p 推出允许非 p。
(12)并非允许非 p 推出允许 p。
例如：
③ 不允许损坏公物；
　所以，允许不损坏公物。

4.依据差等关系进行的推理
(13)必须 p 推出允许 p。
(14)必须非 p 推出允许非 p。
(15)并非允许 p 推出并非必须 p。
(16)并非允许非 p 推出并非必须非 p。
例如：
④ 不允许中小学生进入网吧；
　所以，并非中小学生必须进入网吧。

(二)规范模态三段论

规范模态三段论就是在三段论中引入规范模态词而形成的三段论推理。常见的规范模态三段论推理形式是：大前提是规范模态命题，小前提是性质命题，结论是规范模态命题。

1. 必须规范模态三段论

前提或结论是必须规范模态命题的三段论。其推理形式是：

$$\frac{\text{所有 M 必须 P}}{\text{所有 S 是 M}}$$
所以，所有 S 必须 P

例如：

⑤公务员都必须严格自律；
　我们是公务员；
　所以，我们都必须严格自律。

2. 允许规范模态三段论

前提或结论是允许规范模态命题的三段论。其推理形式是：

$$\frac{\text{所有 M 允许 P}}{\text{所有 S 是 M}}$$
所以，所有 S 允许 P

例如：

⑥允许大学生参加学术活动；
　长安大学学生是大学生；
　所以，允许长安大学学生参加学术活动。

3. 禁止规范模态三段论

前提或结论是禁止规范模态命题的三段论。其推理形式是：

$$\frac{\text{所有 M 禁止 P}}{\text{所有 S 是 M}}$$
所以，所有 S 禁止 P

例如：

⑦公共场所禁止吸烟；
　电影院是公共场所；
　所以，电影院禁止吸烟。

练习题

一、判断题

1. 模态命题的真假取决于支命题的真假。　　　　　　　　　　　　　　　　　　　（　　）
2. 真值模态逻辑通常将不含有模态词的命题称为"非模态命题"，也叫"实然命题"。
　　　　　　　　　　　　　　　　　　　　　　　　　　　　　　　　　　　　（　　）
3. 真值模态命题是包含"必须"或"可能"这类模态词的命题。　　　　　　　　　　（　　）
4. 规范模态命题中，"禁止 p"与"必须非 p"；"禁止非 p"与"必须 p"所断定的内容是等值的。　　　　　　　　　　　　　　　　　　　　　　　　　　　　　　　　　　（　　）
5. 模态命题和非模态命题间的关系是：必然命题可推出实然命题，实然命题可推出可能命题。　　　　　　　　　　　　　　　　　　　　　　　　　　　　　　　　　　　（　　）
6. 从模态对当关系角度看，与"必然 p"具有矛盾关系的命题是"必然非 p"。　　　（　　）

二、下列命题属于何种模态命题,请写出其逻辑形式

1. 单纯追求美貌必然不会有真正的爱情。
2. 证人必须不是精神上有缺陷的人。
3. 畏罪潜逃的罪犯必定不能逃脱法网。
4. 被告有权提出上诉。
5. 公民有肖像权,未经本人同意,不得以营利为目的使用公民的肖像。
6. 人不可能拉着头发把自己提到空中。
7. 人活到一百岁是可能的。
8. 长寿老人必然养生有方。
9. 考试作弊者应当给予处分。
10. 公民可以不随父姓。

三、根据模态命题间的对当关系,解答下列问题

1. 已知下列命题错误,请指出其素材相同的其他三个模态命题的正误
   (1) 大难不死,必有后福。
   (2) 婆媳关系必然不好相处。
   (3) 子女必须随父姓。
   (4) 烟花爆竹可以燃放。
   (5) 学校图书馆可能不对外开放。
   (6) 公共场合允许大声喧哗。

2. 若已知"出席婚宴者必须持有邀请函"错误,则下列各句的正误情况如何?
   (1) 允许出席婚宴者不持有邀请函。
   (2) 允许出席婚宴者持有邀请函。
   (3) 禁止出席婚宴者持有邀请函。
   (4) 不允许出席婚宴者不持有邀请函。

3. 若已知"允许商标注册转让"正确,则下列各句的正误情况如何?
   (1) 禁止注册商标转让。
   (2) 不禁止注册商标转让。
   (3) 注册商标必须转让。
   (4) 允许注册商标不转让。

4. 若已知"禁止干涉婚姻自由"正确,则下列各句的正误情况如何?
   (1) 禁止不干涉婚姻自由。
   (2) 必须不干涉婚姻自由。
   (3) 允许不干涉婚姻自由。
   (4) 不允许干涉婚姻自由。

5. 指出下列各组命题间的关系
   (1) 直系血亲必然不准结婚;直系血亲可能不准结婚。
   (2) 证人可能不会不讲真话;证人可能不会讲真话。
   (3) 必须按规定进行食品安全检查;允许不按规定进行食品安全检查。

(4)必须不虐待和遗弃儿童;禁止不虐待和遗弃儿童。

四、将下列推理符号化,并判定其是否正确

(1)民事活动必须遵守法律,所以,民事活动允许遵守法律。

(2)错误必然不能长期隐瞒,所以,错误不可能长期隐瞒。

(3)并非学习成绩好的人必然品德也好,所以,学习成绩好的人可能品德却不好。

(4)不可能所有的花都结果,所以,必然有的花不结果。

(5)证人必须不是精神上有缺陷的人,所以,不允许证人是精神上有缺陷的人。

(6)不允许驾驶员行车不系安全带,所以,允许驾驶员行车系安全带。

(7)不可能不深入基层而能将工作搞好,所以,如果不深入基层,那么就搞不好工作,这是必然的。

(8)明年的股市一定会大涨,并且,明年的期货一定会大涨,所以,明年的股市和期货一定都会大涨。

(9)有可能Z校长或者L书记出席明天的座谈会;所以,有可能Z校长出席明天的座谈会,或者,有可能L书记出席明天的座谈会。

(10)"既没有永恒的朋友,也没有永恒的敌人",这是必然的,所以,不可能"有永恒的朋友,或者有永恒的敌人"。

五、写出下列模态三段论的形式,并判定其是否有效

1. 树叶可能都是绿色的,所有绿色的植物都必然含有叶绿素,所以,有些含有叶绿素的东西可能是树叶。

2. 凡故意杀人犯必然有杀人动机。某甲是故意杀人犯,所以,某甲必然有杀人动机。

3. 好的广告创意可能会给企业带来好的经济效益,某品牌奶粉的广告创意可能是好的,所以,某品牌奶粉的广告创意可能会给企业带来好的经济效益。

4. 故意撞人且情节恶劣的运动员应该判罚下场,齐达内故意撞人且情节恶劣,所以,齐达内应该判罚下场。

5. 凡是与被害人有仇的人都有可能是凶手,孙某与被害人有仇,所以,孙某可能是凶手。

六、选择题

1. 与"可能非p"具有下反对关系的模态命题是(　　)。

   Ⅰ.必然非p　Ⅱ.必然p　Ⅲ.可能p　Ⅳ.不可能p　Ⅴ.不必然非p

   A. Ⅰ、Ⅲ、Ⅴ　　　　B. Ⅱ、Ⅴ　　　　C. Ⅲ、Ⅴ　　　　D. Ⅲ、Ⅳ、Ⅴ

2. "不必然非p"与"可能非p"之间具有(　　)关系。

   A. 反对关系　　　　　　　　B. 下反对关系
   C. 矛盾关系　　　　　　　　D. 差等关系

3. "必须p"与"允许p"之间具有(　　)关系。

   A. 反对关系　　　　　　　　B. 下反对关系
   C. 矛盾关系　　　　　　　　D. 差等关系

4. "禁止p"与"允许p"之间具有(　　)关系。

   A. 反对关系　　　　　　　　B. 下反对关系
   C. 矛盾关系　　　　　　　　D. 差等关系

5. 若"可能明天有雨"为假,可必然推出(　　)。
    Ⅰ.明天不可能没有雨
    Ⅱ.并非明天可能有雨
    Ⅲ.并非明天必然没有雨
    Ⅳ.明天必然没有雨
    A.Ⅰ、Ⅲ　　　　　　　　　　　B.Ⅱ、Ⅳ
    C.Ⅰ、Ⅱ　　　　　　　　　　　D.Ⅰ、Ⅱ、Ⅲ、Ⅳ

6. 从"犯罪必然违法"可推出(　　)。
    Ⅰ.不可能犯罪不违法
    Ⅱ.并非犯罪必然违法
    Ⅲ.并非犯罪必然不违法
    Ⅳ.可能犯罪不违法
    Ⅴ.并非犯罪可能违法
    A.Ⅰ、Ⅲ　　　B.Ⅱ、Ⅳ　　　C.Ⅲ、Ⅳ、Ⅴ　　　D.Ⅰ、Ⅲ、Ⅳ和Ⅴ

第六章 归纳逻辑

前面几章主要介绍演绎推理和演绎方法。本章将集中讨论传统归纳逻辑。

归纳逻辑是指以归纳推理、类比推理和归纳方法为基本内容的逻辑系统。作为逻辑的一个分支,归纳逻辑体系的建立晚于演绎逻辑,是由培根创立、经穆勒发展的逻辑理论。归纳逻辑与演绎逻辑在逻辑性质上有着明显的区别,它所研究的推理一般不能保证从真实前提得出真实结论。从狭义角度讲,归纳逻辑的主要研究对象是归纳推理和类比推理。而从广义角度看,归纳逻辑的研究对象还应包括进行归纳推理时所运用的从个别的特殊的知识概括出一般性原理的科学方法(即归纳方法);归纳方法的主要任务在于通过对所获得的感性材料进行比较、分析、综合,揭示出事物与事物、事物与属性之间内在的本质的联系,找到事物的规律性,从而得出普遍性的结论。但在一般情况下,基础逻辑学教材对这两者不作严格区分。

虽然归纳逻辑理论上不如演绎逻辑完善,但它同样在人类认识上占有重要地位。归纳逻辑的优势在于:其结论是对已有经验认识的扩展,给予人们的思维以方向性的指导,因而显示出它在探求未知领域过程中的重要意义——发现规律,拓展新知。只有学习和掌握归纳逻辑,才能对逻辑学有一个全面的认识和了解,从而积累知识,上升认识,指导实践。

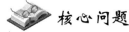
核心问题

1. 什么是归纳推理?
2. 完全归纳推理有何特点?
3. 什么是简单枚举归纳推理?什么是科学归纳推理?
4. 什么是回溯推理?
5. 何为概率推理?它与简单枚举归纳推理有何区别?
6. 探求因果联系的逻辑方法有哪些?各有何特点?
7. 如何理解类比推理结论的或然性以及如何提高其结论的可靠程度?
8. 假说的发展一般经历几个阶段?每个阶段主要运用什么逻辑方法?

关键词

归纳推理　完全归纳推理　不完全归纳推理　简单枚举归纳推理　科学归纳推理　回溯推理　概率推理　求因果五法　类比推理　假说

趣味逻辑

"每根都试过"

有个吝啬的财主叫家里的伙计去买一盒火柴,叮嘱要买每一根都能擦着的,差一根都不要。伙计把火柴买回来后,财主连擦了好几根都擦不出火来,生气地责问伙计:"你怎么没按我的要求做?"伙计委屈地说:"老爷,遵照您的吩咐,我可是每一根都试过了的。……"

"罚吃肥肉"

明朝谢肇淛(音"浙")编的《五杂俎》有一个罚人吃肉的笑话。五代南平大臣李载仁避乱到江陵,高季兴让他做观察推官。李载仁平生最怕吃肉。一天出门,刚要上马,看见其属下殴斗。李载仁大怒,要重罚两人。他命令手下从厨房拿来大饼和熟肉,罚打架的两个人面对面站着吃大饼夹肉,并严肃地告诫道:"若敢再犯,就要在肉里加上大油罚你们吃。"

第一节 归纳推理概述

推理是逻辑学研究的核心,归纳逻辑也不例外。但归纳逻辑所研究的推理是人们日常生活和研究中经常使用的另一种推理。归纳推理并不能保证由真实的前提必然地推出真实的结论。所以,为了与演绎推理相区别,并突出归纳推理(包括类比推理)的这一基本特征,又将其称为或然性推理或者概然性推理。

一、归纳推理

归纳推理是从个别性知识的前提得出一般性知识的结论的推理。这里,个别与一般是相对而言的,只有在具体的关系中,才可以加以确定。人们对客观事物的认识是一个不断深化、不断扩展的过程。人类的认识总是由认识个别事物开始,进而认识事物的一般规律,接着又以一般规律为指导,来更深刻、更广泛地认识个别事物,循环往复,使认识不断向前。例如:

(1)人们通过勘探开采发现:太平洋出产石油,大西洋出产石油,印度洋出产石油,北冰洋出产石油,而太平洋、大西洋、印度洋和北冰洋是世界的四大洋。由此,人们得出一个一般性的结论:世界上所有大洋都出产石油。

这个结论的得出就是通过归纳推理。前提是个别性的认识,而结论则得出一般性知识(所有大洋都出产石油)。

(2)法国化学家拉瓦锡根据硫酸、硝酸、碳酸等酸中含有氧元素的事实,得出结论:氧是酸的本原,一切酸中都含有氧元素。

拉瓦锡的推理是以关于酸的个别性知识为前提,推导出一般性知识的结论。这个推理就是归纳推理,其推理过程如下:

硫酸中含有氧元素;
硝酸中含有氧元素;
碳酸中含有氧元素;
……

硫酸、硝酸、碳酸等都是酸;
所以,一切酸中都含有氧元素。

归纳推理的起点是对个别事实的认识,它通过考察多个个别事物或现象,以寻求事物或现象的共性。因此,归纳推理的前提是若干个反映个别事物具体情况的命题,其结论则是反映一类事物一般性情况的命题。归纳推理的结论超出前提所断定的范围,所以,归纳推理的前提与结论之间的联系不是必然的,而是或然的。归纳推理从根本上说是由已知为真的前提,引出可能是真的结论。即当其前提真时,结论并不必然真。如前述两例中,例(1)的前提是真实的,结论也是真实的。而例(2)的前提是真实的,但结论却是不真实的。这就说明归纳推理不是必然性推理,而是或然性推理(概然性推理)。

归纳推理有不同的种类。依据在前提中是否考察研究某一类全部对象,归纳推理分为完全归纳推理和不完全归纳推理。在前提中考察一类事物全部对象的叫完全归纳推理;对一类事物只考察部分对象的叫不完全归纳推理。不完全归纳推理又分为简单枚举归纳推理和科学归纳推理。

二、收集和整理经验材料的方法

归纳推理是人们用来发现新知识的一种重要的、初级的思维方法。它能够帮助人们在大量观察、实验的基础上,从认识个别和特殊的事实中逐步扩大到认识事物的一般规律,从经验的事实中找出普遍的特征。爱因斯坦曾说过:"科学家必须在庞杂的经验事实中间抓住某些可用精密公式来表示的普遍特征,由此探求自然界的普遍真理。"[1]离开了对一类事物中一个个具体的、个别事物的认识,要想获得对这一类事物的一般性认识是根本不可能的。

那么,作为归纳前提的个别性知识是如何获得的呢?

人们为了得到个别性知识,首先必须搜集有关对象的事实材料。这就要应用观察、实验和社会调查等方法。而通过观察、实验和社会调查所得到的材料,往往是零散的、繁杂的,还需要进行整理和加工,这就要用到比较、分类、分析、综合等方法。这些方法提供了比较可靠的个别性知识,在这个基础上,人们才可以运用归纳推理得出一般性知识的结论。

(一)收集经验材料的方法

观察、实验等是收集经验材料的方法,这是从已观察的事物情况推知未观察的事物情况及其联系的一种方法。收集关于个别、特殊对象的经验材料,是进行科学研究的起点。

对于归纳推理的前提来说,它是由许多个别性知识构成的命题。这些个别性知识主要是运用观察、实验、比较、分析和综合等归纳方法得到的。

1. 观察

观察是指人们有目的、有计划地感知和描述客观事物或现象,获取感性材料的认识事物的基本方法。观察与一般的感觉、知觉不同。观察是依据某种确定的目的(获取经验性知识)有计划地进行的;而一般的感觉、知觉却不一定有确定的目的和计划。

观察是获得经验材料的最基本的方法。观察的突出特点在于:它是人们有目的、有计划的认识活动;它是在被观察的对象或现象处于自然状态下进行的。例如,天文学家的有关天体运行规律的基本材料就是按照一定的计划,日复一日、年复一年地观测天体的运行情况,

---

[1] 《爱因斯坦文集》第一卷.北京.商务印书馆.1976年版.第76页。

并且把观测结果系统、全面、客观地记录下来而得到的。医生给病人的诊断,公安人员对犯罪现场的勘察等都属于观察。

观察分为直接观察和间接观察。通过感官考察客体是直接观察,利用仪器观测是间接观察。现代科学为观察提供了许多先进的精密的科学仪器,提高了人类感觉器官的功能,大大强化了观察手段。从某种程度上讲,尽可能地利用科学仪器,可以克服感觉感官的局限性,从而增强人们观察的能力和可靠性。

2. 实验

实验是人们根据一定的研究目的,利用科学仪器、设备,在人为地控制或模拟自然现象的条件下,获取事物或现象发展过程或结果的认识的科学方法。

实验是自然科学研究中最基本的研究方法。实验具有可重复性的优点,主要体现在两个方面:

(1)实验可以根据研究工作的需要,使被研究对象在极其纯粹的状态下再现出来。实验是在人为控制的条件下进行的,它排除干扰因素,简化或纯化研究对象,并使其依照一定的顺序重复出现,便于人们观察某种现象的发生过程以及现象间的因果关系。

(2)实验可以把一些容易消失的自然现象,或者在自然条件下不容易出现的自然现象,人为地引发出来,即它可以人为地创造一些在自然状态下得不到或不容易发生的条件,使被研究现象多次重复出现,以便于人们进行观察。例如,在实验室里,研究人员运用高能加速器,对带电粒子(质子、电子)进行加速,从而对分子的微观结构进行观察。再如,20世纪80年代,中国在深圳、珠海等地区建立经济特区。这些经济特区,是中国特色社会主义市场经济的试验场,它是中国历史上一次大规模的社会改革实验,对推动中国全国的改革开放产生非常重要的影响。

可见,通过实验更便于人们从中得到准确可靠的经验材料,比观察的方法更能深刻揭示事物的本质。实验虽然是更为精确的观察方法,但并不是任何现象都可以进行实验。例如,火山爆发、海啸等现象,是无法使用人工条件进行实验的。因此,实验和观察经常密切结合在一起,作为相互补充应用于实际之中。

3. 调查

调查是运用各种方法、手段,系统地、直接地收集和分析有关材料,并得出结论和说明问题的过程。调查一般是由准备、实施和总结三个阶段构成的。

准备阶段包括选题、探索、提出研究假设和制定调查计划四个环节。选题是调查的首要环节。选题必须面对现实,既要有创造性,又要符合实际,切实可行。题目一旦选定,就需要对调查问题的已有情况进行初步的探究,包括查阅文献资料、向有关人员咨询等。在探索的基础上,就可以提出研究假设,对调查问题做出推测性的断定和解释,然后制订调查计划。它又包括:①说明调查的题目和解释概念,即说明调查什么;为什么调查;有什么意义和价值,并对题目和研究假设所涉及的概念作出定义和明确解释。②确定调查指标。③选择调查方法及收集资料的工具。根据不同需要,可选择抽样调查法、典型调查法等。调查工具既包括文书性的,如各种调查表、访问提纲等,也包括器具性的,如录音笔、数码照相机等。④组织调查团队,筹集调查经费。

实施阶段即人们常说的实地调查,其目的在于收集资料。它包括:①查阅文献、档案资料。②访问。使用访问提纲、调查表或问卷进行相关询问。③观察。即亲自深入调查现场,观察、体验研究对象,记录资料。

总结阶段是运用科学方法分析资料,验证假设,提出新理论和建设性意见,撰写调查报告的阶段。可分步进行:①处理数字资料,进行统计分析。②对资料进行量化描述和推论,在统计分析的基础上进行理论分析,揭示事物发展变化的原因和发展趋势。③撰写调查报告。要求题目与内容贴切、文章层次清楚、中心思想突出、数据精确,有新意,能提出建设性意见。

在进行调查时,需要注意:一要有正确的立场、观点和方法;二要从实际出发、实事求是,切忌"先入为主";三要深入调查,找到问题症结,得出正确结论。[①]

资料积累是获得事物真知的第一步,但在收集经验材料的过程中必须要与思考紧密结合起来,才能获得知识并进而提高能力和智慧,因为事实材料、证据等可以通过观察、实验获得,而要想得到相关事物间的联系和实质则还需要通过深入细致的思考。良好的思维习惯是:在观察、实验时不忘思考,在思考时不忘观察。要以观察、实验等为基础,以思考为主导。

(二)整理经验材料的方法

在搜集材料的过程中,人们还要用到比较、分析和综合等整理经验材料的方法来对材料进行整理和研究,最终形成正确的结论。

1. 比较

比较是在思维中用以确定对象之间相同点和相异点,从而认识事物的逻辑方法。人们应用比较法,重要的不在于从相似的现象中去求"同",或从不相似的现象中去求"异";对于科学研究工作来说,能从不相似的现象中去求"同",或从相似的现象中去求"异",则有着更为重要的意义。比较的实质是"识同"和"别异"。在运用这一方法时,要注意必须是就事物的实质方面来进行比较,并在同一关系下进行。既不要因某种表面上的相同,而忽略实质上的差异;也不要因表面上的差异,而忽略实质上的相同。即不要用事物或现象的表面的或偶然性的东西进行比较,否则,人们是不可能得出有关事物或现象的正确认识的。

马克思曾说过,比较"是理解现象的钥匙"。科学的比较方法不仅要求对事物的不同领域、不同过程或不同阶段进行比较,找出它们的相同点和不同点,而且要求对事物或过程内部的矛盾对立双方进行比较,以便深入揭露所考察对象的内在矛盾。比较的过程,就是运用逻辑思维对学科知识的理性思考,比较方法在人类认识史和科学发展史上占有重要的地位,有助于提高人们的识别能力、思辨能力及认知能力。

2. 分析

分析是在思维中把对象整体分解为各个部分、方面、要素和特性而加以研究和认识的逻辑方法。比如,我们常说的"案情分析",就是把案情分解成作案人、作案时间、作案地点、作案工具等若干要素,将作案人的情况又分解成作案动机、作案手段等要素,分别给予考察。又如,把人体分为运动、循环、呼吸、消化、泌尿、生殖、内分泌、神经八大系统,对这八大系统分别加以思考、研究,就是对人体的分析。

---

① 中国人民大学哲学院逻辑教研室.《逻辑学》.北京.中国人民大学出版社.2版.2008年.第193-194页。

客观事物是复杂多样的,解决任何复杂问题的初始突破口就在于"分"。分析问题是解决问题的关键。人们对于事物的认识,最初往往是模糊、笼统和表面的印象,要想深入了解事物,必须对事物的各个方面加以分析。分析问题主要应当关注分析目标、分析对象、分析条件和分析结果四个方面。它有助于人们对事物的深入了解,揭示对象所隐藏的奥秘。通过分析,人们能够认识事物的各个方面,但是要想了解事物的全貌,把握事物的整体情况,就必须在分析的基础上进行综合。

3. 综合

综合通常被看作是在把整体分解为各个部分的基础上,再组合成一个整体的思维活动。但是要注意,综合绝不是对各个部分、各个组成因素机械地进行拼凑。对综合的正确的辩证的理解应该是:综合是在思维中把关于对象的各个部分、方面、要素和特性的认识有机地联结起来,形成关于对象的统一整体认识的一种逻辑方法。例如,人们把社会生活中的政治、经济、文化、军事等方面结合起来认识,获得对社会的总体认识,就是综合。又如刑侦人员对一个案件的认识,就需要在对作案时间、地点、工具等进行详细分析的基础上,再在思想上进行综合,才能从整体上把握案情。但是,综合并不是把分析所得到的各个方面的认识简单地叠加,而是要把这些认识有机地联系起来,从整体上、本质上来认识事物。

可见,分析和综合是两种更为深刻的思维方法。分析和综合在认识的方向上正好相反。一般都是先分析再综合,有了关于事物对象各个部分的认识,才能形成有关该事物的整体认识。但是,分析和综合又是相互联系的。分析是综合的基础,综合则是分析的发展。在整理经验材料的过程中,人们经常使用这两种方法。

总之,观察和实验等是人们获取感性材料的方法,而比较、分析与综合等是人们整理感性材料的方法。这些方法提供了比较可靠的个别性知识,在这个基础上,人们才可以运用归纳推理得出结论。

三、归纳推理与演绎推理的关系

归纳推理与演绎推理是思维过程中常用的两种主要推理,二者是既有区别又有联系。

归纳推理与演绎推理的区别主要表现在:

1. 思维进程的方向不同

演绎推理是从一般性知识的前提推出个别性知识的结论,其思维进程方向是由一般到个别或特殊。而归纳推理是从一些个别性知识的前提推出一般性知识的结论,其思维进程方向是由个别或特殊到一般。

2. 前提数量要求不同

演绎推理的前提数量通常是确定的,根据规则要求不能随意简化或破坏其完整性,如三段论推理前提是两个,二难推理前提是三个(两个假言命题和一个选言命题)。而归纳推理的前提数量则不确定,可以是很多,也可以是一两个,根据不同的情况而变化,它注重的是"归纳强度"。

这里,我们需引入归纳强度的概念。它是指归纳推理的前提对于结论的确证度。推理的前提对结论的支持度,叫确证度,它可用概率值来表示。确证度则可表示为:$P(h/e)$,读作:在已知前提 e 条件下结论 h 的条件概率。描述确证度的条件概率,也称逻辑概率。归纳推理的逻辑概率,一般大于0并且小于等于1,即 $0 < P(h/e) \leq 1$。[①]

3. 前提和结论的逻辑性质不同

在演绎推理中,前提蕴涵结论,演绎推理的结论没有超出前提所断定的范围,所以其前提和结论之间的联系是必然的;演绎推理只要前提真实并且推理形式正确,那么,其结论必真。演绎推理的前提与结论之间是充分条件的关系。而归纳推理(完全归纳推理除外)的结论却超出前提所断定的范围,所以其前提和结论之间的联系是或然的,即使它的前提真实,也不能保证其结论必然真实。可以说归纳推理的前提仅是结论的必要条件。

当然,在思维过程中,归纳推理和演绎推理也有着密切的联系。两者相互依赖、互为补充。人类的认识有两个过程,一是由个别或特殊到一般的过程,这其中包含有归纳推理;另一是由一般到个别或特殊的过程,这其中包含有演绎推理。这两个过程是紧密相连的,所以与之相应的归纳推理与演绎推理也是密切联系、相辅相成的。

一方面,演绎推理离不开归纳推理。演绎推理一般性知识的前提必须借助于归纳推理从具体经验中概括提炼出来。没有大量经验事实,是不可能建立起能量守恒定律的;没有大量杂交实验,也不可能有遗传理论。只有在不断归纳的基础上,才能概括总结出作为演绎推理出发点的一般原理。因此可以说,没有归纳推理也就没有演绎推理。

另一方面,归纳推理也离不开演绎推理。归纳推理的运用,要依靠人们先前积累的一般性理论知识的指导,而且,在归纳的过程中,要提高归纳推理结论的可靠程度,人们也常常需要应用演绎推理对某些归纳的事物或现象进行分析研究。完全脱离演绎的归纳只可能是盲目的。因此又可以说,没有演绎推理也就不可能有归纳推理。正如恩格斯所说:"归纳和演绎,正如分析和综合一样,是必然相互联系着的。不应当牺牲一个而把另一个捧到天上去,应当把每一个都用到该用的地方,而要做到这一点,就只有注意它们的相互联系、它们的相互补充。"[②]可见,归纳推理同样是思维和认识活动中不可缺少的重要思维形式。

第二节 完全归纳推理和不完全归纳推理

根据前提所考察对象范围的不同,归纳推理分为完全归纳推理和不完全归纳推理。

一、完全归纳推理

完全归纳推理是根据某类事物中所包含的每一个对象都具有(或都不具有)某种属性,从而推出某类事物的全部对象都具有(或都不具有)某种属性的归纳推理。例如:

(1)法学班第一组的同学都是应届高中毕业生;
　　法学班第二组的同学都是应届高中毕业生;
　　法学班第三组的同学都是应届高中毕业生;
　　法学班第四组的同学都是应届高中毕业生;
　　法学班共有第一、二、三、四个小组;
　　所以,法学班的同学都是应届高中毕业生。

---

① 中国人民大学哲学院逻辑学教研室《逻辑学》.北京.中国人民大学出版社.2008年第2版.第189页。
② 恩格斯.《自然辩证法》.北京.人民出版社.1971年版.第206页。

(2) 北京市的人口总数超过 1200 万；
　　天津市的人口总数超过 1200 万；
　　上海市的人口总数超过 1200 万；
　　重庆市的人口总数超过 1200 万；
　　<u>北京、天津、上海、重庆是中国的直辖市；</u>
　　所以，中国直辖市的人口总数都超过 1200 万。

上述两例都是完全归纳推理。例(1)前提列举法学班中每一组同学的考生身份特点，结论得出法学班"所有同学都是应届高中毕业生"。例(2)前提对我国直辖市中的每一个城市都进行考察，从而推出"中国的直辖市的人口总数都超过 1200 万"这个一般性结论。

完全归纳推理的逻辑形式如下：

S_1 是(或不是) P

S_2 是(或不是) P

S_3 是(或不是) P

……

S_n 是(或不是) P

<u>$S_1, S_2, S_3, \cdots, S_n$ 是 S 类的全部对象</u>

所以，所有 S 是(或不是) P

在这里，"S"表示某类对象，"S_1、S_2、S_3……S_n"表示某类中的个别对象，"P"表示某种属性。完全归纳推理的归纳强度等于 1，即 $P(h/e) = P(e/h) = 1$。

完全归纳推理是一种特殊的推理，由于它的前提考察某类事物的每一个对象，前提和结论之间的联系是必然性的，前提的总和即是结论。结论所概括的范围没有超出前提所反映的范围；只要前提真实，其结论就必然是真实的，具有演绎推理的某些特征。因此，现代逻辑将其归属于演绎推理。但是从推理方向上看，完全归纳推理是从个别性知识前提导出一般性知识结论，又具有归纳推理的特征，因此，传统逻辑将其纳入归纳逻辑体系中。本教材按传统逻辑的习惯要求来加以介绍。

偶然的巧合是没有必然性的。美国有人研究这样一种奇怪的现象：自从 1840 年以来，凡尾数为"零"那一年当选的美国总统，都没有活着离开白宫。1840 年是威廉·亨利·哈里森当选为美国总统；1920 年是沃伦·甘梅利尔·哈定当选为美国总统；1940 年是富兰克林·罗斯福当选为美国总统，但都患病死于任上。1860 年是亚伯拉罕·林肯当选为美国总统；1880 年是詹姆斯·艾布拉姆·加菲尔德当选为美国总统；1900 年是威廉·麦金莱当选为美国总统；1960 年是约翰·肯尼迪当选为美国总统，但都被刺杀身亡。把这些现象归纳起来，他得出了一个所谓"零年"因素的结论，即凡是尾数为"零"那一年当选的美国总统，都不会活着离开白宫。这是错误的归纳。尽管表面上看这种推断是完全归纳推理，但这只是一种离奇的巧合，并没有必然性。

要使完全归纳推理的结论真正具有必然性，就必须满足以下两条基本要求：

(1) 前提中对每一个对象所作的断定都必须是真实可靠的。

(2) 前提中所考察的对象必须是某类事物中的全部对象。

满足上述这两个基本要求，完全归纳推理的结论必然是真实的；否则，就有可能犯"前提不真实"或"前提不穷尽"的逻辑错误。

完全归纳推理的运用有一定的局限性,因为它要求在前提中考察一类事物的全部对象。当需要考察的某一类事物对象的数量是无限的,或者某一类事物的对象虽是有限的,但数量极多而难以逐一考察时,都是不便于运用这种推理形式的。这时,人们就需要用到另一种归纳推理——不完全归纳推理。

二、不完全归纳推理

不完全归纳推理是根据某类事物的部分对象具有(或不具有)某种属性,从而推出该类事物的全部对象都具有(或不具有)某种属性的推理。

不完全归纳推理的特点是:前提中通过对某类事物部分对象的考察,而在结论中得出该类事物的全部对象的一般性知识,结论所断定的范围超出前提所断定的范围,因而是一种或然性推理。即其归纳强度介于 $0 < P(h/e) \leq 1$。

不完全归纳推理的主要形式有两种:简单枚举归纳推理和科学归纳推理。

(一)简单枚举归纳推理

简单枚举归纳推理是以经验的认识作为主要依据,根据已观察到的某类事物中部分对象具有(或不具有)某种属性,而且多次重复并未发现反面的事例,从而推出该类事物的全部对象具有(或不具有)这一属性的归纳推理。简称为"简单枚举法"。例如:美国加利福尼亚大学医学教授唐纳德·阿特拉斯搜集了一些音乐指挥的寿命材料。发现:阿尔图罗·托斯卡里尼一直工作到90岁,布鲁诺·瓦尔特工作到85岁,瑞典的欧内斯特·安塞姆工作到86岁,等等。于是,他得出结论:音乐指挥都比较长寿。唐纳德·阿特拉斯正是运用简单枚举法得出这个结论的。

简单枚举归纳推理的逻辑形式如下:

$$S_1 是(或不是)P$$
$$S_2 是(或不是)P$$
$$S_3 是(或不是)P$$
$$……$$
$$S_n 是(或不是)P$$
$$\underline{S_1,S_2,S_3,\cdots,S_n 是 S 类的部分对象}$$
$$所以,所有 S 是(或不是)P$$

简单枚举归纳推理的特点是通过观察或实验,对对象进行概括和研究,对一些未见反例的经验进行积累,进而推敲确定为规律性的东西。

简单枚举归纳推理简便易行,在人们的日常生活中应用广泛。人们经常运用简单枚举归纳推理概括出对事物的一些客观规律性的认识。比如,"瑞雪兆丰年""燕低飞,披蓑衣""蚂蚁一搬家,大雨哗啦啦"等。

但是,简单枚举归纳推理的结论是或然的,它的可靠性程度完全建立在枚举事例的数量及其分布的范围上;仅仅根据考察过程中没有遇到相反的情况就得出结论,结论未必是可靠的。在《数学归纳法》中数学家华罗庚曾对简单枚举归纳推理的或然性,做过通俗说明:从一个袋子里摸出来的第一个东西是红玻璃球,第二个东西是红玻璃球,当第三个、第四个、第五个也都是红玻璃球的时候,我们就会有一种猜想:"是不是袋子里的东西全部都是红玻璃球?"但是,当我们有一次摸出的是一个白玻璃球时,这个猜想就错了。这个时候,我们会有另一种猜想:"是不是袋子里的东西都是玻璃球?"但是,当有一次摸出来的是一个木球的时候,这个猜想就又错了。这时,我们又会出现第三个猜想:"是不是袋子里的东西都是圆球?"这个猜想对不对,还必须继续加以检验,直至把袋子里的东西全部摸出来。

因此,想要提高简单枚举归纳推理结论的可靠性就必须满足如下基本要求:

第一,在前提中一类事物被考察对象的数量应尽可能多,范围应尽可能广。

简单枚举归纳推理的根据之一是某种事例多次重复出现,因而其结论的可靠程度与前提中所考察事例的数量有密切关系。如果考察重复出现的事例越多,漏掉相反情况的可能性就越少,推理的根据就越充分;同时,对被考察对象不仅要看数量,还要在不同情况下进行考察。因为一类事物往往存在于不同的环境条件中,被考察对象的范围越广,结论的可靠程度越高。如果只是根据一两次偶然经验得到的个别事实,就推断得出一般性的结论,就会导致"轻率概括"或"以偏概全"的逻辑错误。

第二,要注意收集可能出现的反面事例。

由于简单枚举归纳推理的结论是根据部分事例的不断重复且未遇到相反事例的情况下得出的,因此,没有反例对结论至关重要。如果在一些最容易出现相反情况的场合也没有遇到相反的情况,那就说明某类事物出现例外情形的可能性不大,因而结论的可靠性程度就越高。例如,长期以来,世界各地的人在不同场合多次观察到许多乌鸦的羽毛都是黑色的,没有遇到相反情况,于是便运用简单枚举归纳推理推出"所有乌鸦的羽毛都是黑色的"结论。可是,1957年日本有一个人抓到一只全身羽毛以及嘴和脚都是雪白色的小乌鸦。当时,人们还认为这是个体变异现象。但后来,在斯里兰卡等地,又陆续发现一些白色和灰白色羽毛的乌鸦,从而动摇了"所有乌鸦的羽毛都是黑色的"这一结论。因此,进行简单枚举归纳推理时,应当注意在不同的时间、不同的空间、不同的条件下全面考察同类事物,尽量减少遗漏相反事例的可能性,增强结论的可靠程度。

我们来看一道相关的例题:

【例题6-1】 刘琦图便宜花30元买了一双旅游鞋,不到一个月鞋就脱胶。后来,他又买了一件羊皮夹克,才花了80元钱,结果,不久,衣服就多处脱线,而且被同学告知是仿羊皮的。于是,他得出结论:便宜无好货。刘琦得出结论的思维方法,与下列哪项最为类似?

A. 王芳检验一批产品,第一件合格,第二件是次品,于是得出结论:这批产品不合格。

B. 朱江邻居家的小男孩,头上有两个旋,脾气很犟;朱江的小侄子,头上也有两个旋,脾气也很犟。朱江因此得出结论:凡头上有两个旋的孩子,脾气都很犟。

C. 赵红是语文教师,他仔细地批阅每一个学生的作文,得出结论:全班同学的文字表达能力普遍有提高。

D. 薛力认为头上有两个旋的孩子脾气很犟,因此得出结论:自己的孩子脾气不犟是因为头上只有一个旋。

解析:正确答案是B。题干中刘琦运用简单枚举归纳推理进行推论,但是犯了"以偏概全"的逻辑错误。B选项运用的推理方法与题干相同,同样犯的是"以偏概全"的逻辑错误。

事实上,从事物表面现象的联系中去探索其本质,即发现事物间的因果联系,正是简单枚举归纳推理"经验材料的收集与整理"的基本性质,这种性质决定简单枚举归纳推理在科学研究与社会实践中的重要地位。尽管其结论具有或然性,但在大胆探索、建立假说、深入探究事物本质的工作中仍具有重要作用。许多科学发现都是在观察或实验的基础上,通过简单枚举归纳推理提出假设并进而通过一定的研究工作获得的。如哈维的"血液循环论"、达尔文的"物种进化论"等。

(二)科学归纳推理

科学归纳推理是指根据某类事物中部分对象与其属性之间的因果关系,从而推出该类事物全部对象都具有某种属性的不完全归纳推理。也称科学归纳法。例如:人们发现,金受热以后,体积会膨胀,银受热以后,体积会膨胀,铜受热以后,体积会膨胀,铁受热以后,体积会膨胀,铝受热以后,体积会膨胀;为什么呢? 原因就在于它们受热以后,分子运动速度加快,分子间的凝聚力减弱,分子之间的距离增大,导致其体积膨胀。而且,金、银、铜、铁、铝等都是金属;可见,只要金属受热,其体积都会膨胀。这个结论的得出运用的推导方法就是科学归纳推理,即前提中考察金属中的部分对象——金、银、铜、铁、铝等受热时体积会膨胀,并进而去探求原因,根据对象与其属性之间的因果联系,最后得出"凡金属受热体积都会膨胀"这个一般性的结论。

科学归纳推理的逻辑形式如下:

S_1 是 P

S_2 是 P

S_3 是 P

……

S_n 是 P

$S_1, S_2, S_3, \cdots, S_n$ 是 S 类的部分对象

$S_1, S_2, S_3, \cdots, S_n$ 与 P 有某种因果联系

所以,所有 S 都是 P

科学归纳推理有一种特殊的表现形式——典型事例归纳推理。其特点是从众多的前提中选择或提炼一个典型的前提,直接推出结论。

事实上,人类在运用归纳推理探究事物间规律性的问题时,不仅要注重探究事物的数量,而且,在社会实践中,也越来越注意其质量方面的要求,希望凭借少量的事实观察(即以个别为典型),得出有关事物间规律性的认识。

典型事例归纳推理的前提不多,有时只有一个前提。但是,由于典型事例在归纳推理中往往能反映一类事物的本质,经过分析,从中找出一般规律,进而推出可靠的结论。恩格斯说过,十万部蒸汽机并不比一部蒸汽机能更多地证明热能转化为机械运动。这说明典型归纳推理的科学性。正如毛泽东所说:"要从个别中看出普遍性。不要把所有的麻雀统统捉来解剖,然后才证明'麻雀虽小,肝胆俱全'。从来的科学家都不是这么干的。"[①]因而典型事例

---

① 《毛泽东文集》第 6 卷.北京.人民出版社.1999 版.第 478 页。

归纳推理被视为是一种效率很高的推理。

典型事例归纳推理的逻辑形式为:

S_1 是 P

S_1 是 S 类中的代表性个体

所以,所有 S 是 P

(三)科学归纳推理与简单枚举归纳推理的关系

科学归纳推理与简单枚举归纳推理都属于不完全归纳推理,其共同点在于:它们的前提只是考察一类事物中的部分对象,结论却是对这一类事物的全部对象作出断定,因而其结论所断定的范围,都超出前提所断定的范围,结论不具有必然性。

科学归纳推理与简单枚举归纳推理的区别主要表现在:

(1)推理的根据不同。简单枚举归纳推理是根据对象相同情况的多次重复出现并且未遇到反例而得出结论的。科学归纳推理并未停留在事实的简单重复上,它主要是对事物与其属性之间的因果联系进行科学分析而得出结论的。

(2)前提中考察对象的数量多少对结论的意义有所不同。简单枚举归纳推理中前提所考察对象数量的多少对结论可靠程度的影响较大。前提中被考察对象的数量越多,结论的可靠程度就越高;科学归纳推理是以认识对象间的因果联系为依据的,要求前提所考察的对象具有典型性,被考察对象的数量对结论可靠程度的增加不起重要作用。即使前提中被考察对象数量很少,但只要真正揭示考察对象与其属性之间因果联系的必然性,同样可以得出比较可靠的结论。

(3)结论的可靠程度不同。科学归纳推理和简单枚举归纳推理虽推理形式相同,但前者在总结对象和属性的关系时,是建立在关于对象本质属性的认识基础上的。因此,科学归纳推理的结论要比简单枚举归纳推理的结论的可靠程度高。科学归纳推理的归纳强度要比简单枚举归纳推理的归纳强度大。

科学归纳推理与简单枚举归纳推理的区别只是相对的。简单枚举归纳推理虽然是以经验认识为主要依据,但经验的认识也要在一定理论指导下进行,因此运用简单枚举归纳推理进行分析时往往会渗透着某种科学分析的因素。科学归纳推理虽然是以分析事物间的因果联系为主要依据,但是科学分析也必须在一定经验认识的基础上才能实现,所以科学归纳推理又总是与经验的积累有密切联系。

第三节 探求因果联系的逻辑方法

人类在长期的生产和生活实践中发现,把握事物间的因果联系是认识事物发展规律、预见事物发展趋势的重要条件。研究现象间的因果联系,是进行科学归纳推理的必要条件。

运用科学归纳推理需要探索现象之间的因果联系。那么,如何探求现象之间的因果联系呢?在传统归纳逻辑中,有五种探求因果联系的逻辑方法,这些方法是英国逻辑学家穆勒在总结培根等人归纳方法的基础上提出来的。逻辑史上称这五种方法为"穆勒五法"。在介绍"穆勒五法"之前,我们先来谈谈因果联系。

因果联系是世界万物之间普遍联系的一个方面,也可以说是最重要的一个方面。自然界和人类社会中的各种现象都与其他现象处于相互联系之中。"无风不起浪"形象地说明任何现象的产生都是由一定的原因所造成的。任何原因也必然会引起一定的结果,"水涨船高"。如果某种现象的存在必然引起另一种现象的发生,那么这两种现象之间就具有因果联系。其中,引起某一种现象产生的现象叫作原因,被某种现象引起的现象叫作结果。比如摩擦生热,摩擦是原因,生热就是结果。事物或现象之间这种引起和被引起的关系,就是因果关系。科学的一个重要任务就是把握事物之间的因果联系,从而为人类社会造福。

原因和结果之间的联系有两个显著特点:

(1)原因和结果具有时间上的顺序性或前后相继性。原因总是在前,结果必定在后。前因后果。因此,人们在探求因果联系时,必须在被研究现象出现之前存在的各种情况中去寻找它的原因,也必须在被研究现象出现之后才发生的各种情况中去寻找它的结果。我们把在某个现象之前存在的情况称为先行情况,在某个现象之后产生的情况称为后行情况。

但是,这里有两点需要特别注意:其一,并非一切前后相随的现象都是因果关系,"在此之后"并不等于"因此之故"。例如,春夏秋冬依次更替,确实有时间上的顺序性,但它们之间并不存在因果联系,后者并不是由前者引起的,四季更替的真正原因是地球绕太阳进行公转的结果。闪电雷鸣,闪电总是在前,雷鸣总是在后,但它们之间也不存在因果联系,闪电不是雷鸣的原因,雷鸣也不是闪电的结果,它们都是大气层中正负电荷相互作用的结果。可见时间上具有先后顺序的两个事物之间的关系不一定就是因果关系。能够成为原因的事物不仅必须在原因之前首先存在,而且还必须同作为结果的事物具有同一性,在内容上有共同的东西相贯通。如果只是根据两个现象之间在时间上的前后相继,就得出二者具有因果联系的结论,则会犯"以先后为因果"的逻辑错误。其二,时间上的单向性,并不意味着原因和结果之间的作用也是单向的。因果之间常常是互相作用、互为因果的。因果联系是复杂的、多样的,常会出现"多因一果"和"一因多果"的情况。因而要注意对因果联系作具体分析。

(2)因果联系是一种必然联系。因果联系是包括时间和先后顺序在内的,由一种现象必然引起另一种现象的本质联系。世界上任何事物或现象的发生都是有原因的,任何事物或现象发生后也都必然会引出一定的结果。有因无果或有果无因都是不存在的。只要有一定原因存在,在相同情况下,就必然会产生同样的结果。因果联系是确定的,在一定的因果链条、环节上,原因就是原因,结果就是结果。若将原因当成结果,或把结果当成原因,就会犯"因果倒置"的逻辑错误。例如,19世纪的英国,曾有一位改革家在调查中发现,在英国凡是勤劳的农民家中至少都有两头牛,而懒惰的农民家中则都没有牛。于是,他提出"给每位懒惰的农民两头牛,整个英国的农民都会勤劳起来"的改革方案。这位改革家就犯了"因果倒置"的错误。本来是勤劳之后才有两头牛,而他却"倒因为果",认为有了两头牛之后就会勤劳起来。

因果联系的特点为人们探求因果关系提供依据。因果联系具有前后相继性,先因后果。因此,寻找某个现象的原因时,就应该在它的先行现象中去寻找。因果之间常常是互相作用、互为因果的。即因果总是共存并且共变的。因此,如果两个现象之间没有共变的关系,就可以得出"二者之间没有因果联系"的结论。在公务员行政能力测试的逻辑判断题型中,很多题目考查的就是考生对因果性的理解,特别是对"倒果为因"的错误是否自觉。

【例题6-2】 某保险公司近来的一项研究表明:那些在舒适工作环境里工作的人比在不舒适工作环境里工作的人的生产效率要高25%。这表明,日益改善的工作环境可以提高员工的生产率。

以下哪个假设是对上述因果联系最严重的挑战?

A. 在拥挤、不舒适的环境中,同事的压力妨碍员工的工作。
B. 平均来说,生产效率低的员工每天在工作场所的时间比生产效率高的员工要少。
C. 舒适的工作环境通常是对生产效率高的员工的酬劳。
D. 舒适的环境比不舒适的环境更能激励员工努力工作。

解析:正确答案是C。题干的论证犯了"倒果为因"的错误。题干指出:工作环境越舒适,工作效率越高。得出工作效率和工作环境相关的结论,但是并不知道二者关系具体是哪种相关关系。题干的第二句话仅从二者的共存性就得出结论,认为工作环境是工作效率的原因,过于武断。因此,反驳这一论证,只需指出二者之间可能存在的其他相关性。C选项指出舒适的工作环境并非是高生产率的原因,相反是高生产率的报酬。

下面我们将要介绍的各种方法就是根据因果联系的一些特点而设计的方法,其基本思路是:考察被研究对象出现的一些场合,在它的先行现象中去寻找它的可能的原因,然后有选择地安排某些实验,根据因果联系的上述特点,排除一些不相干的现象或假设,最后得出比较可靠的结论。在国内的一些逻辑能力测试中,有一种"说明解释型"考题:在题干中给出某种需要说明、解释的现象,然后问有什么样的理由、根据、原因能够最好地(或最不能)解释该现象。就是对"求因果联系方法的综合应用"。

探求现象之间的因果联系是一个复杂的过程。传统逻辑学所介绍的探求因果联系的方法主要是:求同法、求异法、求同求异并用法、共变法和剩余法。它们统属于不完全归纳推理中的科学归纳法。

一、求同法

求同法,又称契合法。在被研究现象出现的若干场合中,如果只有一种情况是在各个场合中共同具有的,那么,这个唯一的共同情况与被研究现象之间就有因果联系。

例如:1855年日本江户地区发生6.9级地震前,有人发现有许多蚯蚓纷纷爬到地面;1970年1月我国云南昆明以南地区发生强烈地震前,人们发现有许多蚯蚓纷纷从冬眠状态下惊醒并钻出地面;1977年3月罗马尼亚布加勒斯特以北地区发生7.2级地震前,人们也在草坪上看见不少蚯蚓钻出洞穴。这几次地震在发生的时间、地点、强度等方面的情况均各不相同,但震前蚯蚓反应异常这一点却是相同的。因此,蚯蚓反应异常与即将发生强烈地震之间有因果联系。得出这个结论运用的方法就是求同法。

求同法的逻辑形式用公式表示为:

场合	先行情况	被研究现象
(1)	A、B、C、D	a
(2)	A、B、E	a
(3)	A、F、G	a
…	……	…

所以,A情况与a现象之间有因果联系

其中,a 表示被研究现象,(1)(2)(3)…表示被研究现象存在的不同场合,A、B、C、D、…表示不同场合中的各种情况。

求同法主要是一种观察方法,而不是实验方法。求同法是探求现象之间因果联系的初步方法,通常只在研究的开始阶段使用。其特点是"异中求同""除异求同"。即通过排除事物现象间不同的因素,寻找共同的因素来确定被研究现象的原因(或结果)。

运用求同法所得到的结论具有或然性,因此,应用求同法时要注意两点:

第一,被研究现象出现的不同场合至少有两种,并且越多越好。因为考察的不同场合越多,那么各场合偶然存在相同情况的可能性就会减少,不相干的一些现象就容易被排除。如许多迷信妄说,就是利用少数场合中事变的巧合,将不相干的现象与被研究现象联系在一起所致。

第二,正确分析各场合有无其他的共同情况。事实上,在求同法的各种不同场合中存在的相同情况可能不止一个。有些只是表面的相同,不一定与被研究现象有关联,很有可能还有某个比较隐蔽的共同情况未被发现,而这个较隐蔽的共同情况却可能是产生被研究现象的真正原因。例如早期人们在寻找疟疾病原因时发现,居住在低洼潮湿地带的人容易患疟疾病,认为低洼潮湿的环境是患疟疾病的原因。但是,经过长期探索,人们最终知道疟原虫才是疟疾病的真正原因。蚊虫是疟原虫的传播者,而低洼潮湿环境是蚊虫容易滋生的场所,住在低洼潮湿地带的人,由于被蚊虫叮咬而使疟原虫输入人体寄生于红细胞内导致患上疟疾病。所以,应当注意寻找是否还存在着较隐蔽的共同情况,以免遗漏真正的原因。

【例题6-3】 光线的照射,有助于缓解冬季忧郁症。研究人员曾对九名患者进行研究,他们均因冬季白天变短而患上了冬季忧郁症。研究人员让患者在清晨和傍晚各接受三小时伴有花香的强光照射。一周之内,七名患者完全摆脱了忧郁,另外两人也显著好转。由于光照会诱使身体误以为夏季已经来临,这样便治好了冬季忧郁症。

以下哪项如果为真,最能削弱上述论证的结论?
A. 研究人员在强光照射时有意使用花香伴随,对于改善患上冬季忧郁症的患者的适应症有不小的作用。
B. 每天六个小时的非工作状态,改变了患者原来的生活环境,改善了他们的心态,这是对忧郁症患者的一种主要的影响。
C. 九名患者中最先痊愈的三位均为女性,而对男性患者治疗效果较为迟缓。
D. 该实验均在北半球的温带气候中,无法区分南北半球的实验差异,但也无法预先排除。

解析:正确答案是 B。题干的结论是"光线的照射,有助于缓解冬季忧郁症"。要削弱此结论,就要指出:缓解冬季忧郁症的原因并不是光线照射的增加,而是存在着别的原因。B选项强调"每天六个小时的非工作状态"是对冬季忧郁症患者的"一种主要的影响",即"不是强光照射而是每天六个小时的非工作状态缓解了患者的冬季忧郁症",用"每天六个小时的非工作状态"这个根本原因否定"强光照射"这个表面性的原因。

二、求异法

求异法,又称差异法。求异法是这样一种方法:在被研究对象出现和不出现的两个场合中,如果其他情况完全相同,唯有一种情况不同,它在被研究现象出现的场合中存在着,而在被研究现象不出现的场合中不存在,那么,这个唯一不同的情况与被研究现象之间有因果联系。例如:

我国古代有一起因借债不还而用镰刀杀人案件,判官在探明借债人的住处后,便命令该地住户将家中镰刀全部交出,一一摆放在地上。当时正值盛夏,只见其中一把镰刀上苍蝇聚集,判官就询问:"这是谁家的?"一人上前答道:"是小人我的。"而这个人正是借债人。遂将其抓住审问。但是,这个人拒不认罪,说自己被冤枉了。于是,判官指着镰刀说道:"别人的镰刀上没有苍蝇,而你用的镰刀杀人后,因血腥气还在,所以苍蝇才会聚集在上面,这难道还不清楚吗?"杀人者只得认罪。这里运用的就是求异法。同样是镰刀,其中一把苍蝇聚集,而其他镰刀没有苍蝇聚集,原因就是此镰刀杀人后留有血腥气,于是判官得出结论:镰刀上有血腥气是招引苍蝇的原因。镰刀的拥有者即是罪犯。

求异法的逻辑形式用公式表示为:

场合	先行情况	被研究现象
(1)	A、B、C	a
(2)	B、C	—

所以,A 情况与 a 现象之间有因果联系

求异法主要是一种实验方法,其特点是"同中求异"、"除同求异"。这种方法是从许多相同的情况中找出不同,从差异的对比中寻找原因。因而,在被研究现象出现和不出现的两个场合中,要求除了某一种情况不同外,其他情况要完全相同。否则,运用求异法所得出的结论就会受到质疑。

求异法的应用范围很广。因为只要条件允许,人们都可以通过实验的方法来进行研究。科学研究中的对比实验都要运用求异法。在实验过程中,人们可以人为地控制先行条件,得到运用求异法所需要的两个不同场合。即人们可以借助于实验手段精确判明两个不同场合中只有一个情况不同。因而求异法所得到的结论的可靠性一般要比求同法高。但是,在运用求异法时,也要注意:

第一,两个场合中是否还有其他差异情况。应用求异法,严格要求两个场合中"其他情况完全相同",如果其他情况中还隐藏着另一个不同情况,而这个比较隐蔽的情况,可能才是被研究现象的真正原因。

第二,两个场合中唯一不同的情况,是被研究现象的全部原因,还是部分原因。如果被研究现象的原因是复合的,两个场合中唯一不同的情况只是被研究现象的部分原因,那么应当继续探求其他原因,否则,得出的结论就可能是不可靠的。例如,植物需要吸收太阳光的能、空气中的二氧化碳以及水才可制成碳水化合物。如果没有阳光的照射供给能量,植物的光合作用就会中断。但是,阳光的照射供给能量,只是引起光合作用的部分原因,并不是总原因。只有探求到被研究现象的总原因,才能真正把握事物间的因果联系。

同样,我们来看下面的例题:

【例题 6-4】 在一项实验中,实验对象的一半作为实验组,食用了大量的味精;而作为对照组的另一半没有吃这种味精。结果,实验组的认知能力比对照组差得多。这一不利的结果是由于这种味精的一种主要成分——谷氨酸造成的。

以下哪项如果为真,则有助于证明味精中某些成分造成这一实验结论?
A. 两组实验对象是在实验前按其认知能力均等划分的。
B. 上述结论中所提到的谷氨酸在所有蛋白质中都有,为了保证营养必须摄入一定量。
C. 实验组中人们所食用的味精数量是在政府食品条例规定的安全用量之内的。
D. 大多数味精消费者不像实验中的人那样食用大量味精。

解析:正确答案是 A。题干中所提实验为求异法实验,其特点为同中求异,即其他先行条件相同,只有一点不同:实验组食用大量味精,对照组不食用。A 选项指出两组实验对象是在实验前按其认知能力均等划分的,这说明不存在两组实验对象在实验前认知能力的差异,有了 A 选项,这个实验才可靠。

三、求同求异并用法

求同求异并用法,又称契合差异并用法。是指考察被研究现象 a 出现的若干个场合,如果在这些场合中只有一个先行情况 A 是相同的,而在不出现被研究现象 a 的若干场合中,先行情况 A 均不存在,那么先行情况 A 与被研究现象 a 之间有因果联系。

科学研究中,经常运用求同求异并用法。

在研究生物和环境的关系时,达尔文观察到不同类的生物生活在相同的环境中,常常具有相似的形态构造:鲨鱼属于鱼类,鱼龙属于爬行类,海豚属于哺乳类,它们是不同种类的动物,但由于长期生活在海水中,环境相同,所以外貌相似,身体都是菱形,都有胸鳍、背鳍和尾鳍。

同类生物生活在不同的环境中,常常呈现不同的形态构造:鼹鼠、狼、蝙蝠、鲸等都是哺乳动物,但因为它们生活的环境不同,其形态构造也很不相同,鼹鼠腿短嘴尖适合于地下生活,狼腰细腿长适合于奔跑,蝙蝠有翅适合于飞翔,鲸呈鱼形适合于水中生活。

因此,达尔文得出生物的形态构造(a)与其生活环境(A)有因果联系的结论。这个事例中达尔文所使用的方法就是求同求异并用法。

在运用求同求异并用法探索因果联系时,通常要经过三个步骤:

第一步,对正面场合进行求同,即对出现被研究现象 a 的场合进行比较。运用求同法得知,凡有 A 情况就有 a 现象出现;上例中,达尔文在正面场合求同得出结论:不同种类的生物,由于生活环境相同,所以形态构造相似。

第二步,对反面场合进行求同,即对不出现被研究现象 a 的那些场合加以比较。同样,运用求同法得知,凡无 A 情况就无 a 现象出现;上例中,达尔文在反面场合求同得出结论:没有相同的生活环境,就没有相同的形态构造。

第三步,将前两步比较所得的结果再加以对比,根据有 A 情况就有 a 现象出现,无 A 情况就无 a 现象出现,运用求异法得出结论:A 情况与 a 现象之间有因果联系。上例中,达尔文通过对正反两个场合进行求异,得出结论:生物的形态构造(a)与其生活环境(A)有因果联系。

求同求异并用法的逻辑形式用公式表示为:

场合	先行情况	被研究现象
正面场合：(1)	A、B、C、D	a
(2)	A、E、F、G	a
(3)	A、F、H、I	a
…	…	…
反面场合：(1)	B、E、H	—
(2)	C、F、G	—
(3)	D、G、M	—
…	…	…

所以，A 情况与 a 现象之间有因果联系

求同求异并用法是一种完整的、独立的方法，在运用求同求异并用法的过程中，是先运用两次求同法，再在两次求同基础上进行一次求异。不应将其看作是求同法和求异法的交替使用。

应用求同求异并用法时，应当注意以下两点：

第一，被考察的正、反两组事例的场合越多，其结论的可靠程度越高。因为考察的场合越多，比较的范围越广，就越能排除凑巧出现的偶然情形，就越不易把不相干的因素与被研究现象联系起来。

第二，对于反面事例的各个场合，应选择与正面事例场合较为相似的场合来进行比较，两组事例之间要有可比较性。因为反面事例场合很多，有些与探求被研究现象的因果联系并无实际意义。反面事例场合的情况与正面事例场合的情况愈相似，就愈有可比性，结论的可靠程度就愈高。

四、共变法

共变法的内容是：在被研究现象发生变化的各个场合中，只有一个情况是变化的，其他情况保持不变，因此，这个唯一变化的情况与被研究现象之间存在因果联系。例如：

某个企业，在其他情况都没有改变的状况下，当其资金利用率为 60% 时，利润增加 80%；当其资金利用率为 70% 时，利润增加 90%；当其资金利用率为 90% 时，利润增加 110%；因此，我们可以得出一个结论：资金利用率的提高是该企业利润增加的原因。

共变法的逻辑形式用公式表示为：

场合	先行情况	被研究现象
(1)	A_1、B、C、D	a_1
(2)	A_2、B、C、D	a_2
(3)	A_3、B、C、D	a_3
…	…	…

所以，A 情况与 a 现象之间有因果联系

其中，A_1，A_2，A_3…表示唯一变化着的 A 情况的各种变化状态，a_1，a_2，a_3…表示被研究现象的各种变化状态，B、C、D 表示各场合中均相同的情况。

共变法是从现象变化的数量方面来判明现象的因果联系，而原因和结果的共变，可能是

同向的,也可能是异向的。所谓同向共变关系是指结果的量随原因作用的量成正比递增或递减。异向共变关系是指原因量递增而结果量递减,二者成反比关系。例如,气体的温度与体积(压力不变)是同向共变关系;气体的压力和体积(温度不变)是异向共变关系;一定量的气体,在压力不变的条件下,气体的体积随温度的上升而加大。而一定质量的气体,在温度不变的情况下,若气体所受的压强愈大,那么气体体积会愈小;若气体所受的压强愈小,那么气体的体积愈大。

在运用共变法时应注意以下几点:

第一,在各个场合的相关因素中,只能有一个因素发生量的变化,其他条件应该保持不变。如果还有其他的条件在发生变化,那么运用共变法是难以确定它们之间的因果关系的。

例如,物体体积随温度升高而膨胀是以压力不变为条件的。如果压力也发生变化,物体体积就不一定随温度升高而膨胀。如果人们忽略压力变化的现象,运用共变法得出物体加热与物体体积变化有因果联系,就是错误的。

第二,现象之间的共变关系是有一定限度的,超出这个限度,现象间的共变关系就可能会不存在。

例如,在农业生产中,给农作物施肥,在一定限度内,施肥越多,产量越高。但是,若施肥超过限度,农作物不但不会增产,反而有可能会减产。

与前面所介绍的三种方法相比,共变法有自己的特殊之处。共变法的特点是从"同中求变"。前三种方法都是从先行情况与被研究现象的出现或不出现来判明因果联系的。而共变法却不同,它是根据先行情况和被研究现象的数量或程度的变化来判明因果联系的。在运用共变法时,先行情况与被研究现象在被考察的几个场合中始终存在,两者只是在量上发生一定的变化。根据这种变化,不但能找出原因,还能初步确定因果之间的数量关系,因而运用共变法得出的结论具有较大的可靠性。

共变法在科学研究中的应用也很广泛。在生产生活实践中,几乎所有的测量仪器的构造,都是以互为因果联系的现象间的共变关系为基础的。

【例题6-5】 在20世纪50年代,我国森林的覆盖率为19%,20世纪60年代为11%,20世纪70年代为6%,20世纪80年代不到4%,随着森林覆盖率的逐年减少,植被大量损失,削弱了土地对雨水的拦蓄作用,一下暴雨,水卷着泥沙滚滚而下,使洪涝灾害逐年严重。可见,森林资源的破坏是酿成洪灾的原因。

以下哪项使用的方法与题干最为类似?

A. 敲锣有声,吹箫有声,说话有声。这些发声现象都伴有物体上空气的震动,因而可以断定物体上空气的震动是发声的原因。

B. 把一群鸡分为两组:一组始终喂白米,鸡就会得一种病,脚无力,不能行走,症状与人得的脚气病相似;另一组始终用带壳稻米喂,鸡就不得这种病。由此推测:精白米中没有带壳稻米中的某种东西是造成脚气病的原因。进一步研究发现,这种东西就是维生素B_1。

C. 意大利的弗·雷第反复进行一个实验,在4个大广口瓶里,放进鱼和肉,然后盖上盖或蒙上纱布,苍蝇进不去,一个蛆都没有。另4个大广口瓶里,放进同样的鱼和肉,敞开瓶口,苍蝇飞进去产卵,腐烂的肉和鱼很快生满了蛆。可见苍蝇产卵是腐烂的肉和鱼生蛆的原因。

D. 在有空气的玻璃罩内通电击铃,随着抽出空气的量的变化,铃声越来越小,若把空气全抽出,则完全听不到铃声。可见,空气多少是发出声音大小的原因,空气的有无是能否听到铃声的原因。

解析:正确答案是 D。题干中使用了共变法。

五、剩余法

剩余法是这样一种方法:如果已知某一复合情况与某一复杂现象有因果联系,同时又已知这一复合情况中的一部分与这一复杂现象的一部分有因果联系,那么复合情况的剩余部分与复杂现象的剩余部分有因果联系。例如:居里夫妇发现镭的过程,就是运用剩余法的实例。居里夫妇在实验中,发现沥青铀矿样品的放射性比纯铀的放射性还要强,于是他们根据剩余法原理做了筛选排除工作后,推断这类矿物质里面还含有其他放射性元素。经过艰苦的实验研究,最终找到放射性比铀要强 200 多万倍的镭。

剩余法的逻辑形式用公式表示为:

已知复合情况 A、B、C、D 与复杂现象 a、b、c、d 有因果联系

又已知　　　B 与 b 有因果联系

C 与 c 有因果联系

D 与 d 有因果联系

所以,A 与 a 之间也有因果联系

剩余法在运用过程中有着自己的特点,它只用于研究复杂现象的原因,即研究有几个原因同时起作用才发生的那些现象的因果联系。它不是探求因果联系过程一开始就采用的方法。因为,运用剩余法推论被研究现象的原因,必须首先知道某个复杂现象中的一部分现象的原因,它必须以其他方法所求得的一部分因果联系为前提条件。剩余法的特点是"从余果中求余因",它既适用于观察,又适用于实验,被广泛用于科学研究中。

运用剩余法应注意的问题是:剩余现象与剩余原因是单一的还是复合的,如果是复合的,还需进一步探索,不能轻率地作出结论。

以上所介绍的探求因果联系的逻辑方法,是进行科学归纳推理必须运用的方法。这些方法在实际运用中,常常是结合在一起的。当然,对于现象间错综复杂的因果链,单靠这些方法是不够的。

第四节　回溯推理和概率推理

归纳逻辑从广义角度讲,包括许多归纳强度不是必然为 1 的推理。本节简单介绍两种具有代表性的推理:回溯推理和概率推理。

一、回溯推理

回溯推理是从结果出发,根据事物间因果联系的一般规律性知识,由结果推断产生这一结果的原因的推理。比如清晨出门看到户外地面潮湿,就推断前夜有可能下雨;从受害

人家中丢失大量贵重物品,来推断案件性质是入室盗窃等,都是人们"由果溯因"所推出的结论。

回溯推理的逻辑结构是由一个(或一组后件相同的)充分条件假言命题为前提,另一个前提则肯定充分条件假言命题的后件,结论是对该充分条件假言命题前件的断定。若从推理的形式看,回溯推理运用的是演绎推理的非有效式——充分条件假言推理肯定后件式,即

q
如果 p,则 q
所以,造成 q 的原因可能是 p

上式中,"q"表示已知的事实(结果),"如果 p,则 q"表示一般规律性知识,"p"表示根据已知的结果和一般规律性知识推测出的事件发生的原因。这种推理在刑事侦查方面用得最多,推导过程具有从结果推测出原因的性质。

例如,刑侦人员调查发现,凶案发生时,张军在现场,因而推断张军有杀人嫌疑。这个推断就是一个回溯推理。其推理形式为:

凶案发生时张军在凶案现场;
如果张军是杀人凶手,那么凶案发生时他在现场;
所以,张军可能是杀人凶手。

回溯推理是对既成事实的形成原因进行推断的假设性推理。回溯推理的形式表明,回溯推理并不是必然性的推理,原因在于进行这种形式推理时,人们是由一事物的必要条件来推测该事物的存在,因而回溯推理的前提并不必然蕴涵结论,前提真,结论未必真,结论具有或然性。当然,在一定条件下,是可以提高回溯推理结论的可靠性的。比如在前提中穷尽引起某种结果的全部原因(即尽可能地揣测引起结果的各种原因),在引起某种结果的各种原因中,如果能将可能引起某种结果的其他原因一一排除掉,留下一个唯一的原因,那么这个唯一的原因就是真正的原因。这时,回溯推理的结论就有可能具有必然性。

【例题 6-6】 在苏必利尔湖北部的某个湖泊中,取自无人定居的森林岛屿上的泥土包含有毒的化学物质,其中包括"毒杀芬",一种曾经用于棉花而今已被禁止的毒药。但是,"毒杀芬"的制造与使用并不在加拿大或美国北部的附近区域,而是在美国的南部。这个岛上没有被堆放过垃圾,这个岛屿的位置足够高以至于使来自苏必利尔湖的湖水不能流进来。

如果以上的陈述为真,最强地支持以下哪项假说?

A. 这个岛屿湖泊的水域比苏必利尔湖的水域污染程度更深。
B. "毒杀芬"是从大气中随风飘落到这个岛上的。
C. 对诸如"毒杀芬"这样的化学品的禁止无助于自然环境的改善。
D. "毒杀芬"对人体有负面影响但对其他生物没有。

解析:正确答案是 B。回溯推理:"毒杀芬"的存在,可能是从倾倒在岛屿上的垃圾中排放出来的;也可能是从其他地方流进来的;也可能是从天上飘落下来的……题干指出岛上湖泊中的"毒杀芬"不是来自使用,不是来自垃圾,也不是从其他地方流进来的。这为答案所作的陈述提供了证据。在排除多种可能以后,这种毒药只能来自于空中,故选项 B 正确。

一个现象的出现总是有原因或条件的,但原因或条件可能是多种多样的。本案例尽可能地揣测引起结果的各种条件,在排除多种可能之后,最终确定导致"毒杀芬"出现的原因。

可见,要提高回溯推理结论的可靠性,必须尽可能地猜测引起结果的各种原因,经过逐个检验,最终找出事件发生的真正原因。

运用回溯推理在解析相关实例时要注意:

若是由"如果,那么"型的前提通过肯定后件而得出"可能正确"的结论,就是属于回溯推理。

若以同样方式得出"一定正确"型的结论,就会犯"充分条件假言推理肯定后件式"的逻辑错误。例如:

(1)"倘若是妈妈做的菜,菜里面就一定会放红辣椒。菜里面有红辣椒,看来,可能是妈妈做的菜。"

(2)"倘若是妈妈做的菜,菜里面就一定会放红辣椒。菜里面有红辣椒,看来,一定是妈妈做的菜。"

例(1)是回溯推理。例(2)则是一个错误的充分条件假言推理肯定后件式。

在日常生活中,在提出假说的过程中,人们都会用到回溯推理。比如电工师傅运用回溯推理寻找室内日光灯不亮的原因,医生运用回溯推理帮助病人查找病因等。尤其是在刑侦工作中的应用十分广泛,因为任何一个案件,在侦破的过程中,总是一开始已预先知道事件的结果及罪犯留下的犯罪痕迹,而造成犯罪结果的原因以及犯罪的各个环节,则只能是由侦查人员运用已有的知识去思考和推断,来为破案提供线索。可见,推断罪犯的作案过程及有关细节的假定性推理,都是依据回溯推理这一形式来进行的。回溯推理是人类正常思维的一种基本功能,是由一事物的必要条件来推断该事物的归纳推理。

在科学研究中,回溯推理的作用主要体现在提出假说的过程之中。

二、概率推理

在已经介绍的归纳推理中,都强调考察事物情况时,不允许出现相反的情况,一旦出现反例,上述推理就无法进行下去。怎么办?

在实践活动中,人们常常会遇见这样两种情况:

一种情况是对S类事物的部分对象进行考察,发现所考察的部分对象无一例外地具有P属性,通过简单枚举归纳推理我们可以得出一个结论:所有S都是P。

另一种情况是对S类事物的部分对象进行考察的结果表明,既有个别S是P,也有个别S不是P。也就是说,某个S是否具有P属性不是必然的,而是偶然的、随机的。由于其前提并不符合简单枚举归纳推理的逻辑特征,在这种情况下,人们就只能作出统计概括,即要借助于概率推理来得出结论。

了解概率推理,首先要掌握两个基本概念:

(1)随机事件。一个事物现象在一定条件下必然会出现或必然不出现的,就称作"必然事件"或"不可能事件";而有的事件在相同条件下可能会出现也可能不出现,就称作"随机事件"。比如,通缉犯潜逃期间回家看望家人,就是一个随机事件。再如,抛掷一枚硬币,可能出现正面朝上,也可能出现反面朝上;一个鸡蛋拿去孵化,可能孵出的是小母鸡,也可能孵出的是小公鸡。虽然表面看来这些都是偶然的随机事件,但是从概率论的观点来看,随机事件的发生是有一定规律的,其可能性是可以度量的。

(2)概率。对于一个随机事件出现的可能性程度或可能性大小给出数量的估计,就称为该事件出现的"概率"。可见,所谓概率,就是用来表示随机事件发生的可能性大小的一个量。概率值越大,随机事件发生的可能性就愈大。人们很自然地把必然发生的事件的概率规定为1,同时把不可能发生的事件的概率规定为0,而其他随机事件的概率则是介于0与1之间的一个数。

某一预期事件发生的概率等于该类事物考察的总次数除以该预期事件发生的次数,用公式表示如下:

$$出现的概率 = \frac{该预期事件发生的次数}{该类事物考察的总次数}$$

将归纳推理数量化,用数学概率的判断来反映归纳的结论,这种推理就叫作"概率推理"。

概率推理是建立在概率基础上,根据对一类事件中的部分事件出现的概率,进而推出这类中所有事件出现的概率的推理。可见,概率推理是由一类中的部分推知全体的推理,它的结论超出前提所断定的范围,因而前提与结论之间的联系具有或然性。但是,概率推理是以对一类中部分事件出现的可能性大小的数量考察为前提的。因此,概率推理结论的可靠程度高于简单枚举归纳推理的结论。

概率推理的推理形式如下:

S_1 是 P

S_2 是 P

S_3 是 P

……

S_n 是 P

S_1、S_2、S_3、…、S_n 是 S 类的部分对象,其中有 m 个是 P(即 S 是 P 的概率为 m/n)

所以,全体 S 中有 m/n 的概率是 P

例如:对某个厂的洗衣机进行检查的结果是:S_1 是合格的,S_2 是合格的,S_3 是合格的……在所检查的 100 件产品中有 96 件是合格的。由此,可得出结论:该厂生产的全部洗衣机有 96% 的概率是合格的。

概率归纳方法是人们在工作中应用较多的一种推理方法,尤其在刑事侦查等执法工作中。应用概率推理要注意以下几点:

第一,前提中考察的次数越多,观测的范围越广,结论的可靠性越大。人们总是通过事件的频率去推断事件的概率。考察的次数越多,观察的范围越广,推理的归纳强度就越大,频率就越接近事件出现的概率,这样人们通过频率就能近似正确地把握概率。

第二,对概率推理的结论应随情况的变化而再作研究。客观事物是不断变化发展的,人们应当时刻注意研究新现象,取得新认识以适应变化了的新情况。

第五节　类比推理与假说

类比推理既不同于演绎推理,也不同于归纳推理,而是相对独立的又一种推理形式。

假说并不是一种单纯的归纳推理,但是作为一种逻辑思维方法,它包容多种归纳(类比)法,是各种归纳方法的一个运用过程,属于归纳逻辑的范畴。

一、类比推理

类比推理就是根据两个或两类对象在一系列属性上的相同,从而推出它们在另一个或另一些属性上也相同的推理。

1. 类比推理的实质和特征

类比推理,简称类比。它在希腊语中的原意是比例,最初被希腊数学家用来表示数量之间关系的相符。比如,6 和 9 这两个数的系统与 8 和 12 这两个数的系统是"相类似的",因为这两个系统存在着一致的相应关系:6/9＝8/12。后来,"类比"的意义更广泛,常被用来表示两个对象或两类现象的相似、相符,或者有同样的关系。

在介绍类比推理之前,我们先来分析三个概念:类比、比较和比喻。在修辞学上,类比又是一种比喻的手法,弄清这三者的关系,有利于更好地理解类比推理。

类比、比较和比喻的联系表现在它们都是将两个或两类对象的某些属性进行对照。但三者之间还是有明显的差别。

类比是在比较的基础上得出新的结论。它是推理,是从事创造性思维活动的重要手段。比较则是一种整理经验材料的逻辑方法。它是将不同的事物加以对照,进而确定其相同点与不同点,它不是推理。而比喻是一种修辞的方法。它以形象喻抽象,以浅显喻深奥,突出的是"喻"字,意在生动形象地描述或说明事物。比如,人们常把教师比作"园丁",就是比喻。

可见,比较、比喻只是帮助人们加深已有的认识,并不是推出新的认识。而类比则是要在两个或两类事物的对比中,由已知推出未知,使人们获得新的认识。因此,在传统逻辑中,类比推理被当作一种探索新知识的形式而加以研究。在类比推理中,我们可根据两个或两类对象在某些属性上的相同,而推断出它们在另一属性上也相同的结论。比如,1895 年英国化学家雷姆在地球上找到了化学元素——氦。它的发现过程就是运用类比推理。科学家利用光谱分析,先是发现在太阳上有氦元素的存在。由于太阳上的其他化学元素如氧、氮、硫、磷、钾、镁等,地球上都有,于是,科学家就类推地球上也可能有氦元素的存在并最终在地球上发现的氦元素。

类比推理的逻辑形式如下所示:

A 对象和 B 对象都具有属性 a、b、c
<u>A 对象还具有属性 d</u>
所以,B 对象也具有属性 d

从类比推理的逻辑形式可看出,进行类比推理时,是把已经观察到的对象 A 的属性 a、b、c 与 d 的内在联系,推广到对象 B,并由对象 B 有属性 a、b、c,来推断 B 对象也有属性 d。但是,由于在这种推断中,并没有可靠的根据能证明属性 a、b、c 与属性 d 有着必然的联系。因此,类比推理仅是一种或然性的推理。

从思维进程的方向上看,演绎推理是一种必然性推理,其思维进程的方向是从一般到个别,它的结论没有超出前提所断定的范围(即是从已知的一般性知识中推出早已包含于其中的"未知"知识),结论具有必然性。归纳推理虽是一种或然性推理,但其思维进程的方向是从个别到一般,是把个别性的知识加以分析、研究,从中总结出规律性的东西。而类比推理思维进程的方向则是从个别(特殊)到个别(特殊),其结论的知识程度和前提的知识程度相同,结论受前提的制约程度最小,适用范围更广。

客观世界中各种(类)事物都是以具有这种或那种属性而存在着的,而事物所具有的各种属性之间,又是相互联系、相互制约的。正因如此,人们才能从所观察到的两个或两类对象在一系列属性上的相同,来推断它们在别的属性上也相同。客观事物属性之间的这种相互联系和相互制约的关系就是类比推理的客观根据。

2. 类比推理的种类

类比推理分为性质类比推理和关系类比推理两种基本形式。这是根据类比推理的前提考察的是事物的性质还是事物之间的关系而进行的划分。

性质类比推理是根据两个或两类对象在某些性质上的相同或相似,而且已知其中一类对象还具有另外的某种性质,进而推断另一类对象也具有这种性质的结论的推理。

性质类比推理的逻辑形式如下所示:

$$A 与 B 对象具有性质 a、b、c$$
$$\underline{A 对象还有性质 d}$$
$$所以,B 对象也具有性质 d$$

关系类比推理是根据两个或两类对象在某些关系上的相同或相似,而且已知其中一类对象还具有另外的某种关系,进而推断另一类对象也具有类似的这种关系的结论的推理。比如,已知点 a 和点 b 关于直线 L 对称,点 x 和点 y 关于坐标原点对称,并且点 a 和点 b 到直线 L 的距离是相等的,所以,点 x 和点 y 距离坐标原点也是相等的,这就是关系类比推理。

关系类比推理的逻辑形式如下所示:

$$A 与 B 和 X 与 Y 之间具有类似关系 R$$
$$\underline{A 与 B 之间还有 S 关系}$$
$$所以,X 与 Y 之间也具有 S 关系$$

3. 提高类比推理可靠性的途径

由于类比推理的结论是或然的。因此,要正确运用类比推理,必须注意提高其结论的可靠性程度,而这种可靠性程度取决于相同属性与推出属性的相关程度。相关度越高,结论的可靠性越大。提高类比推理结论的可靠性,一般要满足以下要求:

第一,类比对象间的相同属性或相似属性应尽可能多。因为,类比推理的客观基础是事物之间的相似性,两个或两类对象的相同属性或相似属性越多,它们在自然界所属类别就可能越接近;而其差异性越小,结论的可靠程度就越大。马克思说过"猴体的解剖是人体解剖的钥匙"。研究人员进行高级神经方面的药物实验,一般选择猩猩、猴子或狗,而很少用到鸡、鸭等就是这个道理。

第二,类比的逻辑根据应该是现象间规律性的东西,而不是偶然的表面的相同。这是指:

(1)类比对象间的相同属性或相似属性应是对象的较本质的属性。原因在于两个或两类对象的相同属性或相似属性越是本质的,其推断出的结论的可靠程度就会越高。如果以表面相似进行类推,那么,结论就不可能可靠。过去较长一段时间,人们根据鲸鱼和鱼类都生活在水中,外形也差不多,误认为鲸鱼也是鱼。这个结论没有看到鲸鱼与鱼的本质区别,仅仅根据表面的相似就做出判断,因而结论是不可靠的。

(2)类比对象间相同属性或相似属性与类推属性之间的关系越密切,类比推理的应用越有效。例如:

①A轿车与B轿车有相同的颜色和外形,并且价钱也相差不多;而A轿车的最高时速是220公里,因此,B轿车的最高时速也是220公里。

②A轿车与B轿车有相同的自重和马力,性能和质量也差不多,而A轿车的最高时速是220公里,因此,B轿车的最高时速也是220公里。

在上述两个例子中,类比推理的结论是否可靠呢?这要看进行类比的两个或两类事物所具有的共同属性与类推属性之间是否有必然的联系。如果有,用类比推理所得到的认识就是可靠的,否则就是不可靠的。例①相同属性与推出属性之间的相关程度比较低,因为轿车的时速与它的颜色、外形几乎完全不相干,因此,结论为真的可能性就比较小。而例②相同属性与推出属性之间的相关程度就比较高,结论为真的可能性就比较大。

第三,要注意类比对象间的差异性,寻找有无与推出属性相排斥的属性。既然类比的是两类对象,它们就总有不同之处。类比对象间的相同属性是相对的,有条件的;而类比对象的差异是绝对的、无条件的。任何两类事物,若在类比过程中,发现对象B中存在着与推出属性d不相容的属性,则无论对象A与B两者之间存在多少相同的属性,"对象B具有属性d"的结论都是不能成立的。

违反上述要求,就会犯"机械类比"的逻辑错误。"机械类比"是指仅仅根据对象间表面上的某些相同或相似,机械加以比较而推出结论的类比推理。这种错误一般是只看到事物的表面的、非本质的、偶然出现的属性,并没有深入研究其内在的、本质的、必然的原因就进行推导。例如,有人根据地球和月球都是太阳系的行星,都是球形体,都有公转和自转,就从地球上有生命存在,推断出月球上也有生命存在。这就是"机械类比",因为生命的存在与行星的形状、是否公转和自转等属性的关系并不密切。生命是蛋白质与核酸相互作用的结果。可见,只以对象间的表面相似做比较,就容易推出错误的结论。

【例题6-7】 人们早已知道,某些生物的活动是按照时间的变化(昼夜交替或者四季变化)来进行的,具有时间上的周期性节律。如鸡叫三遍天亮,青蛙冬眠春晓,大雁春来秋往,牵牛花破晓开放等。人们由此概括出:凡生物都受生物钟的支配,具有时间上的周期性节律。

下面哪些推理与上面的推理形式不相同?

A. 麻雀会飞,乌鸦会飞,大雁会飞,天鹅会飞,等等,这些都是鸟,所以,所有的鸟都会飞。

B. 我们小组的同学在开学时自我介绍:A来自山东,B来自上海,C来自江苏,D和E来自安徽,F和G来自浙江,因此,我们小组的成员都来自华东地区。

C. 医生在给病人看病要看病历,教师在上课时要看参考书,律师在诉讼辩护时可以看辩护书,为什么学生在考试的时候不能看教科书?

D. 铁能导电,铜能导电,银能导电,铝能导电,等等,铁、铜、银、铝都是金属,因此,所有的金属都导电。

解析:正确答案C。题干是不完全归纳推理。而C选项是类比推理,犯有"机械类比"的逻辑错误。

类比推理的结论虽然是或然的,但由于类比推理具有独特的启发意义,能够帮助人们获得创造性的启发或灵感,从而找出解决难题之道。所以它又是人们进行创造性思维活动的重要方法之一。类比推理还具有说明和论证的作用。人们无论是传授知识,还是进行思想教育,如果能恰当地应用类比推理,寓抽象的道理于生动、具体的类比推理当中,往往能收到较好的效果。所以,它也是人们生活、学习及人际沟通中最为常用的一种思维方法。

类比推理在形成和提出科学假设的过程中也起着重要作用。科学史上许多重要的科学假说,都是应用类比推理的方法建立起来的。

二、假说

在已有的事实材料和科学原理的基础上,对未知事物或规律性提出一个假定性的解释就是假说。假说是创立科学理论的重要方法。

1. 假说的实质与特征

假说又称假设,它是根据已有的事实材料和科学原理,对所研究的事物或现象所作的一种推测性的说明和解释。

人类在探索客观世界的奥秘时,并不是一开始就建立起科学理论系统。在通常情况下,为了实践的需要,同时也从理论认识本身发展的规律出发,不得不提出其可靠性有待证明的假说。

人们提出假说,主要目的在于探求事物或现象的本质和规律,解答社会实践中的一些未知问题。

假说具有如下特点:

第一,假说具有科学性。假说是以一定的事实材料和科学理论为依据,它建立在一定的观察、实验材料和一些经验事实的基础上,并且经过一定的逻辑论证。因此,假说是对科学奥秘的有根据的猜测,是人类洞察自然的能力和智慧的集中表现。它既不同于毫无事实根据的迷信、臆测,也不同于缺乏逻辑论证的简单猜测和幻想。

第二,假说具有推测性。假说不同于已经被证明的科学理论。任何假说都是对某种未知现象或规律的猜想,是尚未达到确切可靠结论的认识。

第三,假说是认识、接近客观真理的方式。

科学就是在假说的运用中发展起来的。假说既是科学认识形成理论的必经阶段,又是一个理论向另一个理论发展的桥梁。假说在实践检验过程中不断被修改、补充、更新完善,人们的认识就会更多地、更准确地反映现实。

关于假说的理论问题很多,也很复杂。普通逻辑学并不研究假说的各个方面,它着重研究在假说的形成和检验过程中,是如何运用各种不同推理形式的。

2. 假说的提出

假说的提出是一个创造性思维过程。普通逻辑学撇开假说的具体内容,仅从方法论角度研究假说形成的最一般逻辑过程。

一般来说,假说的形成要经历两个阶段:初始阶段和完成阶段。

(1)假说形成的初始阶段。

根据已有的事实材料和科学理论,通过分析、推理,作出初步的假定。

这个阶段,研究者的主要工作是围绕特定的研究问题,广泛地收集材料,同时对各种材料进行理论分析,通过创造性的思维活动,提出初步的假定。

在假说形成的初始阶段,研究者提出的初步假定,总是以为数不多的事实为依据,这是一个创造性思维的过程。例如,德国地球物理学家魏格纳提出的"大陆漂移说"就是如此。魏格纳首先考察一些明显的事实:南美大陆彼此间有显著的吻合性;把非洲的开普山和南美阿根廷首都以南的山脉连起来,可视为同一个地质构造的连续;南美洲的东海岸与非洲的西海岸能吻合在一起,在南美和非洲都有 1 亿年前的各种陆生爬行动物的遗骸,等等。由此,魏格纳推测:在古生代地球上陆地是一个整体,称为泛大陆,它的周围是广阔的海洋。后来由于地球的自转和潮汐的力量,才使原始大陆分裂成若干块。这些陆块就像冰块浮在水面上一样逐渐漂移、分开,形成今日的各大陆块和海域。

在假说形成的初始阶段,起着突出作用的思维方式是类比推理和归纳推理。因为,这个阶段,研究者总是以为数不多的事实材料和观察为基础来进行思维活动,这就需要运用类比推理或归纳推理来帮助研究者展开思维想象的翅膀,对某种未知现象或规律作出某种猜测。如著名的"哥德巴赫猜想"就是运用简单枚举归纳推理提出的。而 1910 年魏格纳则是首先运用类比推理,根据大西洋两岸弯曲形状与撕破的报纸的某些相似性,提出"大陆漂移"假说的。此外,在科学发展史上,惠更斯提出光的波动假说,卢瑟福及其学生提出原子结构的行星模型假说,也都是运用类比推理的思维方法建立起来的。

(2)假说形成的完成阶段。

从已确立的初步假定出发,经过事实材料和科学理论的广泛论证,将假说充实成为一个结构稳定的系统。

在这个阶段,研究者以确立的初始假定为核心,一方面运用科学理论对其进行论证,另一方面则寻求经验证据的支持。一般说来,如果解释的事实越多,那么支持假说的证据也就越多。此外,在假说形成的完成阶段,还应该能够对未知事实进行预测,预言新现象的出现。因为,假说的一个特点就在于它不仅需要能够解释已知的事实材料,还必须能够预知未知的东西。例如,大陆漂移说提出后,不仅较好地解释许多已知的事实材料(大西洋两岸以及印度洋两岸彼此相对地区的地层构造相同,大西洋两岸的古生物物种几乎完全相同等经验事实),而且预言大西洋两岸的距离会逐渐增大;格陵兰岛由于连续向西移动,它与格林尼治之间的经度距离正在增大,等等。假说对上述事实的圆满解释,进一步提高了假说的合理性程度,使假说得到确证。

在假说形成的完成阶段,演绎推理的作用比较突出。因为,一方面,假说的完成阶段必须能圆满地解释有关的事实,即从已经确立的假定观念出发,通过演绎推理,引申出关于事实的结论;另一方面,还必须联系多方面的知识对初始阶段的初步假定进行演绎,充实假说的理论内容,使之成为一个完整的学说。

【例题 6-8】 一种月球起源学说认为,地球在其形成的早期是一个快速旋转的熔岩体,绝大多数的铁元素位于其核心;其中一些熔液从该旋转体表面被抛出,后来冷却形成月球。

如果以上关于月球起源的学说是正确的,最能支持以下哪项结论?

A. 月球核心的含铁比例小于地球核心的含铁比例。

B. 在地球的表面冷却后月球的表面才冷却。
C. 月球是环绕地球运行的唯一的天体。
D. 从地球抛出的大部分熔液被分散到外层空间。

解析:正确答案是 A。这是用假说演绎推理做出的论证。从一般的假定性解释出发,演绎出关于已知事实的解释或关于未知事实的预测。题干陈述是:铁多存于地球核心,月球是地球表面的物质形成的。因此,A 选项成立。

假说的形成过程具有高度的创造性和复杂性,没有什么固定的格式、规则。但是,人们在建立一个科学的假说时,根据假说的最基本特点,仍然需要注意以下几点:

第一,必须以事实为根据,但不必等待事实材料全面系统地积累起来以后才去建立假说。

客观事实是形成假说的基础和出发点;但是,任何一个事实材料的搜集,都不是一蹴而就的,它是一个过程,往往会受到客观条件和研究者实践经验的限制。如果等待事实材料全面系统地积累起来以后再提出假说,就会使理论思维的研究活动停顿,影响科学的发展。门捷列夫提出元素周期律时,已知的元素只有 63 种,正是由于他的大胆假设,大大推进新元素的研究和发现。哈维提出血液循环假说时,医学上尚未运用显微镜,哈维曾猜测四肢的血液如何从动脉进入静脉。后来马尔比基和列文虎克才先后用显微镜在蛙肺中看到小动脉中的血液流入小静脉。

第二,必须运用已有的科学理论,但不要被传统的观念所束缚。

科学理论是人类科学实践活动的总结,任何一个科学理论都是被人类的实践检验过的,对人类认识的发展具有重要的指导意义。因而人们在提出假说时,就不应违背那些已被实践反复证明的科学理论。但是从另一个角度讲,认识是一个辩证过程,在认识的发展过程中,往往会出现这种情况:有些现象的发生是现有理论所无法解释的,这就需要人们提出假说,而这意味着必须对原有理论有所突破。如哥白尼的日心说、爱因斯坦的相对论等都突破传统观念的束缚,使人类认识发展到一个新阶段。

第三,不仅要尽可能圆满地解释已有的事实,而且还应该能预测未知的事实。

正是由于发现原有理论无法解释的新事实,人们才提出假说。如果一个假说不能解释已有的基本事实,那么这个假说就没有价值。燃素说是 17 世纪的史塔尔提出的,他认为任何燃烧的物体里都包含着一种特殊的物质——燃素。当时这一假说解释了许多燃烧现象。可是,对"若炉子里没有空气,为什么炉火就会熄灭"这一问题,"燃素说"却解释不了。后来法国化学家拉瓦锡通过许多有关物质燃烧的实验,创立氧化说,最终推翻了燃素说。

假说不仅应当对各种有关的事实作出科学的解释,而且还应该尽可能多地预测未知的事实。1869 年门捷列夫提出的元素周期律,不仅对当时发现的 63 种元素作出正确的说明,还预言一些当时还未被人们发现的新元素。

第四,假说在内容上不应当存在逻辑矛盾。

存在逻辑矛盾的假说不可能是科学的假说,也不可能进一步发展为科学的理论。若假说存在逻辑矛盾,就必须想办法消除矛盾,如若不然,就应放弃这个假说。

第五,假说的结构必须简明、严谨。

简明是科学假说的一个特征,过于复杂的假说往往会吞没其核心观念,结构也往往不严密。整个假说内容复杂程度如何,应当依据研究对象的性质而定。科学假说要求内容要精炼,重点要突出。尽量消除那些无关的、非必要的内容,同时注意各个方面的协调,使之具有严谨性。

3. 假说的验证

假说的验证就是验证假说的真理性。验证假说的过程常常就是假说的发展过程和假说转变为科学理论的过程。

假说的验证可以说从假说创立之初就开始了,研究者在提出初步设想时,就往往会有针对性地进行实验或实地考察。但是,只有在整个假说构建完成之后,才可能对假说的真理性给予全面的、严格的验证,因此,假说构建完成之后的验证过程是具有决定意义的验证。

假说的验证大致分为两个步骤:

步骤一:从假说内容引申出有关事实的结论。即从假定某一现象发生的原因推出其应有的结果。步骤一实际上就是一个逻辑推导过程。研究者从假说的基本内容出发,通过严密的逻辑推演,得出各种解释。若与已有事实或理论并不矛盾,且能推出大胆预测,就可以进入第二步——实践检验过程。

步骤二:验证由假说内容引申出的有关事实的结论。即考察这个假定的原因所应产生的结果是否存在于客观现实中。因为在逻辑推导过程中,只是对假说进行初步的确认,但还不能辨别其真伪,只有经过实践才能检验其正确与否。

以上这两步,只是假说检验过程中的基本步骤。在实际的检验过程中,人们无论是去证实一个假说,还是证伪一个假说,都是非常复杂的。假说的验证过程是一个历史过程。一般来说,假说经过验证所得到的结果,无外乎存在着被推翻、得到修正或补充等几种情况。如果假说与新发现的事实之间存在着根本性的矛盾,那么,这个假说就会被推翻,如科学史上的"燃素说"等。如果新的实验现象与原有假说在基本原则上是一致的,但某些具体观点出现矛盾,则需要对假说内容进行修正,如哥白尼的日心说。如果出现了前所未知的新事实,则除了丰富和补充原有的假说外,还可能需要建立新假说来发展原有的假说,如大陆漂移说及其后续的发展就是如此。

随着假说的不断发展,最终有一部分假说在实践检验的基础上有可能转化为真正科学的理论。

4. 假说的作用

"只要自然科学在思维着,它的发展形式就是假说。"[①]

假说在人类认识活动中,特别是科学研究活动中有着非常重要的作用。假说是科学发展的必由之路,是发挥人们思维能动性的有效方式。哥白尼的日心说、达尔文的进化论、门捷列夫的化学周期表等,都是以假说的形式创立的。假说是科学工作者必须掌握和具备的重要思维方法。因为从科学发展的历史来看,但凡一项发明创造,首先都是从质疑开始的,质疑生而答疑止。对人们感到疑惑的问题进行解释或说明,就是在构建一个假说。

假说在人们的日常工作和生活中也有着很大的作用。如地震预测、天气预报、案件侦破等,都会广泛地应用到假说的基本方法。

---

① 《马克思恩格斯选集》第 3 卷. 北京. 人民出版社. 1972 年版. 第 561 页。

练习题

一、填空题

1. 从思维进程的方向看,演绎推理是从_____到_____的推理,归纳推理是从_____到_____的推理,类比推理是从_____到_____的推理。

2. 探求因果联系的五种方法分别是:_____、_____、_____、_____和_____。

3. 完全归纳推理在前提真的情况下,结论_____。

4. 简单枚举归纳推理是根据经验的多次重复而未遇到_____得出结论的,运用简单枚举归纳推理,应注意避免出现"_____"或"_____"的逻辑错误。

5. _____是根据两个或两类对象在一系列属性上的相同,从而推出它们在另一个或另一些属性上也相同的推理。

6. 类比推理的根据是_____。

7. 简单枚举归纳推理和类比推理的相同点是_____。

8. 假说必须以_____为根据,但不必等待_____全面系统地积累起来以后才去建立假说。

9. 假说的形成要经历的两个基本阶段是:_____和_____。

10. _____是指仅仅根据对象间的某些表面相似而进行的类比推理。

二、判断题

1. 运用简单枚举归纳推理所容易犯的错误是轻率概括。   (   )
2. 类比推理是前提不蕴涵结论的推理。   (   )
3. 运用类比推理所容易犯的逻辑错误是以偏概全。   (   )
4. 验证假说时只要有一个从假说推出的命题被证明为假就可以说明假说不正确或背景有问题。   (   )
5. 假说的形成阶段提出初步假定运用的推理大多是演绎推理和归纳推理。   (   )
6. 求同求异并用法的特点是两次求同一次求异。   (   )
7. 求同法的特点是同中求异。   (   )
8. 同样是或然性推理,但概率推理结论的可靠程度高于简单枚举归纳推理的结论。   (   )
9. 回溯推理是对既成事实的形成原因所进行的假设性推理。   (   )
10. 回溯推理的前提必然蕴涵结论,它是一种必然性推理。   (   )

三、下列论证是用什么方法(推理)得出结论的?前提对结论的支持程度如何(强弱)?

1. 19世纪中叶,奥地利首都维也纳有一位医生,名叫奥恩布鲁格。有一次,他给一位病人看病,没有检查出什么严重疾病,但病人很快就死了。解剖尸体查看,发现胸腔已化脓,积满脓水。医生想,以后再碰到这样的病人怎么诊断?某天,他忽然想起他父亲在经营酒店时,常用手指关节敲木质酒桶,凭着叩声的不同就能估量出木桶中还有多少酒。奥恩布鲁格由此联想:人的胸膛不是很像酒桶吗?是否可以根据手敲叩患者胸部音响的不同来作出诊断呢?于是,通过观察病例和进行病理解剖,他反复探索胸部疾病和叩击声音之间变化的关系,终于写出《用叩诊人体胸部发现胸膛内部疾病的新方法》的医学论文,发明了"叩诊"这一医疗方法。

2. 为了了解西安市民收看"早间新闻"的情况,一个由大学生组成的调查小组对西安市30所大学的教师发放了一个调查问卷。通过对回收问卷的统计,得出样本中"早间新闻"的收视率达到71.2%。因此,该调查小组认为,本市有71.2%市民会收看"早间新闻"。

3. 1986年7月31日,某市发生一起特大盗窃黄金首饰案,价值近百万元的首饰被人盗走。刑侦人员发现盗贼曾翻弄现场专放洗刷用具和换洗衣服的提包,但现场留下的有价值的线索痕迹并不多。对这起大案刑侦人员推测:罪犯是一个盗窃老手,此案是一个外盗案件。

4. 意大利的那不勒斯城附近有个石灰岩洞,人牵着牛马等高大的动物通过岩洞从未出现问题,但是猫、鼠、狗等小动物走进洞里就倒地而死。人们通过研究发现,小动物之所以死去,是因为它们的头部靠近地面,而地面附近沉积有大量的二氧化碳,缺少氧气。据此,得出结论:地面附近缺氧的石灰岩洞会造成头部离地面较近的各种小动物死亡。

5. 1960年,英国一农场的几万只鸡、鸭由于吃了发霉的花生而得癌症死去,后来用这样的花生喂猫、羊、鸽子等,也发生了同样的结果。为什么会出现这种情况呢?于是,科学家对发霉的花生进行化学分析,发现其中含有黄曲霉素,而黄曲霉素是强烈的致癌物质。因此,得出结论:动物吃了含有黄曲霉素的发霉花生,就会得癌症死亡。

6. 氦是惰性气体,氖是惰性气体,氩是惰性气体,氪是惰性气体,氙是惰性气体,氡是惰性气体;氦、氖、氩、氪、氙、氡是元素周期表中零族的所有元素,所以,零族的所有元素都是惰性气体。

四、试分析下列各题运用的是何种探求因果联系的逻辑方法

1. 某地有一养鱼池,因池水被大量污染物污染,致使池中鱼类全部死亡。后来,人们在池中种上了水葱,不到两个月,池中水质变好,污染物不见踪迹,池中又可以养鱼了。这说明,水葱具有很强的净化污水的能力。

2. 日本奥平雅彦教授用180只老鼠分三组进行实验。第一组投放含有黄曲霉素 B_1 的食物和普通饮用水;第二组投放同样的食物和稀释的酒精;第三组投放不含黄曲霉素 B_1 的食物和普通饮用水。一段时间后对这些老鼠进行解剖。第三组没有一只老鼠患肝癌,第一组和第二组肝癌发生率很高。第一组老鼠一年零三个月后出现前癌病变,而第二组一年后就出现前癌病变。可见,黄曲霉素 B_1 是强烈的致癌物质,与酒精并用就更强烈。

3. 1868年,简孙和罗克耶尔研究太阳光谱时发现,太阳光谱中有一条红线、一条青绿线、一条蓝线和一条黄线。每一种化学元素都有自己特定的光谱,当时已知红线、青绿线和蓝线是氢的光谱,但是,没有一种已知元素的光谱里有这种黄线。于是,他们推测,这种黄线来自某种未知的物质,并且把这种物质叫作氦。

4. 科学家们通过对1959年以来观察到的现象证明:在太阳活动加强,磁场产生扰动时,大约在两个星期内大气环流便会发生改变。通常是当太阳活动加强时,大气环流的经向度加大,维持的时间增长,因此,冷空气的活动频繁。反之,太阳活动减弱时,纬向环流加强,冷空气就不十分活跃了。由此可得出结论:太阳活动的强弱是地球上气温升降的原因之一。

5. 20世纪初,科学家为了了解甲状腺肿大的原因,对这种疾病流行的地区进行调查研究,通过分析比较,发现这些地区的人口、气候、地理位置等各不相同,但却有一个共同的情况,就是这些地区的饮水中缺碘,土壤流水中都缺碘。由此科学家得出结论:缺碘是引起甲状腺肿大的原因。

五、在下列研究中,研究者提出了什么假说?怎样验证的?运用了哪些推理方法?

人们早就发现,蝙蝠能在黑暗中快速飞行而不会撞到障碍物。如何解释这一现象呢?研究者提出一个假设:蝙蝠在黑暗中飞行能避开障碍物时因为它有特别强的视力。这个假设是否正确呢?如果是正确的,那么,要是把蝙蝠的眼睛蒙上,它就会撞到障碍物。为了检验这个推论,有位研究者设计了这样一个试验:在暗室中系上许多条纵横交错的钢丝,并在每条钢丝上系上一个铃铛。然后将一些蝙蝠蒙上眼睛,放到这个暗室中飞行。实验结果是:蝙蝠仍能作快速飞行而没有撞上钢丝。这个事实将上述假说推翻。随后,研究者又根据蝙蝠飞行时不断发出尖锐的叫声而认为蝙蝠口中发出的可能是一种超声波。于是,又提出一个新的假说:由于蝙蝠的耳朵能够听到自己尖叫声遇到障碍物后的回声,它飞行时才不会撞到障碍物。也就是说,如果把蝙蝠的耳朵塞住,放在暗室中,它就会撞到障碍物上。为验证此假说,研究者又做了一个试验:将一些耳朵被塞住的蝙蝠放入设有障碍物的暗室内。试验结果表明,蝙蝠失去了躲避障碍物的能力。这样,就证明了这个假说的正确性。

六、选择题

1. 运用求同法确定因果联系时,要求被研究现象出现的各场合中( )。
   A. 所有相关情况都相同　　　　B. 所有相关情况都不同
   C. 只有一个相关情况相同　　　D. 只有一个相关情况不同

2. 简单枚举归纳推理是( )的推理。
   Ⅰ. 必然性　　　　　　　　　　Ⅱ. 或然性
   Ⅲ. 前提蕴涵结论　　　　　　　Ⅳ. 前提不蕴涵结论
   Ⅴ. 由一般性知识推出个别性知识
   A. Ⅰ、Ⅲ、Ⅴ　　B. Ⅱ、Ⅴ　　C. Ⅰ、Ⅲ　　D. Ⅱ、Ⅳ

3. 一个正确有效的完全归纳推理,其前提真实与结论真实之间的关系是( )。
   A. 前者是后者的充分条件
   B. 前者是后者的必要条件
   C. 前者是后者的充要条件
   D. 前者既不是后者的充分条件,也不是后者的必要条件

4. 科学归纳推理是一种( )。
   Ⅰ. 由个别性知识前提推出一般性知识结论的推理
   Ⅱ. 探求因果联系的逻辑方法
   Ⅲ. 完全归纳推理
   Ⅳ. 不完全归纳推理
   Ⅴ. 或然性推理
   A. Ⅰ、Ⅱ、Ⅳ、Ⅴ　　B. Ⅱ、Ⅳ、Ⅴ　　C. Ⅰ、Ⅳ、Ⅴ　　D. Ⅱ、Ⅴ

5. 运用完全归纳推理可以得出以下哪个结论( )。
   Ⅰ. 瑞雪兆丰年

Ⅱ.两个特称前提推不出结论

Ⅲ.某法学班的预备党员都是合格的

Ⅳ.中国的直辖市的人口总数都超过了1200万

Ⅴ.天下乌鸦一般黑

A.Ⅰ、Ⅴ   B.Ⅱ、Ⅲ、Ⅴ   C.Ⅱ、Ⅲ、Ⅳ   D.Ⅲ、Ⅳ

6.在类比推理中,(　　)。

 A.前提真,结论必真   B.前提真,结论不可能真

 C.前提真,结论不必然真   D.前提真,结论必然不真

7.运用类比推理最重要的一点是(　　)。

 A.注意相比属性的本质性   B.注意相比属性的条件性

 C.注意相比属性的典型性   D.注意相比属性的普遍性

8.两个实验大棚里种上了相同数量的黄瓜苗,在第一个大棚里施加镁盐但在第二个大棚里不加。第一个大棚产出了10公斤黄瓜而第二个大棚只产出了5公斤。由于除了水以外没有向大棚施加任何别的东西,所以第一个大棚较高的产量一定是由于镁盐。

 以下哪项如果为真,最严重地削弱了上述论证?(　　)

 A.两个实验大棚的土壤里都有少量镁盐

 B.第三个实验大棚施加了一种高氮肥料但没有加镁盐,产出了7公斤黄瓜

 C.两个实验大棚里都种植了四种不同的黄瓜品种

 D.两个实验大棚的土质和日照量不同

附录B 抽样统计与"精确"数字陷阱

逻辑能力测试中有种题型为数字陷阱型题,很多涉及统计问题,我们有必要简单介绍一下有关的统计知识。

一、抽样统计方法

统计学中规定,某一被调查领域的全部对象叫作"总体";从总体中抽选出来加以考察的那一部分对象称为"样本"。统计推理是由样本具有某种属性推出总体也具有某种属性的推理,即根据被考察的样本中百分之几的对象具有某种性质,推出总体中百分之几的对象具有这种性质的推理。例如,某手机生产厂家生产了10000个手机,质检员检查这批手机质量时,从中随机抽出2000个,结果发现1860个手机是合格的,140个为不合格品,所以这2000个手机的合格率为93%,进而厂家推断"这批10000个手机的合格率为93%"的结论。这里运用的就是统计推理。

统计结论的可靠性主要取决于样本的代表性。只有从能够代表总体的样本出发,才能得到关于总体的可靠结论。一般是从抽样的规模、广度和随机性等方面来保证样本的代表性。具体是指:(1)加大样本的数量,以便消除误差;由于统计是从样本到总体,样本具有的属性与总体具有的属性可能存在误差。为消除、减少误差,就要加大样本数量。(2)采用分层抽样的方法,从总体的各个层面去选取样本;(3)要不带任何偏见地随机抽样。抽样应当是随机的,要尽可能排除主观性和预谋性。其中最难做到的是(3),因为偏见可能会不知不觉地渗透到调查过程的各个方面。因此,对于任何一个抽样统计结果,人们都可以从这几个方面去质疑其可靠性。

二、谨防"精确"数字陷阱

数字在逻辑学中扮演着非常重要的角色。

今天,我们生活在一个"数字化"时代。各种数字、数据、报表满天飞,如国民经济增长速度、消费物价指数、空气污染指数、某电视节目的收视率等。虽然我们不能无端地怀疑数字、数据的可靠性。但对"精确"数字保持必要的警惕,应该是一种明智的、理性的态度。

1. 平均数陷阱

我们几乎每天都会与"平均"打交道。有三种不同的平均数:一种是将所有数值加起来,再用这个相加之和去除累加的数值的个数,这种平均数最常见。例如,某单位有50个人,将50个人的月工资相加后再除以50,就得到这个单位的员工的月平均工资数。二是将所有数字从高到低排列起来,找到处于数列中间的那个数字,此数字为中位数,也是平均数的一种形式。这种平均数的获得相当于"去掉一个最高分,去掉一个最低分;再去掉一个最高分,去掉一个最低分……"直至只剩下一个数值,或者剩下两个数值取平均。三是列出所有数值,然后计算每一个不同的数值或值域,最常出现的数值叫作众数,也是平均数的一种形式。但众数在日常生活中较少应用,用得最多的是第一种平均数。

除了弄懂平均数的三种不同形式外,还要特别注意其中最大值和最小值之间的差异以及每个数值出现的次数。否则,平均数就有可能成为一种陷阱。例如,有报道说:"本市平均的空气污染指数已经降到警戒线以下",但你切不要以为生活在本市就十分安全,因为很有可能你所生活或工作的区域是本市污染最严重的区域。

2. 莫名其妙的百分比

在我们的日常生活中,到处都可能碰到百分比。例如:

(1)"我们厂的空调销售今年增加了 50% 以上,而我们的竞争对手只增加了不到 20%。"

这个例子中就涉及百分比。不过,它遗漏了至关重要的信息:该百分比所依据的绝对数字。假如"我们厂"的销售是从 10000 台增加到 15500 台(50% 以上),而竞争对手却是从 10 万台增加到 11.8 万台(不到 20%)。谁的销售量增长快,一目了然。所以,对于百分比,我们首先要弄清楚的,就是该百分比所赖以计算出来的那个基数。

其次,对于百分比,我们还要了解该百分比所表示的绝对总量。有时,该百分比虽小,但绝不意味着它所体现的数字同样不大。例如:

(2)"说我们滥杀无辜,这是污蔑和造谣!我们所杀的是只占全国人口 0.01% 的少数坏蛋。"

这里就有个陷阱!假如这个国家总人口为 10 亿,杀掉 0.01% 就意味着杀掉 10 万人。难道杀得还不够多吗?

再者,对于百分比,我们还要警惕有人为了某种目的,选用合乎需要的基础数据,使百分比显得畸大或畸小。例如,在显示艾滋病流行程度时,若以全国总人口为基数,计算出来的百分比会很小,但若以高危人群作为基数,则百分比会很大。

3. 比较错误

比较是确定事物与事物之间同与异的思维方法。通过比较,既可以认识具体事物之间的相似,也可以了解具体事物之间的差异,从而为进一步的科学分类提供基础。但是,进行比较要遵循以下逻辑原则:一是必须在同一关系下进行比较;二是应就事物的内在关系进行比较;三是要有确定的比较标准。

在比较方面常见的错误,一是没有设定可供比较的对象,只是在表面上进行比较,而实际上是根本就没有比较。例如:

(3)"法学班的英语四级考试通过率高出 20%。"

这句话就没有比较的意义。

二是不设定比较的根据或基础,在不同的基础上进行比较,或者把本来不可比的对象、数据拿来作比较,也会得出荒唐的结论。例如 19 世纪末美国和西班牙战争期间,曾有一种说法:战时在海军中服役的人比一般居民要安全,即美国海军的死亡率比纽约市民的死亡率还要低。这种说法引用的统计数字是:当时海军士兵的死亡率是千分之九,而纽约市民的死亡率是千分之十六。这一说法所作的比较就是错误的。因为一般市民中包括了老人、婴幼儿和病人,而海军士兵往往都是青年人并且在入伍时经过严格体格检查并被证明是健康的。

我们来看几道与"数字"有关的数字陷阱型题。

【例题 6-9】 老张在企业下岗后,打定主意要重新找一个工资较高的工作,一天他看到一则招聘广告:"本公司现有员工 19 人,现诚聘 1 名技术工人。本公司人均月薪 3000 元以上。"于是,老张去应聘并很幸运地被录取。可是,当他领取第一个月工资时,拿到的正常月薪只有500元。他认为该公司的招工广告说谎,但该广告确实没有说谎。

以下哪项最能解释上述事实:

A. 这个公司本月效益不太好。

B. 老张的工作能力有问题。

C. 老张与公司经理的关系不大好。

D. 该公司的平均工资是这样计算出来的:经理月薪25000元,秘书月薪15000元,两名中层主管月薪10000元,其他员工月薪500元。

解析:正确答案是D。注意题干中"正常月薪",增加选项A、B、C都与题干内容相抵触,D选项能够解释题干所设定的事实。

【例题6-10】 某国报道:"过去的20年里,州立法机关的黑人成员人数增长超过了100%,而白人成员却略微下降。这充分说明黑人的政治力量将很快与白人基本相等。"

下列哪一事实有力地削弱了上述观点?

A. 州立法机关提供的席位总数在20年里保持不变。

B. 20年前,州立法机关成员中有168个黑人,7614个白人。

C. 过去20年里,选黑人为州长的州不到五个。

D. 过去20年里,中等家庭的收入提高了80%左右。

解析:正确答案B。仅有增长的速度并不能说明最终的比例状态,关键是比较基数的大小。

【例题6-11】 一个盒子里装有100个涂有红、黄、绿三种颜色的球。

张三说:"盒子里至少有一种颜色的球少于33个。"

李四说:"盒子里至少有一种颜色的球不少于34个。"

王五说:"盒子里任意两种颜色的球的总数不会超过99个。"

以下哪项判断是正确的?

A. 张三和李四的说法正确,王五的说法不正确。

B. 李四和王五的说法正确,张三的说法不正确。

C. 张三和王五的说法正确,李四的说法不正确。

D. 张三、李四和王五的说法都不正确。

解析:正确答案是B。主要考查对数字的理解,需要进行一定的计算。

第七章　逻辑的基本规律

思维活动和一切客观事物一样,也是有规律性的。逻辑基本规律是关于思维的逻辑形式的规律,是从不同思维形式之间共同的、本质的关系中概括出来的规律,它包括同一律、矛盾律、排中律和充足理由律①。这些规律要求人的思维要有确定性、明确性、无矛盾性、前后一贯性和论证性;逻辑基本规律是人们进行正确思维所必须遵守的起码准则。

在逻辑学中,"逻辑基本规律"这章处于统筹全局的核心地位。理解本章内容是系统掌握整个逻辑学的关键。

 核心问题

1. 何为同一律?违反同一律的逻辑错误有哪些?
2. 何为矛盾律?违反矛盾律的逻辑错误有哪些?
3. 何为排中律?违反排中律的逻辑错误有哪些??
4. 矛盾律与排中律的联系和区别是什么?举例说明"自相矛盾"和"模棱两可"的表现形式。

 关键词

同一律　矛盾律　排中律　混淆概念　偷换概念　转移论题　偷换论题　模棱两不可

趣味逻辑

"竟敢背着老子抽烟"

老赵的儿子上中学了,很调皮。一天,老赵突然发现儿子在偷偷抽烟。很生气,他对儿子说:"好啊!你竟敢背着老子抽烟!"其子连忙说:"爸爸,您别生气,我以后抽烟再也不敢背着您了!"

"代替位置"

威尔逊任新泽西州州长时,有一天接到从华盛顿打来的电话,说他的好友,也是本州的一位议员刚刚去世了。威尔逊立刻取消当天的一切约会。准备去悼念。几分钟后,本州的一位政客打来电话,希望"代替那位议员的位置"。"好吧,"威尔逊对这位政客迫不及待的态度深感厌恶,他回答道,"如果殡仪馆同意的话,我本人是没有意见的,我完全同意。"

---

① 充足理由律在下一章——逻辑论证中介绍。

第一节 同 一 律

思维的确定性表现为概念、命题(判断)的自身同一,这主要是由同一律决定的。同一律是要求思维要具有确定性的一条规律。

一、同一律的基本内容

同一律的基本内容是:在同一思维过程中,每一思想和其自身是同一的。

同一律的基本内容用公式表示为:

$$A \text{ 是 } A \quad \text{或} \quad \text{如果} A, \text{那么} A$$

公式中的"A"既可以表示一个概念,也可以表示一个命题。公式中的"是"的含义为"等于"。这个公式简明地告诉人们:在同一思维过程中,每一个概念或命题的内容是什么就是什么,有什么样的逻辑性质就是什么样的逻辑性质,它与自身保持同一性,即保持概念、命题在同一思维过程中的确定性。

二、同一律的逻辑要求和违反同一律要求的逻辑错误

同一律的要求是根据同一律的基本内容对正确思维所提出的要求。

同一律的逻辑要求是:在同一思维过程中,一个思想必须保持其确定和同一。也就是说,在同一思维过程中,任何一个思想都必须是确定的,前后应当保持一致。

第一,同一律要求在同一思维过程中,保持概念自身的同一。它要求人们在同一时间、同一关系下反映同一对象时所使用的概念必须有确定的内容,概念的内涵和外延应当是明确的,不能随意变换已确定概念的内涵和外延。违反这一要求所产生的逻辑错误,称为"混淆概念"或"偷换概念"。

"混淆概念"或"偷换概念"是指把两个本来不同的概念相互混同,并且在思维过程中,用其中的一个概念去替换已被使用的另一个概念。在三段论中,比较常见的"四概念"错误,就是这类逻辑错误的典型代表。历史上,诡辩者常常使用这种伎俩。如亚里士多德曾列举古希腊诡辩派的诡辩实例:"你有一条狗,它是有儿女的;因此这条狗是父亲。因此你有一个父亲,它的儿女是狗;因此你本身是那些狗的一个兄弟,并且本身是一条狗。"[①]这里,诡辩者使用"偷换概念"的手法,偷换"父亲"这个概念,将一条作为小狗父亲的狗,变成辩论对手的父亲。这是一种明显违反同一律要求的逻辑错误。

【例题 7-1】 哲学系的几个同学在谈论文学作品时说起了荷花。甲说:"每年校园池塘的荷花开放几天后,就要期终考试了。"乙说:"那就是说每次期终考试前不久校园池塘的荷花已经开过了?"丙说:"我明明在期终考试后看到校园池塘里有含苞欲放的荷花嘛!"丁说:"在期终考试前后的一个月中,我每天从校园池塘边走过,可从未见到开放的荷花啊!"

虽然以上四人都没有说假话,但各自的说法好像存在很大的分歧。

以下哪项最能解释其中的原因?

---

① 黑格尔.《哲学史讲演录》第 2 卷.北京.三联书店.1957 年版.第 125—126 页。

A. 甲说的荷花并非指所有荷花,只要某年期终考试前夕有一枝荷花开放就行了。
B. 正如丙说的一样,有些年份在期终考试以后池塘里有含苞欲放的荷花,这是自然界里的特殊现象,不要大惊小怪。
C. 自去年以来,校园池塘里的水受到污染,荷花不再开了,所以丁也就不会看到荷花开放了,看来环境治理工作有待加强。
D. 通常说来,哲学系的学生爱咬文嚼字,可他们今天讨论问题时对一些基本概念还没有弄清楚,比如部分与全体的关系以及对时间范围的界定等。

解析:正确答案是 D。题干中四人讨论问题时犯了"混淆概念"的逻辑错误。甲所说的"开放几天后"和乙所说的"开过了"不是同一个概念,甲指的"荷花"是集合意义上的"荷花",丙所说的"荷花"是非集合意义上的"荷花"。同样地,甲所说的"开放几天后"与丁所说的"考试前后的一个月"也不是同一概念。

第二,同一律要求在同一思维过程中,保持命题(论题)自身的同一。它要求人们在运用判断、进行推理、论证的过程中,人们所作的论断必须有确定的含义,并且必须保持论断内容的同一性。一个命题断定什么事物情况,它就断定什么事物情况,同一个命题前后的断定应当一致,不能随意改变。保持命题的同一性,还要求人们在论述和表达思想时,要有确定的对象,要始终围绕论述中心,以保持思维论证的同一性。违反这一要求所产生的逻辑错误,叫作"转移论题"或"偷换论题"。

"转移论题"或"偷换论题"是指在论证过程中,将所议论的主题随意加以改换,把两个不同的命题混淆或等同起来,用与原论证无关的命题去替代原来所要论证或反驳的主题,没有保持在同一思维过程中命题的同一性。人们常说的"下笔千言,离题万里"说的就是"转移论题"这种逻辑错误。

【例题7-2】 警察:"你为什么骑车带人,懂不懂交通规则?"
骑车人:"我以前从没有骑车带人,这是第一次。"
以下哪段对话中出现的逻辑错误与题干中的错误最为类似?
A. 张三:"你已经停止打你的老婆吗?"
    李四:"我从来就没有打过老婆。"
B. 母亲:"我已经告诉过你要准时回家,你怎么又晚回来一小时?"
    女儿:"你总喜欢挑我的毛病。"
C. 老师:"张红同学昨天怎么没有完成作业?"
    张红:"我爸爸昨天从德国回来了。"
D. 曹丽:"昨晚的舞会真过瘾,特别是那位歌星的歌特煽情。"
    王璇:"他长得也特酷,帅呆了!"

解析:正确答案是 B。在题干中,骑车人并没有回答警察的问题,而是寻找借口希望得到警察的谅解,违反同一律,犯了"转移论题"的逻辑错误。选项 A 的问句是一个复杂问语,回答直接针对复杂问语,没有违反同一律。选项 C 和选项 D 中,答者的回答都与问者的问题相关,没有违反同一律。只有 B 选项中女儿的回答答非所问,转移了论题。

三、同一律的作用

遵守同一律的逻辑要求是正确思维的必要条件。

同一律的主要作用是保证思维具有确定性。人们在认识世界和改造世界的过程中,离不开对概念、判断和推理的运用。如果我们不能保持思想的确定性,不能准确地在同一意义上运用概念、判断或推理,就无法认识事物,把握事物。如果自觉或不自觉地违反同一律的逻辑要求,就会使思维含混不清,不合逻辑,进而不能正确地组织思想和表达思想。

正确理解和运用同一律,必须注意的问题是:同一律要求概念、命题保持同一是指同一思维过程而言。也就是在同一时间、同一关系下,对于同一对象而言的。超出这个条件,比如思维对象随时间的迁移,发生质的变化,反映这个对象的思想自然也要发生变化。例如,20世纪以来,某些国家经常出现政治动荡,今天还是民主制国家,明天就发生了军事政变,成为独裁专制国家,这种情况下,人们对这个国家的断定随之发生变化,就不能说是违反同一律的要求。此外,同一律要求思想保持确定,但并不否认思想的发展变化。比如"人民"这个概念,在不同国家或同一国家的不同历史时期,其内涵和外延就有所变化。但是同一律并不否认这种不同或变化,当然也不会去具体研究这种不同或变化,它要求在同一思维过程中,必须保持思想的确定性。

第二节 矛盾律

思维的无矛盾性表现为思想的前后一贯,不自相矛盾,这主要是由矛盾律决定的。矛盾律是要求思维要保持一致性的一条规律。

一、矛盾律的基本内容

矛盾律的基本内容是:在同一思维过程中,一个思想不能既是真的又是假的。也就是说,在同一思维过程中,两个互相否定的思想不能同真,如果一个思想为真,那么与之矛盾(或反对)的思想则必为假。

矛盾律的基本内容用公式表示为:

并非(A 并且非 A)

公式中的"A"既可以表示一个概念,也可以表示一个命题。"非 A"表示与"A"具有矛盾关系或反对关系的命题或概念。这个公式说的是"A"与"非 A"在同一思维过程中不可能都是成立的,其中必有一假。

矛盾律认为任何事物在同一时间、同一关系下,不可能既属于某类事物又不属于某类事物,不可能既具有某种属性又具有与此相斥的另一种属性。矛盾律反映了正确思维必须具有的不矛盾性。

比如,"这份遗嘱是有效的"这个命题,就二值逻辑而言,它要么是真的,要么是假的。不可能既是真的又是假的。如果它是真的,那么与之矛盾的命题"这份遗嘱是无效的"就是假的;反之亦然。即在互相矛盾的两个命题中最多只能有一个命题为真,不可能二者都真。

二、矛盾律的逻辑要求和违反矛盾律要求的逻辑错误

矛盾律的要求是根据矛盾律的基本内容对正确思维所提出的要求。

矛盾律的逻辑要求是:在同一思维过程中,对于同一对象不能同时作出两个互相矛盾的

断定,即不能同时肯定两个互相矛盾或互相反对的思想,必须否定其中一个(必须承认其中有一个是假的)。

在概念方面,矛盾律要求在同一思维过程中,不能用"A"与"非A"两个互相矛盾或互相反对的概念来指称同一个对象。例如:对于某人,在同一思维过程中,我们就不能刚刚说他是"正直的人",紧接着又说他是"不正直的人"。在同一思维过程中,同时用两个互相矛盾或互相反对的概念来指称同一个对象,就会出现逻辑矛盾。

在命题方面,矛盾律要求在同一思维过程中,对于"A"与"非A"两个互相矛盾或互相反对的命题不能同时给予肯定,必须确认其中至少有一个是假的。

违反这一要求所产生的逻辑错误叫作"自相矛盾"。

《韩非子·难一》中有一则寓言故事:楚国有一个卖长矛和盾牌的人,先是吹嘘自己的盾牌如何的坚固,"吾盾之坚,物莫能陷"。接着,又吹嘘自己的长矛是如何的锐利,"吾矛之利,物无不陷"。旁边有一个人听后,讥讽地问:"以子之矛,陷子之盾,何如?"卖矛和盾的人无言以答。因为,当他说"我的盾牌任何东西都不能刺穿"时,实际上是断定"所有的东西都是不能够刺穿我的盾牌的"这个全称否定命题;而当他说"我的长矛可以刺穿任何东西"时,实际上又断定"有的东西是能够刺穿我的盾牌的"这一特称肯定命题。这样,由于他同时肯定具有矛盾关系的两个命题,因而就陷入"自相矛盾"的境地。

【例题 7-3】 一个月来,这个问题时时刻刻缠绕着我,而在非常繁忙或心情非常好的时候,我又暂时抛开这个问题,顾不上去想它。

以上的陈述犯了下列哪项逻辑错误?

A.偷换概念　　　B.转移论题　　　C.论据不足　　　D.自相矛盾

解析:正确答案是D。题干中的"时时刻刻"和"有时"是一对矛盾概念,不能同时成立,因而违反矛盾律的要求,犯了"自相矛盾"的逻辑错误。

应当注意,有一种比较特殊的逻辑矛盾——悖论。

自相矛盾为"悖",自相矛盾的论点则为"悖论"。一般认为,悖论是这样一种形式的命题:由这个命题的真可以推出它的假,由这个命题的假又可推出它的真。历史上产生过许多悖论,涉及哲学、逻辑和数学等诸多学科,是个十分复杂的问题,单靠矛盾律是解决不了的。最早出现的悖论据说是在公元前4世纪由古希腊人提出的,被称为"说谎者悖论"。其典型形式是:"我现在正在说的这句话是假话。"如果是真话,而它断定自身是假,因而这句话是假话;如果是假话,而它断定自身是假,因而这句话又应是真话。其要点在于:推理的前提明显合理,推理过程合乎逻辑,而推理的结果却是自相矛盾的命题。19世纪以来,由于在逻辑、数学和物理学研究中不断出现悖论,如"罗素悖论""拜里悖论""光速悖论"等,悖论问题日益引起人们的重视。N·布尔巴基曾指出,"……古往今来,为数众多的悖论为逻辑思想的发展提供了食粮。"悖论有其存在的客观性和必然性,它是科学理论演进中的必然产物,在科学发展史上经常出现,普遍存在于各门科学之中。

生活中悖论的例子也很多,特别是一些"自以为是"的人常常会说某些具有悖论色彩的话。比如有些人常说"真理根本就不存在"。那么,我们可以问他:"你说的这句话是不是真理呢?"我想对方可能就会进退两难,因为如果他回答说"是",那就说明真理是存在的,这就和他的话矛盾;如果他回答说"不是",那他的"真理根本就不存在"这句话就是废话(没意义了)。总之,对于一句话,如果承认它是真话,那么它就是假话,承认它是假话,它就是真话,这就是悖论。多从生活中发现悖论,同时审视自己的言论,能增强我们语言的逻辑性。

三、矛盾律的作用

矛盾律的主要作用在于保证思维的首尾一贯性,避免思想上的自相矛盾。

运用矛盾律要注意以下两点:

第一,矛盾律是指同一思维过程而言。矛盾律所要排除的两个互相排斥的思想,是指在同一思维或表述过程中。也就是在同一时间、同一关系下,对于同一对象而言的两个互相矛盾或互相反对的思想。离开这些条件,就谈不上两个思想之间的互相排斥。

第二,注意逻辑矛盾与辩证矛盾的区别。

矛盾律只是要求排除思维过程中的逻辑矛盾,但它绝不否认客观事物本身存在着的辩证矛盾。因为逻辑矛盾与辩证矛盾有着本质区别。辩证矛盾是客观事物自身所固有的矛盾,即事物自身所包含的对立面的统一和斗争。辩证矛盾是现实矛盾,不管人们承认与否,它总是实际存在着的,不能避免的。而逻辑矛盾是思维过程中由于主观思维的错误而产生的矛盾,是主观思维对客观现实矛盾的一种歪曲反映,是主观臆造的矛盾,在正确思维中是不允许存在的。如果不排除思维中的逻辑矛盾,人们就不能如实地反映客观存在的辩证矛盾。

矛盾律是归谬式推理的逻辑根据。其实质是:从一个命题出发,如果可以合乎逻辑地推出逻辑矛盾,那么,这个命题不可能是真的。

总之,正确的思维、严密的论证和科学的理论,都必须是无矛盾性的。

第三节 排 中 律

思维的明确性表现为在两个互相矛盾的思想之间排除中间可能性,不能模棱两可,这主要是由排中律决定的。排中律是要求思维要保持明确性的一条规律。

一、排中律的基本内容

排中律的基本内容是:在同一思维过程中,一个思想不可能既不是真的又不是假的。即在同一思维过程中,两个互相否定的思想不能同时都是假的,必有一个是真的。也就是说,如果一个思想不是真的,那么与之相矛盾的思想则必是真的。

排中律的基本内容用公式表示为:

A 或者非 A

公式中的"A"既可以表示一个概念,也可以表示一个命题。"非 A"是与"A"相矛盾的思想。这个公式说明,"A"与"非 A"不可能同时都是假的,必有一个是真的。或者"A"真,或者"非 A"真,两者必居其一。

比如,"火星上必然没有水"和"火星上可能有水"是两个具有矛盾关系的命题,它们不可能都是假的,必有一真。如果前一个命题为假,则后一个命题必真;如果后一个命题为假,则前一个命题必真。两个命题不可能同假。

二、排中律的逻辑要求和违反排中律要求的逻辑错误

排中律的要求是根据排中律的基本内容对正确思维所提出的要求。

排中律的逻辑要求是：在同一思维过程中，对于两个互相矛盾的思想，必须明确地肯定其中必有一个是真的，不能对两者同时都加以否定。

在同一思维过程中，当问题最终归结为两个互相矛盾的思想，即人们只能在非此即彼这两者之间作出选择时，排中律要求人们在这两者之中承认必有一真，排除第三方存在的可能性。排中律对正确思维提出排斥第三方的要求，即不能对"A"与非 A"都加以否定，否则就会犯"模棱两不可"的逻辑错误。

"模棱两不可"的逻辑错误一般出现在命题中。它通常是指在一个命题的真假之间回避作出明确的选择，既不肯定其为真，也不肯定其为假；也表现为在两个互相矛盾的命题之间不作明确肯定的回答，既不承认"A"，又不承认"非 A"，企图在真与假、肯定和否定之间选择第三种可能，而这在二值逻辑中是不存在的，因而是错误的。

比如，"这次的预测，是一次例行的科学预测，这样的预测我们以前做过很多，既不算成功，也不能算不成功。"①这一议论就违反排中律的要求。"这次预测不能算成功"，是对"这次预测成功"命题的否定，而"这次预测不能算不成功"是对"这次预测不成功"命题的否定，而被否定的两个命题"这次预测成功"和"这次预测不成功"，是矛盾命题，同时否定一对矛盾命题，就犯了"模棱两不可"的逻辑错误。

【例题 7-4】 甲："你认为《阿凡达》拍得好吗？"
乙："我认为不算好。"
甲："那就是说，你认为坏了？"
乙："不，我并没有说坏！"
甲："说不好就是坏！"

下面哪个选项不可能是对甲、乙对话的正确评价？
A. 甲问话的用意是要求乙做出一个肯定的、明确的答案。
B. 乙的回答前后矛盾。
C. 甲没有把握乙的两次回答的真谛。
D. 在乙看来，《阿凡达》拍得一般。

解析：正确答案是 B。在好与坏之间还存在着中间的情况：既不好也不坏的"一般"情况。排中律只要求在不能同假，其中必有一真的互相矛盾的命题中肯定一个是真的，而"好"与"坏"两种情况却可能都是假的，所以，乙没有从中肯定一个并没有违反排中律。乙的回答谈不上是"前后矛盾"，所以，它不可能是对甲、乙对话的正确评价。

三、排中律的作用

排中律的主要作用在于保证思想的明确性。这是正确思维的必要条件。

运用排中律必须注意以下两点：

---

① 吕明合.《地震后，市政府为何成众矢之的》.载《南方周末》.2006-08-03。

第一,排中律作为思维规律,它只要求在两个互相矛盾的思想中作出非此即彼的明确选择。它丝毫不涉及客观事物在发展过程中有无过渡性间体的问题,也不存在否认客观事物之间的过渡和转化的问题。如果把排中律关于在两个互相矛盾的思想中排除中间可能的要求,解释为仿佛它否认客观事物在发展过程中存在着过渡性间体,或否认客观事物之间的过渡和转化,就是对排中律的曲解。

排中律要求人们在事实面前不得含糊其辞,摇摆不定。它是揭露"骑墙居中"、"模棱两可"逻辑错误的有力武器。当一个思想最后归结为"A"与"非A"时,必须承认两者必有一个是真的。比如:生物中的眼虫,既具有动物特征又具有植物特征,是介于动植物之间的一种中间过渡性的生物。排中律并不否认也不能否认眼虫的客观存在。但是,根据排中律要求,在"动植物之间存在着中间过渡阶段"与"动植物之间不存在着中间过渡阶段"这两个互相矛盾的命题中,必须承认其中必有一真,不能同时认定其为假。如果我们对两个互相矛盾的命题都加以否认,就违反排中律的逻辑要求。

第二,在运用排中律时,必须注意一种特殊的问句——"复杂问语"。

复杂问语是一种隐含着对方没有承认或根本不能接受的假设的问语,它在形式上是一个问句,似乎不表达判断,而实际上却暗含着一个断定。例如:"你现在还抽烟吗?"就是一个"复杂问语",它暗含着"你曾经抽烟"这样一个判断。因此,无论你回答"是"还是"不是",都意味着你承认隐含的那个断定"你曾经抽烟"是真的,而实际上你很有可能根本就不抽烟。

排中律要求对"是"和"非"的问题作出明确的选择,但是因为"复杂问语"隐含着对方没有承认或根本不能接受的假设,因此,对于"复杂问语"不能简单地采取肯定或否定的回答,而要首先否定对方隐含预设的思想。现实生活中,一些刑讯逼供采用"复杂问语"来套取口供是错误的。在正常的司法审讯工作中是严格禁止用"复杂问语"来套取口供的。

排中律是进行正确推理和论证的基础。

在论证中,排中律是反证法的逻辑根据。为了证明"P"为真,只要证明"非P"为假,就能根据排中律推出"P"为真。因为排中律的作用是在两个矛盾思想中排除中间的可能性,保证思维的确定性,因而它是间接证明(反证法)的依据。

四、矛盾律和排中律的关系

矛盾律和排中律有着共同的客观基础,都是以客观事物质的规定性为客观依据的。二者对于思维的作用来说,实质上是一致的,都是保证人们的思维具有确定性的规律。矛盾律要求在同一思维过程中,对同一个思想不能既肯定它又否定它,要求思想前后保持一贯,无矛盾;排中律则要求在同一思维过程中,对两个互相矛盾的思想应当明确地肯定其中之一是真的,不能含糊其辞,不能模棱两可。两条规律有其内在的联系,是从不同侧面来表现思维的确定性。但因表述角度的不同,因而也存在着明显的区别。

第一,在思维领域中的适用范围不同。

矛盾律适用于具有互相矛盾和互相反对关系的两种思想。

排中律适用于两种互相矛盾的思想[①]。

[①] 有学者及相关教材认为,排中律在一定情况下也适用于具有下反对关系的思想。

第二,逻辑要求不同。

矛盾律要求不能同时肯定两个互相矛盾和互相反对的思想,对矛盾命题必须否定其中之一,对反对命题至少否定其中之一。矛盾律是以否定的形式来表现思维的确定性。

排中律则指出两个互相矛盾的思想不可能同时都为假,其中至少有一真。它是通过对两种互相矛盾的思想肯定其中一种,来表现思维的确定性的。

第三,逻辑错误的表现形式不同。

违反矛盾律要求所犯的逻辑错误表现为"自相矛盾"。同时肯定两个互相矛盾和互相反对的思想就会导致"自相矛盾"的逻辑错误。

违反排中律要求所犯的逻辑错误表现为"模棱两不可"。同时否定两个互相矛盾的思想就会导致"模棱两不可"的逻辑错误。

五、逻辑基本规律在解析逻辑智力问题中的应用

在逻辑能力测试中,有一种题型:真话假话类型考题,就是根据矛盾律、排中律来寻找简捷的解法。解决这类问题的突破口往往是运用对当关系及复合命题推理等逻辑知识在所论述的问题中找出互相矛盾的命题,然后根据题意,利用矛盾律或排中律,互相矛盾的思想不能同真且不能同假来解决问题。

【例题 7-5】 某机械厂发生一起严重的安全事故。关于事故原因,甲乙丙丁四位事故调查人员有如下断定:

甲:如果造成事故的直接原因是设备故障,那么肯定有人违反操作规程。

乙:确实有人违反操作规程,但造成事故的直接原因不是设备故障。

丙:造成事故的直接原因确实是设备故障,但并没有人违反操作规程。

丁:造成事故的直接原因是设备故障。

如果上述断定中只有一个人的断定为真,则以下断定都不可能为真,除了(　　)

A. 甲的断定为真,有人违反操作规程。

B. 甲的断定为真,但没有人违反操作规程。

C. 乙的断定为真。

D. 丙丁断定为真。

解析:正确答案是 B。由题干可知甲与丙的断定相互矛盾,已知只有一人的断定为真,根据排中律,甲与丙中必有一真,则乙和丁的断定为假。丁的断定假,则可知:造成事故的直接原因不是设备故障。乙的断定假,则可推知:或者没有人违反操作规程,或者造成事故的直接原因是设备故障。因为已知造成事故的直接原因不是设备故障,由此可推知:没有人违反操作规程。可见,丙的断定为假,甲的断定为真。

【例题 7-6】 甲乙丙丁是同班同学,对于逻辑课考试结果有如下猜测:

甲说:我们班的同学考试都及格了。

乙说:丁没有考及格。

丙说:我班有人没有考及格。

丁说:乙没有考及格。

已知只有一个人的话假,则可以推出的结论是:

A. 说假话的是甲,乙没及格　　　　B. 说假话的是乙,丙没及格
C. 说假话的是丙,丁没及格　　　　D. 说假话的是丁,乙及格了

解析:正确答案是 A。分析题干内容可知甲和丙的话相互矛盾,已知只有一人的话假,根据矛盾律,甲、丙中必有一假,则乙、丁的话为真。由乙、丁的话真可推知:有人逻辑课考试没有考及格。故甲说了假话;但没有丙逻辑课考试是否及格的信息。所以,A 选项符合。

练习题

一、填空题

1. 矛盾律可以由_____推_____,因而矛盾律是_____的逻辑根据。
2. 排中律可以由_____推_____,因而排中律是_____的逻辑根据。
3. 违反三段论规则而产生的"四概念"逻辑错误,从逻辑基本规律角度看,实质上是一种违反_____律要求的逻辑错误。
4. 违反矛盾律要求所产生的逻辑错误叫_____。
5. 违反排中律要求所产生的逻辑错误叫_____。
6. 根据逻辑基本规律中的_____,已知必然p假,则可能非p真。
7. 根据_____律,如果假言命题"p→q"为真,那么联言命题_____为假。
8. 根据_____律,如果联言命题"p∧q"为假,那么选言命题_____为真。
9. 根据_____律,如果"只有经济发达地区才有污染问题"为假,那么联言命题_____为真。
10. 根据_____律,如果"要么我去要么你去"为真,那么充分必要条件假言命题_____为假。

二、判断题

1. 同一律要求概念保持同一意味着否认概念本身会发展变化。　　　　　　　(　　)
2. 矛盾律要求排除的是思维中的矛盾或语言表达中的矛盾,而非否认客观事物本身存在的客观矛盾。　　　　　　　　　　　　　　　　　　　　　　　　　　　　　(　　)
3. 从逻辑上讲,"混淆概念"与"偷换概念"的错误其逻辑性质是相同的。　　(　　)
4. 违反矛盾律要求的逻辑错误表现为对互相矛盾的思想通常加以否定。　　(　　)
5. 违反排中律要求的逻辑错误表现为对互相矛盾的思想通常加以肯定。　　(　　)

三、请指出下列各组命题的关系

1. "如果认真学习,就能取得好成绩"与"即使认真学习也未必能取得好成绩"。
2. "如果打雷,那么下雨"与"如果不打雷,那么不下雨"。
3. "所有被告均有罪"与"所有被告均无罪"。
4. "火星上必然有生命"与"火星上必然没有生命"。
5. "只有年满十八岁才有选举权"与"如果年满十八岁就有选举权"。
6. "只有什么事也不干的人,才不会犯错误"与"什么事都干的人,并不会犯错误"。
7. "如果人没有自知之明,就要犯错误"与"只有有自知之明的人,才会不犯错误"。
8. "并非要么鱼死要么网破"与"如果鱼死那么网破,并且如果鱼不死那么网不破"。

第七章 逻辑的基本规律

四、下列各题是否违反逻辑基本规律的要求？为什么？

1.《悼郭老》一文写道："1979年6月12日16时50分,一颗中国当代科学文化的巨星,拖着万丈光芒从我们头上飞逝了,陨落了！他没有陨落,他永远不会陨落。他永远在广袤的宇宙中飞驰。"

2. 南极海岸地带,鸟的数量多得惊人,但鸟的种类却很少。

3. 凡是你没有失去的,就是你的,你没有失去角,所以你有角。

4. 小芳对老孙十分感激地说："全世界都找不到你这样的人。"

5. 要说小黄既会酿酒又会编织工艺品是不对的。不过,说她不会酿酒或不会编织工艺品好像也不对。

6. 某电站外高挂着一块告示牌,上面用红漆写着："严禁触摸电线！500伏高压,一触即死,违者法办！"

7. 甲：你信不信,我不吃饭也死不了！
   乙：我不信,你又不是神仙,不吃饭还有不死之理！
   甲：我不吃饭,难道不可以吃粥吗？

8. 我是不赞成死记硬背的,但也不赞成不死记硬背,我认为适当地死记硬背也是必要的。

9. 某起交通事故,有人断言：不能让驾驶员负刑事责任,但是也不能让驾驶员不负刑事责任。

10. 中国园林建筑始于汉唐宫室。

五、用逻辑基本规律知识解答下列问题

1. 有一位青年很想到爱迪生的实验室工作,他满怀信心地向爱迪生说出自己的心愿："我想发明一种万能溶液,它可以溶解一切物品。"爱迪生听后,惊奇地反问道："那么,你想用什么器皿盛放这种万能溶液呢？"青年被问得哑口无言。请问：对爱迪生的提问,青年何以哑口无言？

2. 分析下列甲、乙、丙、丁的话,指出谁违反逻辑基本规律,并简述理由。
   甲：只有我班所有的同学都学数学,有些同学才不学逻辑。
   乙：或者我班所有的同学都学数学,或者所有的同学都学逻辑。
   丙：甲和乙说的都对。
   丁：甲和乙说的都不对。

3. 对下列断定,甲都赞成,乙都反对,是否违反逻辑基本规律的要求？为什么？
   A. 这种行为虽然不是犯罪,但是这种行为违法。
   B. 如果这种行为不是犯罪,那么这种行为就不违法。

4. 如果同时肯定下列A、B、C,是否违反逻辑基本规律的要求？为什么？
   A. 小卢去杭州出差
   B. 老周到北京学习
   C. 如果老周到北京学习,那么小卢就不去杭州出差

5. 试分析下列丙与丁的说法是否违反逻辑基本规律的要求？为什么？
   甲：关系R是对称的。

乙:关系 R 是非对称的。
丙:甲与乙的说法都对。
丁:甲与乙的说法都错。

6. 某快捷酒店失窃,员工赵、钱、孙、李四人涉嫌被调查。
   赵:我没有作案,作案的是钱。
   钱:我和孙都没作案。
   孙:除非赵作案,否则钱不会作案。
   李:赵和孙两人至少有一人作案。
   调查证实,四人中只有一人说真话。请问:谁说真话?谁是作案人?请根据逻辑基本规律分析推导过程。

7. 某地足球比赛有甲、乙、丙、丁四队进入决赛。有四名足球爱好者推测比赛结果。
   小赵:甲队不可能是冠军。
   小张:丁队肯定是冠军。
   小王:冠军是乙队。
   小刘:除了丁队以外,其他三队都有可能夺冠。
   决赛结果表明,四人中只有一人的预测是正确的。请问是谁预测得正确,冠军是哪个队?
   若决赛结果表明,四人中只有一人的预测是错的。那么冠军又会是哪个队?(提示:从逻辑基本规律:矛盾律或排中律入手进行分析)

六、选择题

1. 在以下断定中,违反逻辑基本规律要求的是(　　)。
   A. SAP 真且 SOP 假　　　　　　　B. SEP 真且 SOP 假
   C. SIP 假且 SAP 假　　　　　　　D. SOP 真且 SIP 假

2. 在以下断定中,违反逻辑基本规律要求的是(　　)。
   A. SAP 假且 SEP 假　　　　　　　B. SEP 真且 SOP 真
   C. SIP 假且 SAP 假　　　　　　　D. SOP 假且 SIP 假

3. 在以下断定中,违反逻辑基本规律要求的是(　　)。
   Ⅰ. SAP 真且 SEP 真　　　　　　　Ⅱ. SIP 假且 SAP 真
   Ⅲ. SEP 假且 SIP 假　　　　　　　Ⅳ. SAP 真且 SOP 假
   Ⅴ. SOP 假且 SEP 真
   A. Ⅰ、Ⅱ、Ⅲ、Ⅴ　　B. Ⅱ、Ⅳ、Ⅴ　　C. Ⅲ、Ⅳ、Ⅴ　　D. Ⅱ、Ⅴ

4. 对"如果打雷,那么下雨"和"如果不打雷,那么不下雨"这两个命题同时加以肯定,则(　　)的要求。
   A. 违反矛盾律　　　　　　　　　B. 违反排中律
   C. 既违反矛盾律又违反排中律　　　D. 不违反逻辑基本规律

5. 若同时肯定"允许 p"和"允许非 p",则(　　)的逻辑要求。
   A. 违反同一律　　　　　　　　　B. 违反矛盾律
   C. 违反排中律　　　　　　　　　D. 不违反逻辑基本规律

6. 若同时否定"SAP"和"SEP",则(　　)的逻辑要求。
   A. 违反同一律 B. 违反矛盾律
   C. 违反排中律 D. 不违反逻辑基本规律

7. 若同时肯定"必然p"和"必然非p",则(　　)的逻辑要求。
   A. 违反同一律 B. 违反矛盾律
   C. 违反排中律 D. 不违反逻辑基本规律

8. 若否定"p∧q"但肯定"p∨q",则(　　)的逻辑要求。
   A. 违反同一律 B. 违反矛盾律
   C. 违反排中律 D. 不违反逻辑基本规律

9. 若同时肯定"小明既会弹钢琴又会踢足球"和"如果小明会弹钢琴,那么他一定不会踢足球"两个命题,则有可能导致(　　)的逻辑错误。
   A. 偷换概念 B. 推不出 C. 模棱两不可 D. 自相矛盾

10. 若同时否定"如果个子高,那么就会打篮球"和"只有个子高的人才会打篮球"两个命题,则有可能(　　)。
    A. 违反同一律 B. 违反矛盾律
    C. 违反排中律 D. 不违反逻辑基本规律

第八章　逻辑论证

论证是一种比较复杂的思维过程。

任何正确的思想、观点、理论和学说都必须经过严格的逻辑论证。逻辑论证包括证明和反驳两个方面。它是通过推理进行的,推理又是以概念为其要素的判断构成的,而且都要遵守逻辑思维的基本规律。可以说,论证是概念、判断,尤其是推理和逻辑思维规律等知识的综合运用。它为人们如何确定某一思想的真或假提供强有力的逻辑方法,对人们正确表达思想、反驳谬误起着重要的作用。

"论证"作为教材的最后一章,是对前面各章内容的总结和综合运用。

 核心问题

1. 论证与推理的关系如何?
2. 充足理由原则的内容是什么?
3. 论证有哪些种类?
4. 论证的规则有哪些? 违反论证规则要求的错误表现有哪些?
5. 什么是反驳? 其构成是怎样的?
6. 何为归谬法? 它的结构是怎样的?
7. 何为谬误? 常见的谬误有哪几种?

 关键词

论证　论题　论据　论证方式　充足理由原则　演绎论证　归纳论证　反证法　选言证法　反驳　归谬法　虚假论据　预期理由　窃取论题　循环论证　谬误

趣味逻辑

"口袋里的钱谁拿去的"

一天,丈夫发现衣袋里的钱少了一些,就训儿子说:"臭小子,又从老子的口袋里拿钱!"其妻在一旁说:"你不要乱冤枉人,说不准你口袋里的钱是我拿的。"丈夫摇摇头,一本正经地说:"不可能,因为我口袋里的钱没有被掏光。"

"没有资格责备"

古时候有位内阁大学士的儿子不成器,但孙子却很有出息。因而这位大学士常常责备不成器的儿子。一天,当大学士再次指责其子不是时,其子反驳道:"您的父亲不如我的父亲,您的儿子也不如我的儿子,您还不如我呢,凭什么责备我,您没有资格!"

> **"我是头"**
>
> 有三个窃贼盗得四件珠宝。甲给了乙、丙各一件,自己留了两件。乙和丙不乐意,问:"你凭什么拿两件?"甲说:"因为我是头!"乙、丙说:"你什么时候当的头?"甲说:"我的珠宝比你们的多,所以,我是头!"

第一节 论证概述

逻辑论证,是我们认识真理的辅助工具,也是我们有逻辑性、有说服力地表达思想的必要条件。

一、论证的组成

逻辑论证是引用一些真实性已经确定的命题,通过推理来确定另一个命题真假的思维过程。逻辑论证包括证明和反驳两个方面。证明是确定某一论断的真实性或某一证明能够成立的论证;反驳是确定某一论断的虚假性或某一证明不能成立的论证。因而反驳又可以理解为一种特殊的证明。证明的主要目的是确定论题的真实性,其作用在于阐明真理、探求真理;反驳的主要目的是确定被反驳论题的虚假性,其作用在于揭露谬误、批驳谬误。两者目的不同,形式有别,但又互相联系。在实际思维过程中,常常是在证明中有反驳,在反驳中有证明,证明与反驳相辅相成。

普通逻辑学在研究论证时,并不去考察每个具体论证过程的具体内容。因为在每个具体的论证中所要论证的内容各不相同,逻辑学不可能,也没必要一一对它们去进行研究。逻辑学只是研究每个具体论证过程中共同的、最一般的东西,即论证的组成、逻辑结构以及在一切论证过程中必须遵循的一些基本规则等,以便为人们在认识事物和表达思想的过程中进行正确的论证提供必要的逻辑工具。

那么,论证是由什么构成的呢?

论证是由论题、论据通过论证方式而组成的。证明如此,反驳亦如此。例如:

(1)"经济规律是不依人的意志为转移的。

因为客观规律是不依人的意志为转移的,而经济规律是客观规律。"

这是一个证明。

(2)"作文没有秘诀。

因为,如果有,每个作家一定传给子孙了。然而祖传的作家很少见。"

这是鲁迅先生在反驳"作文有秘诀"时所讲的一段话。

下面我们着重从证明的角度讨论论证的组成部分。

1. 论题

论题是其真实性或虚假性需要加以论证的命题。回答的是"论证什么"的问题。如例(1)中的"经济规律是不依人的意志为转移的";例(2)"作文有秘诀"(驳题)。

在实际思维中,从证明角度讲,论题可以是真实性已被证实的命题;也可以是真实性尚未得到证实的命题。论题的这种不同,也就决定了论证的重点、目的相应有所不同。前者的重点在于表述,即把论证过程清楚、准确地表述出来。例如教师在课堂上所传授的知识绝大部分是已经被证明了的科学理论。这时的证明,最主要的是要用简练、概括的方式把科学上已证实的成果合乎逻辑地表述出来;其目的在于宣传真理,传播知识,使人们确信论题的真实性。而后者的重点在于探求,在于为一种新的假设寻求理论和事实根据。即在论证过程中,使被证明的假说或猜想转化为科学的理论或定理。比如科学假说的验证等;其目的在于探求未知领域的真实性或规律性。

论题一般是作为一段文字或议论的第一句或最后一句话,其标志是在论题前面有"所以""因此",在论题后面有"由于""因为"等语词,而论据却正好相反。

2. 论据

论据是用来确定或判明论题真实性或反驳论题虚假性的那些真实命题。回答的是"用什么来论证"的问题。如例(1)中的"客观规律是不依人的意志为转移的"和"经济规律是客观规律"这两个命题。例(2)中的"作文没有秘诀","如果作文有秘诀,那么,就会有很多祖传的作家"和"不存在很多祖传的作家"这三个命题(反驳时所用的论据称为驳据)。

论据应该是真实性明显的命题。论据是论证的依据,一个论证只有有了真实而充足的论据才能成立。作为论据的真实命题,可以是已被证实的关于个别(具体)事实的命题;也可以是哲学和各门科学中的一般原理、公理和定义等。在一个论证中,论据可以有许多,有些论据是论证中必不可少而又彼此独立的论据,被称为基本论据;有些论据则是由基本论据推导出来的,称为非基本论据。

但是,有了论题和论据,并不等于已作出论证。论证还必须有一个从论据到论题的推理过程。这个推理过程中所用的推理形式就是论证方式。

3. 论证方式

论证方式是由论据推出论题时所运用的推理形式。回答的是"怎样用论据来论证论题"的问题。

论证方式是联系论据和论题的逻辑纽带。论证离不开论据和论题。但是,如果不把论题和论据按一定的推理形式联系起来,就不能成为论证。它必须有一个从论据到论题的推演过程。这个推演过程总是通过一个或一系列推理进行的。论证方式就是在论证中所运用的各种推理形式的总和。如例(1)的论证方式就是三段论第一格 AAA 式。反驳的论证方式通常称为反驳方式。如例(2)中反驳方式运用的是充分条件假言推理否定后件式。

论证是一种复杂的富有创造性的思维活动。这种创造性的思维活动能力,可以通过学习逻辑、数学或其他科学而逐渐得到提高。

二、论证和推理的关系

论证和推理既有联系又有区别。

任何论证都是借助于推理来实现的,论证是对推理的实际运用;论证和推理在构成上相互对应:论据相当于推理的前提,论题相当于推理的结论,论证方式则相当于推理形式。要论证就必须应用推理,推理总是为论证服务的。论证和推理有着密切的联系。但是,推理和论证又是有区别的:

(1)两者思维过程不同。

推理是先有前提,是从前提到结论的推导过程,而论证则总是先有论题,然后再围绕论题寻找有关的论据,这相当于从结论到前提的过程。

(2)逻辑结构的繁简不同。

从逻辑结构看,论证比推理复杂。论证必然包含推理,一个复杂的论证往往需要运用各种各样的推理,其形式结构一般都比推理复杂得多。论证是推理形式的综合运用,而推理并不必然包含论证。

(3)目的要求不同(二者要求的重点不同)。

推理是从已知的一个或几个命题推出另一个新命题的思维形式,推理要求判定前提与结论之间的逻辑关系,但并不要求必须断定前提与结论的真实性。也就是说已知的命题不论其真假如何,都能作为推理的前提。而论证的着重点放在论题与论据的真实性上,特别强调论据的真实性;论证是用一些真实性已经确定的命题,通过推理来确定另一个命题真实性的思维过程。论证不仅要有论据,更要求这些论据必须是真实性已经确定的命题。论证讲究的是形式的正确和思想内容的真实的统一。

因此,任何论证过程都是运用推理的过程,没有推理就无法构成论证,但并非所有的推理都是论证。

三、充足理由原则

思维具有论证性是构成合乎逻辑思维的一个重要特征。

任何一个正确的思想都必须经过严密的逻辑论证,充足理由原则是要求保证思维论证性的一条原则。

1. 充足理由原则的基本内容

充足理由原则的基本内容是:在同一思维和论证过程中,要确定某一思想的真,必须有合理而充分的根据,即有充足的理由。

充足理由原则的基本内容可以用公式表示为:

$$A 真,因为 B 真,并且由 B 能推出 A$$

公式中的"A"表示其真实性需要加以确定的思想(即论题),称为推断。"B"表示用来确定"A"真的根据(即论据),称为理由。"B"可以是一个命题,也可以是一组命题。这个公式是说:一个思想"A"所以能被确定为真,是因为有"B",并且"B"真可以推出"A"真。在这里,"B"就是"A"的充足理由。可见,充足理由是一个正确思想赖以成立的真实而且正确的根据。有了这样的根据,就能合乎逻辑地推出另一思想。例如:

"鲸鱼不是鱼(A),因为鱼都是用鳃呼吸的(B_1),而鲸鱼不是用鳃呼吸的(B_2)。"

这里的论断"鲸鱼不是鱼"能够被确定为真,是因为上述论证已经为这一论断提供了充足理由,即"B_1"和"B_2"是真的,并且由"B_1"和"B_2"的真推出"A"真。

2. 充足理由原则的逻辑要求和违反充足理由原则要求的逻辑错误

充足理由原则的要求是根据充足理由原则的基本内容对正确思维所提出的要求。

(1)充足理由原则的逻辑要求主要有两条:

①理由必须真实。

②理由与推断之间应该具有逻辑联系,从理由能够推出论断。

充足理由原则体现了论证过程中真实性和正确性的统一,体现了正确思维论证性的特征。

(2)根据充足理由原则的逻辑要求,违反充足理由原则的逻辑错误主要有:

①理由本身是虚假的。就是据以推出论断,证明论断的理由不真实,或与已被证明的科学原理相悖,属于认识错误;或纯属主观臆造,无中生有。

②推不出。就是理由和推断之间没有必然的逻辑联系,推论不符合逻辑。

【例题8-1】 认真学习逻辑知识,加强逻辑训练,可以有效地提高人们的逻辑思维水平和增强逻辑思维能力。王敏平时注重逻辑知识的学习和逻辑思维的训练,可想而知,她的思维是有条理和逻辑性的。

上面的论述犯了以下哪项错误?(　　　)

A.自相矛盾　　　　B.转移论题　　　　C.以偏概全　　　　D.推不出

解析:正确答案是 D。由题干中的前提是推不出结论的。因为题干中的大前提是一个必要条件假言命题,小前提是这个必要条件假言命题的前件,尽管这个推论的理由(前提)都是真的,但是我们不能根据必要条件假言命题的前件真推出其后件真,用这种错误的推理形式来进行推论,就会犯"推不出"的逻辑错误。

充足理由原则的主要作用在于保证思维的论证性。逻辑思维过程本质上是一个论证思想和表达思想的过程。我们说话、写文章或著书立说,只有具有论证性,才能具有真正的说服力。

实践证明和逻辑论证在认识中的地位是不同的。

论证是思维中的一种推演活动,属于主观认识的范围。逻辑论证虽然能够用真实的命题来确定另一个命题的真实性,但是这决不意味着它可以取代实践成为检验真理的标准。实践不是纯主观范围的东西,它是一种主观见之于客观的活动。实践证明是检验真理的唯一标准,逻辑论证只是实践检验真理的一种间接方式和特殊手段。

在逻辑论证中,作为根据的命题的真实性,归根到底是要靠实践来检验的。逻辑论证是借助于推理来进行的,而这些推理形式也是人们在长期实践中形成的具有公理性质的东西。

由此可见,逻辑论证始终是第二位的,是直接或间接地以实践证明为基础的。论证依赖于实践,实践才是认识产生的最后泉源和认识验证的最后标准。

第二节　论证种类及规则

根据不同的标准,可以对论证进行不同的分类。一个有效的论证除了遵守充足理由原则外,也要遵守自身的一般规则要求。

一、论证的种类

1.演绎论证和归纳论证

逻辑学按照论证方式的不同,即论证过程中所运用的不同推理形式,将论证分为演绎论证、归纳论证及类比论证。

演绎论证是运用演绎推理形式所进行的论证,即用一般原理来证明特殊事实的一种论证。在这种论证中,论据通常是一般性原理的命题,论题往往是个别性(或特殊性)知识的命题。数学中定理、定律的证明一般都是演绎论证。由于演绎论证所运用的演绎推理形式的前提(论据)与结论(论题)之间具有必然的逻辑联系,论据蕴涵论题,因而,当论据真实时,演绎论证对论题真实性的确定就是完全有效的。所以,演绎论证具有严格逻辑论证的性质,广泛运用于科学理论的证明之中。例如:

(1)"本案死者是他杀。"

因为若死者背部有多处致命刀伤,则死者是他杀;经查证,本案死者背部确有多处致命伤。所以,本案死者是他杀。

这就是一个演绎论证,其论题"本案死者是他杀"是关于某种特殊事实的论断,而论据主要是一般性原理。论证过程中运用的是充分条件假言推理肯定前件式。

归纳论证是运用归纳推理形式所进行的论证,即用某种典型的关于特殊事实的命题来证明一般原理的一种论证。在这种论证中,论据通常是特殊性知识的命题,论题则是一般性原理的命题。例如:

(2)"基本初等函数都是连续的。因为我们已经证明角函数和反函数是连续的,幂函数是连续的,指数函数是连续的,对数函数是连续的,而角函数、反函数、幂函数、指数函数和对数函数就是所有的基本初等函数。"

这就是一个归纳论证,其论题"基本初等函数都是连续的"是个一般性的原理,而论据是关于特殊事实(角函数、反函数、幂函数、指数函数和对数函数)的论断。论证过程采用归纳推理中的完全归纳推理形式。

必须指出的是,由于完全归纳推理与不完全归纳推理的逻辑性质不同,因而,完全归纳论证与不完全归纳论证的可靠性程度是不同的。由于完全归纳推理前提真实,结论就必然真实。因此运用完全归纳推理进行论证能有效地确定论题的真实性;而不完全归纳推理的结论超出前提所断定的范围,因而运用不完全归纳推理进行论证,由真实的论据只能判明论题可能真,论据只在一定程度上支持论题。因此,在严格的论证中,用不完全归纳推理建构的论证一般只能起辅助作用,而不宜独立地加以使用,应当尽可能同演绎论证相结合,以保证其论证的可靠性与说服力。

类比论证是运用类比推理形式所进行的论证。这种论证通常表现为用某一事物的某些属性与另一事物的某些属性相同或相似作为论据,来确定某一事物的某些属性与另一事物在另一属性上也相同或相似。

【例题8-2】 医生在探索 AM 的病因时受到 MP 这种疾病形成原因的启发。因为这两种病都发生在年龄相似的一类人中,两种病的明显症状是发高烧、淋巴肿大和缺乏食欲。另外,这两种疾病的潜伏期实际上是相同的。所以,这些医学研究者确信导致这两种疾病的病毒是相似的。

医学研究者得出该结论依赖的预设是下面的哪一项?(　　　)

A. MP 这种病比 AM 这种病对大众健康的危害更严重。

B. 现代医学对于每一种疾病都将最终发现其治疗办法。

C. 拯救人类生命是现代科学技术唯一重要的目标。

D. 具有类似症状的疾病会有类似的病因。

解析:正确答案是 D。题干论述是:两种疾病的症状相同,所以引发疾病的病毒相似。这是一则比较典型的类比论证。它依据两种疾病在症状上的一系列相似点,来类推导致这两种疾病的病毒也相似(因果类比)。D 选项指出了两种现象具有可比性。

类比推理富于启发性,所以是论证中常用的一种推理。不过,由于类比推理的逻辑特性是由特殊到特殊,其结论是或然的,因此类比论证不是严格意义上的论证。

2. 直接论证和间接论证

逻辑学根据论证方法的不同,即论证是否是由论据直接确立论题,将论证分为直接论证和间接论证。这两种方法在证明和反驳中都可运用。在证明中称为直接证明和间接证明;在反驳中称为直接反驳和间接反驳。

直接证明是根据论据的真实性直接确定论题的真实性的一种证明。直接证明可以采用各种推理形式来进行,其特点是由论据直接推导出论题,论据和论题直接发生逻辑关系,无须通过中间过渡环节。如例(1)"本案死者是他杀"的证明。其论证过程可用公式表示为:

求证:p(论题)

证明:由 q 和 r(论据)推出 p

直接证明也可借助于归纳推理形式来进行。如例(2)"基本初等函数都是连续的"的证明。

间接证明是通过论证与论题相关的其他论题的虚假性,从而确定论题真实性的证明。间接证明通常有两种方法:反证法和选言证法。

反证法是通过确定或判明与论题相矛盾的命题(即反论题)虚假,然后根据排中律确定或判明原论题真实性的论证方法。

反证法的论证思路是:先根据论题设立与其相矛盾的反论题,然后通过论证证明反论题是虚假的。通常是以反论题为前件构成一个充分条件假言命题(其后件为虚假命题),再以此为前提运用充分条件假言推理的否定后件式来证明前件(反论题)虚假。最后根据排中律(两个相互矛盾的思想不能都假,必有一真),由反论题虚假,推出所要证明的论题的真实。例如:

(3)"可以肯定王某没有作案时间。因为,如果王某有作案时间,发案时他就不可能在单位主持会议,然而调查材料证明,发案时王某确实在单位主持会议。所以,王某没有作案时间。"

其论证过程用公式表示为:

求证:p(论题)

设:非 p(反论题)

证明:如果非 p,那么 q

$$\frac{非 q}{所以,并非(非 p)}$$

根据排中律:$\frac{非 p 假}{所以,p}$

反证法论证过程简捷,对论题的论证不容置疑,因而是一种非常有说服力的论证方法。

这种方法应用范围很广。特别是当某些论题难以用直接论证方法论证时,往往只能用反证法。在前面三段论中论证"小前提必须肯定"时,运用的就是反证法。

需要指出的是,在运用反证法时,只有与论题相矛盾的命题,才能作为反论题,论题的反对命题是不能作为反论题的,运用反证法的关键是确定反论题假,而要做到这一点,从反论题推出的命题必须是虚假的,这样才能根据推理规则确定反论题假。

【例题 8-3】 在法西斯当政的德国,有人说:"希特勒并不愚蠢。如果他愚蠢,就不会有那么大的名气。"后来有人告发他说"希特勒愚蠢",此人因此而被处以极刑。

以下哪项,与上面的告发者所用的手法相似?(　　)

A. 某人说:"我有张飞之粗,而无张飞之细。"有人分析说:"他这是掩盖自己粗中有细的特点。"

B. 某学生说:"只有勤奋学习,才能考上重点高中。"另一学生说:"他认为他一定能考上重点高中。"

C. 某商店老板说:"我卖的酒没有掺水。要是我的酒掺了水,能这么好喝吗?"一位稽查人员:"他已经承认他的酒掺了水。"

D. 某人说:"我们必须加大基础建设的投资,否则大的工程难以上马。"有人反映说:"这个同志不赞成上大的项目。"

解析:正确答案是 C。题干中被告发者运用反证法来阐述自己的观点,告发者错误的理解被告发者的话。C 选项与此类似。

选言证法是通过确定与论题相关的其他可能成立的命题的虚假来确定论题的真实性的论证方法。它运用的是选言推理的否定肯定式。选言证法又称穷举法或淘汰法。

选言证法的思维过程是:先构造一个包括原论题在内的选言论题;然后通过论证判明除了原论题外其他论断均不成立;根据选言命题的逻辑性质,运用选言推理的否定肯定式确定原论题为真。例如:

(4)"对待历史文化遗产,应采取批判继承的态度。"

对待历史文化遗产,要么是全盘继承,要么是虚无主义,要么是批判继承。全盘继承,不分精华和糟粕,不能推陈出新,不利于文化发展,这种态度是不可取的;虚无主义,割断了历史,违背了文化发展的规律,同样不利于文化的发展;只有批判继承,去其糟粕,取其精华,才能促进文化繁荣。

其论证过程用公式表示为:

　　　　求证:p(论题)

　　　　设:或 p,或 q,或 r①

　　　　证明:或 p,或 q,或 r

　　　　　　　非 q,并且非 r

　　　　　　　所以,p

由此可见,选言证法实际是通过"去伪"而"存真",通过排除其他相关的可能性,从而确定论题的真实性。

---

① 备注:q、r 应是除 p 以外的所有可能情况。

反证法和选言证法的共同点是论据不直接确定论题为真,而是通过引用论据确定与论题相关的其他命题的虚假来判明论题的真实性。只是反证法是通过确定与原论题相矛盾的反论题的虚假来推导出论题的真实;而选言证法是逐一确定论题之外的相关其他各个命题的虚假,进而推出论题的真实。

在实际运用中,对于一个具体的论证,往往既用到演绎论证,又用到归纳论证;既用到直接论证,又用到间接论证。因此,我们必须熟练地掌握这些形式或方法,并根据具体的需要,灵活、恰当地运用它们。

3. 直接反驳和间接反驳

反驳是一种特殊的论证。证明是"立",证明是要坚持自己的观点,为自己观点能够成立寻找根据;反驳是"破",反驳是为了批判对方的错误思想,是为了能够驳倒对方,寻找批驳对方思想的一些观点。因而也可以说是用自己的论证来推翻对方的论证。

反驳的对象可以是针对对方某个论断,也可以是针对对方的某个论证方式。反驳论证方式就是揭示对方的论证方式不成立,指出对方在论证中所用推理形式是非有效式。反驳论断,是确定该论断的虚假性;无论是反驳对方的论题,还是反驳对方的论据,都属于反驳论断之列;在反驳中通常采用直接反驳和间接反驳的论证方法。

直接反驳是由论据直接确定被反驳论断为假的论证方法。这种方法是直接列举出与对方论据或论题相矛盾的事实来论证对方论题或论据的虚假。例如:对方论题是"哺乳动物都是胎生的",我们反驳时,只要直接提出相反的事实:"鸭嘴兽虽是哺乳动物,但却不是胎生的",就可以直接反驳"哺乳动物都是胎生的"这个论题。直接反驳的反驳过程用公式表示为:

反驳:p(驳题)

证明:由 q 和 r(驳据)推出非 p

所以,p 假

【例题 8-4】 一种对许多传染病非常有疗效的药物,目前只能从一种叫艾菠乐的树皮中提取,而这种树在自然界很稀少,5000 棵树的树皮才能提取 1 公斤药物。因此,不断生产这种药物将不可避免地导致该种植物的灭绝。

以下哪项为真,则最能削弱上述论断?

A. 把从艾菠乐树皮上提取的药物通过一个权威机构发放给医生。

B. 艾菠乐可以通过插枝繁衍人工培育。

C. 艾菠乐的叶子在多种医学制品中都使用。

D. 从艾菠乐树皮提取药物生产成本很高。

解析:正确答案是 B。既然可以人工培育,那么该植物就不会灭绝。B 选项直接针对对方结论进行反驳,最能削弱上述论断。

间接反驳是通过确定被反驳论题(或论据)反论题的真实,然后根据矛盾律推出被反驳论题(或论据)虚假的论证方法。被反驳论题(或论据)的反论题通常是与被反驳论题具有矛盾关系或反对关系的命题。例如:

(5)"'英雄人物是历史的创造者'的说法完全违背历史事实。我们的观点是'人民群众才是历史的创造者'。无数事实证明,人民群众用自己的勤劳和智慧不仅创造出了极其丰富的物质财富,而且创造出了绚丽多彩的精神财富。人民群众不仅是社会财富的创造者,而且是实现社会变革和推动历史前进的决定力量。所以,'英雄人物是历史的创造者'的说法是错误的。"

其反驳过程用公式表示为:

反驳:p(驳题)
设:非 p(反论题)
证明:非 p 真
所以,p 假(根据矛盾律)

从上面的例子可看出,在间接反驳中有证明,如同在间接证明中有反驳一样。间接反驳是通过证明矛盾论题(或论据)的真实性来间接证明论题的虚假性;间接证明是通过证明矛盾论题的虚假性来间接证明论题的真实性。证明和反驳两者相辅相成。

在反驳中,还有一种很常用的方法——归谬法。

归谬法是从被反驳论题引出互相矛盾的命题,进而证明被反驳论题为假的论证方法。

归谬法的论证思路是:要反驳某个论断,先假定该论断是真的,并由这种假定演绎出一个或一系列错误较明显的推断,然后从这些推断的虚假性回返推出被反驳论断的虚假性。归谬法的逻辑根据是运用充分条件假言推理的否定后件式。如前面所举例子中鲁迅先生对"作文有秘诀"的反驳就是应用了归谬法。再如:

(6)"有人说:不上大学就是没出息,就成不了才(p)。照此说来(p),瓦特、高尔基、爱迪生、富兰克林等就都是没有出息的人了(q)!因为他们都没有上过大学。然而,瓦特这个钟表匠的学徒却是蒸汽机的发明者;高尔基,一个流浪儿,靠自学成了一代文豪;富兰克林,一个普通印刷工人凭着刻苦钻研,成为电学的先驱者;爱迪生只读过三个月的书,也是靠自学成了伟大的发明家。你能说他们不是人才?(非 q)

[所以,并非 p 真,所以 p 假(矛盾律)]"

归谬法的反驳过程用公式表示为:

反驳:p
设:p 为真
归谬反驳:如果 p,那么 q
非 q
所以,非 p

根据矛盾律:非 p 真
所以,p 假

这里要注意:归谬法在证明时是间接证明的方法,但在反驳时则是直接反驳的方法。因为,它是以对方论题或论据为前提推出一个或几个荒谬的后件,然后,由否定后件到否定前件,从而论证对方论题或论据的虚假的一种方法。

需要注意的是,在反驳过程中,针对对方的论题或论据进行反驳,都是给予对方论证的最有力的驳斥。不过,在通常情况下,驳倒论据并不能确定对方的论题就是虚假的,只能确定对方的论证不成立。因为驳倒对方的论据,只能证明对方用以判明论题真实性的理由是错误的,从而证明对方的论证是不能成立的,但是并不能以此证明对方论题是虚假的。比如:北宋范景仁不信佛。苏东坡问他何故?范答:"平生事,非目见即不信。"苏东坡用归谬法反驳道:"如果你非目见即不信,那么你不见脉就应当不相信医生的切脉。但你为什么相信切脉呢?"这里,苏东坡虽然反驳了范景仁不信佛的论据即"非目见即不信",但他的反驳并未判明论题"不信佛"本身是假的。① 所以,如果要反驳对方,论证对方观点虚假,就必须针对对方论题进行反驳,而不能仅仅反驳论据。

反驳对方的论证方式,也存在这个问题。有时,对方的论题、论据都是真的,但其论证方式是不正确的。这样,我们就需要针对对方的论证方式进行反驳。但指出其论证方式中的逻辑错误,并不等于就驳倒了对方的论题。它只是证明由论据通过对方所采用的论证方式推不出论题,因而论题没有得到证明,但没有确定论题是假的。

【例题 8-5】 只有患了肺炎才会发高烧,小萱患了肺炎,所以她一定发了高烧。

以下哪个推理与上述推理犯了同样的逻辑错误,从而有力地说明上述推理不成立?

A. 只有学习好,才有资格当三好生,我学习好,所以,我一定有资格当三好生。
B. 只有学习好,才有资格当三好生,我有资格当三好生,所以,我学习一定好。
C. 只有学习好,才有资格当三好生,我没有资格当三好生,说明我学习不好。
D. 只有学习好,才有资格当三好生,我学习不好,所以,我没有资格当三好生。

解析:正确答案是 A。因为 A 选项中推理的两个前提即使均真,结论也未必就真。它与题干中的推理一样,都是必要条件假言推理的肯定前件式,但却是无效的推理形式。

二、论证的规则

要自觉地、正确地进行逻辑论证,除了要掌握论证三要素:论题、论据和论证方式外,还须自觉按照论证规则进行论证。论证的规则,是关于论题、论据与论证方式的规则。

1. 论题必须明确

论题是论证的中心与核心。为了使论证正确地进行,论题就必须清楚、确切。论题明确不仅包括思想上要明确,表达上也要清楚明白。在进行论证时,论证者必须清楚自己的论题是什么,而且要用明确的语言把它表达出来。在表述论题时,应尽量选用意义明确的词语,避免使用含混不清的词语。对于论题中关键性的概念,在必要时,还应加以扼要的说明,准确地揭示其内涵和外延。例如:

(7)"吸烟是有害的。"

(8)"吸烟多有害!"

例(7)作为论题是清楚明白的。但例(8)作为论题就不是很清楚明白,有些让人难以理解。我们不知道它究竟要表达的是"吸烟吸多是有害的"还是"吸烟是非常有害的"。

论题明确,是论证的先决条件。要使论题明确,我们需要有逻辑知识和论题所涉及的具体科学知识。在论证中,如果论题含混不清,就意味着要论证的目的不明确,论证过程就可能会无的放矢,似是而非,口若悬河而言不及义,下笔千言而离题万里。违反这一规则所犯的逻辑错误是:论题不清。

2. 论题必须保持同一

在同一论证过程中,论题一旦确立,就必须始终保持前后一致,中途不能随意转移或改

---

① 《形式逻辑》.上海.华东师范大学出版社.2009 年第四版.第 245 页。

变论题。

论题是论证的中心,有了明确的论题,就要紧紧抓住它;在整个论证过程中都应该针对已经确立的论题展开论证。违反这一规则,就会犯"偷换论题"的逻辑错误。

"偷换论题"的表现形式较多,比较常见的有以下几种:

第一,证明过多。即所论证的论题范围比原论题的范围要广。比如,要证明"有些科学家是自学成才的",但在论证过程中,却有意无意地去论证"科学家是自学成才的",这就把论题扩大了,把原来的论题偷换成一个比原来涉及范围更广的论题,因而犯了"证明过多"的逻辑错误。

第二,证明过少。即所论证的论题范围比原论题的范围要窄。比如,需要证明的论题是"吸烟是有害的",结果却用许多论据去论证"大量吸烟是有害的",这就把论题缩小了,即把原来的论题偷换成一个比原来涉及范围更小的论题,犯了"证明过少"的逻辑错误。

第三,完全转移论题。即所论证的论题与原论题无关。例如:

(9)"甲:老兄,你刚才参赛的这支歌,比别人差!

乙:瞎扯,你还唱不出我这个水平呢!"

乙就犯了完全转移论题的逻辑错误。即应当论证的论题毫不论证,而论证的问题与原论题又毫不相干。

3. 论据应当是已确知为真的命题

论据是用来论证论题真实性的理由。论证过程就是由论据的真实性推出论题的真实性的思维过程。论据本身如果不真实,就不可能达到论证论题真实性的目的。因此,论据决不能是虚假的或待证的命题。用虚假的命题或者真实性尚未得到确定的命题作为论据进行论证,就会犯"虚假论据"或"预期理由"的逻辑错误。

虚假论据是以虚假命题作为论据的逻辑错误。比如,中国历史上的英雄人物岳飞是以"谋反"的罪名被杀害的,其所谓的罪名(论据),秦桧竟说:"飞子云与张宪书虽不明,其事体莫须有",实际上就是凭空捏造证据。

以虚假的命题为论据是错误的,以真实性未被证实的命题作为论据也是错误的。"预期理由"就是以真实性尚未被证实的命题作为论据进行论证所犯的逻辑错误。比如,有人曾说:

(10)"在其他天体上有高度文明的社会。因为,在其他天体上有智力高度发展的人。"

这个论证中,论据"其他天体上有智力高度发展的人"是一个真实性有待证实的命题,它犯了"预期理由"的逻辑错误。

在同一论证中,论据不真实,论题却未必不真实。我们知道,由一个虚假命题推导出来的命题,并不一定是虚假的,有时可以是真实的。但是,论据虚假,却表明论证是不正确的,证明是不能成立的。

4. 论据的真实性不能依赖于论题的真实性来说明

论题是一个尚未确知为真的命题,因而需要通过论证来证明它是真实的。如果在一个论证中,论据的真实性又依赖于论题的真实性,即是说,论据的真实性又是根据论题的真实性来证明的。那么,这样的论据本身就是一个尚未确知为真的命题。而用尚未确知为真的命题作为论据,是根本不能证明论题真实性的。违反这一规则,就会犯"窃取论题"或"循环论证"的逻辑错误。比如,据记载曾有两个基督教教士关于上帝本体论作出过这样的证明:

(11)当我们思考上帝时,我们是把他作为一切完美性的总和来思考的,因为,不存在的东西必然是不完美的。因此,我们把存在包括在上帝的完美性之内。所以上帝一定存在。

这一论证是以"上帝是完美的"来证明"上帝是存在的",又以"上帝是存在的"来证明"上帝是完美的",实际上什么也没有证明,这里所犯的逻辑错误就是"循环论证"。

【例题8-6】 雄孔雀漂亮的羽毛主要是吸引雌孔雀的,但没人知道雄孔雀这身漂亮的羽毛能在求偶中具有竞争的优势。一种解释是雌孔雀更愿意与拥有漂亮羽毛的雄孔雀为偶。

以下哪项陈述准确描述了上文推论中的错误?(　　)

A. 把属于人类的典型特征归属于动物。
B. 把对一类事物中的个别种类断定不能证明为真的结论推广到这类事物的所有种类。
C. 这种解释,使用了一种原则上既不能证明为真也不能证明为假的前提。
D. 把所提供的需要作出解释的现象本身作为对那种现象的一种解释。

解析:正确答案是D。题干表述的是:因为雌孔雀更愿意找羽毛漂亮的雄孔雀,所以羽毛漂亮的雄孔雀在择偶中有竞争优势。但它用"雌孔雀更愿意与拥有漂亮羽毛的雄孔雀为偶"来解释为什么"漂亮的羽毛能在求偶中具有竞争的优势",实际上是什么理由也没有给出,犯了"循环论证"的逻辑错误。

5. 从论据必须能正确地推出论题

论证的过程,实际上就是运用有效的推理形式由论据合乎逻辑地推出论题的过程。从论据推出论题,论据与论题之间必须有逻辑联系,论据必须是论题的充足理由,论证过程必须运用正确的论证方式。如果违反这一规则,就会犯"推不出"的逻辑错误。"推不出"的逻辑错误主要有以下表现:

第一,论据与论题不相干。即论证中的论据虽然也可能是真实的,但是却与所要证明的论题毫无关系。用这样的论据当然是判明不了论题的真实性的。例如,20世纪西方列强在为自己的侵略行为辩护时说"被侵略国家有本国的侨民"。这个论据虽然是真的,但由此并不能推出可以对这个国家进行侵略,其论据与论题是不相干的。因此,犯了"推不出"的逻辑错误。

第二,论据不足。所谓"论据不足"就是已有论据对于论证论题的真实性来说是必要的,但不是充分的;还不能就此推出论题,尚需其他论据的配合。例如早期人们论证"地球是圆球体"时,所举论据是"海里的船向陆地驶来,陆地上的人先看见桅杆,然后才见船身";"站得愈高,看得愈远"等,但这些论据只能说明地球是曲面的密闭形和没有边缘,还不足以证明地球是圆球体。

第三,论证中采用的推理形式不正确或者违反逻辑基本规律的要求。由于论证过程都需要借助于推理来实现,所以要从论据中推出论题,在论证中必须遵守相关推理的规则和要求,由于推理形式不正确而出现的"推不出"的错误,属于形式上的错误。比如,有人说:"这人身材这么好,一定是个模特。"而事实上并非所有身材好的人都是模特。"身材好"和"模特"之间并无必然联系。如果我们把这一逻辑错误中所包含的推理形式表述出来,那就是:

(12)模特都身材好;
　　此人身材好;
　　所以,此人是模特。

可以看出,这一推理违反三段论的推理规则,犯了"中项不周延"的逻辑错误。这样,即使论据都是真的,但由于论据与论题之间无必然联系,因而证明不了论题的真实。这也是"推不出"的逻辑错误。

第四,以相对为绝对。

这是将在一定条件下的真实命题当作无条件的真实命题作为论据来使用而产生的错误。也就是把在一定时间、地点条件下正确的东西,当作在一切时间、地点条件下都正确的东西。

上述有关论证的五条规则中,前两条规则是针对论题提出的要求,第三、四条规则是针对论据提出的要求,第五条规则是针对论证方式提出的要求。如果一个论证遵守论题、论据和论证方式方面的所有规则,这个论证就是正确的论证。如果违反论题、论据和论证方式方面的任何一条规则,那么论证就不能成立。

第三节　论证中的谬误

谬误问题作为逻辑研究的内容之一,已有两千多年的历史。我国古代逻辑学家墨翟、荀子等人,古希腊逻辑学家亚里士多德等都专门研究过谬误问题。亚里士多德的早期著作《辩谬篇》中主要揭示和分析各种谬误和诡辩,并提出反驳的方法。《墨经》中也有大量内容是分析和反驳思维中的谬误和诡辩的。正是在针对一些具体的谬误和诡辩提出具体解决方法的过程中,古代思想家们才开始思考为了正确地使用语言和思维,人们应该遵循一些什么样的原则、规则或者规律?并在此基础上各自提出并表述了逻辑基本规律,将其作为"思维的基本规律"来运用,使人们的思维和表述更加正确、有条理性及逻辑性。

一、谬误

"谬误"一词,来源于拉丁语,原词有"欺骗、阴谋"等义。同"真理"相对。"谬误"一词在汉语中通常指不符合客观实际的荒谬言论。但在这里,所谓"谬误"并不是指一般的错误、荒谬、虚假的认识、命题或理论,而是泛指人们在思维和语言表达中所产生的一切逻辑错误。在逻辑学中,从狭义角度看,"谬误"专指违反逻辑规律要求和逻辑规则而出现的各种逻辑错误。

谬误一般分为两类:形式谬误和非形式谬误。这是按谬误的产生是否是由于违反逻辑形式的规则要求而分的。

形式谬误是指由于违反形式逻辑的规则要求而产生的逻辑形式不正确的各种逻辑错误。通常表现为违反演绎推理规则的错误。如三段论中的"中项不周延",充分条件假言推理从否定前件到否定后件等都属于形式谬误。

非形式谬误泛指一切并非由于逻辑形式上的不正确而产生的逻辑错误。或者说,凡不属于形式谬误的其他谬误。如"以人为据"等。

我们在前面有关各章节对形式谬误已分别作过说明和分析,这里就不再重复。下面将常见的其他非形式谬误作一简要介绍。

二、常见的几种非形式谬误

1. 语言歧义

这是指在用语言表达思想和交流思想的过程中,没有保持所用语言的确定性和清晰性而产生的谬误。主要指语词歧义和语句歧义。

语词歧义是指在同一思维过程中,对同一语词在不同意义下使用而引起的逻辑错误。比如,"我要热饭",形成歧义的是"热",其为动词或形容词时的含义是不同的;"鸡不吃了"中的"鸡"是受动者还是施动者?因而容易形成歧义。

语句歧义是指在同一思维过程中,对同一语句作不同意义的理解导致歧义而引起的逻辑错误。比如,"市里的通知说,让钱县长本月 20 日前去汇报"语句表意不明,是"让钱县长本月 20 日前,去汇报"还是"让钱县长本月 20 日,前去汇报"。语句歧义在日常生活中是较常见的谬误。

2. 错认因果

错认因果也是非形式谬误中的一种。我们在介绍"求因果五法"时就已提到:因果关系既具有普遍性,又具有复杂性。如果没有正确认识因果关系,就有可能导致逻辑错误出现。如"因果倒置"。

3. 断章取义

所谓"断章取义"就是在论证过程中,为了达到自己的目的和需要,随意割裂别人的讲话和文章,摘取其中的只言片语,孤立地加以解释,而毫不顾及原文完整的含义所造成的谬误。

4. 非黑即白

将相容的或有多种可能的事物情况人为规定为不相容的两种情况的谬误。在日常思维中,人们错误地将反对关系的概念当作矛盾关系的概念使用时就犯的是"非黑即白"的逻辑错误。黑、白在此比喻两个极端,走极端是这种谬误的典型体现:任何东西不是好的,就是坏的;不是美的,就是丑的,如此等等,无视中间事物及状态的存在。硬要把选择范围局限于黑白两个极端,不恰当地要求人们在这二者中选择一个,企图搞乱人们的思想。

5. 以传统为据

就是借助传统或借助习俗作为论据来说明观点所造成的谬误。

6. 故意非难

在论证中,任意歪曲篡改对方的意思,将莫须有的罪名强加在别人身上所造成的谬误。

7. 文过饰非

在论证中,用一些似是而非、冠冕堂皇的理由欺骗别人,掩饰自己的错误所造成的谬误。

8. 以人为据

就是以"人"本身作为其立论或驳论的唯一根据而造成的谬误。其主要表现形式为"人身攻击""因人纳言""因人废言"等。

所谓"人身攻击"就是在论辩中用攻击论敌的个人品质,甚至漫骂论敌的手段,来代替对具体论题的论证而引起的一种谬误。

所谓"因人纳言"就是在论辩中,用对某人行为和品格的好评来代替严格的逻辑论证。"王红说得不会错,因为王红平常表现很好,待人诚恳正直。"

所谓"因人废言"就是在论证过程中,仅根据论敌的品行或与自己的利害关系来否定对方。比如,"张某的说法是错误的,因为张某品质恶劣,令人厌恶"。

【例题 8-7】 周琳的这段话不大会错。因为她是听她爸爸说的,而她爸爸是一个治学

第八章 逻辑论证

严谨、受人尊敬、造诣很深、世界著名的学者。

以下哪项如果为真,将最能反驳上述结论?(　　)

A. 周琳谈的不是她爸爸所涉研究领域研究的问题。

B. 周琳平时曾说过错话。

C. 周琳的爸爸并不认为他的每一句话都是对的。

D. 周琳的爸爸已经年纪大了。

解析:正确答案是 A。选项 B 与 D 都犯有"人身攻击"的逻辑错误。C 选项正好体现了周琳爸爸的治学精神,不能成为对题干结论的有力反驳。选项 A 直接针对题干论证中所犯的"诉诸权威"的逻辑错误进行反驳。

形式谬误和非形式谬误的种类很多,我们只是讨论其中常见的几种。研究谬误的目的,在于帮助人们了解谬误产生的原因,从而能更有效地揭露谬误和破斥谬误。如果我们掌握了正确的逻辑形式,又能识别各种谬误,那么我们的思维就会更加富有逻辑性。

练习题

一、填空题

1. 反证法是通过确定或判明与论题_____的命题(即反论题)_____,然后根据_____确定或判明原论题真实性的论证方法。

2. 论证方式是由论据推出论题时所运用的_____;回答的是_____的问题。

3. 演绎论证是用_____来证明_____的一种论证。

4. 归谬法是从被反驳论题引出_____的命题,进而证明被反驳论题_____的论证方法。

5. 两种常用的间接证明的方法是_____和_____。

6. 论证和推理有密切联系,论题相当于推理的_____,论据相当于推理的_____,论证方式相当于推理的_____。

7. 反驳是由_____、_____和_____三部分组成。

8. 针对论证方式的规则要求是_____。

二、判断题

1. 证明就是用若干已知为真或可能为真的命题来确定另一命题也为真的思维过程。(　　)

2. 论证是由前提、结论和论证方法三部分组成。(　　)

3. 运用反证法时,反论题既可以是论题的矛盾命题,也可以是论题的反对命题。(　　)

4. 推理的前提相当于论证的论题,推理的结论相当于论证的论据。(　　)

5. 间接反驳是通过先论证反论题为假,然后根据排中律确定被反驳论题为真的论证方法。(　　)

6. 反证法和选言证法的共同点是论据直接确定论题为真,通过引用论据确定与论题相关的其他命题的虚假来判明论题的真实性。(　　)

7. 归谬法的逻辑根据是运用充分条件假言推理的有效式:肯定前件式或否定后件式。(　　)

8. 一个不成立的论证所运用的推理一定是错误的。　　　　　　　　　　　　(　　)

三、选择题

1. "论题应当保持同一",这条论证规则的逻辑根据是(　　)。
   A. 同一律　　　　B. 矛盾律　　　　C. 排中律　　　　D. 充足理由律

2. 在论证过程中,如果违反论据方面的规则,就会犯(　　)的错误。
   Ⅰ."推不出"　　　　　　　　　　　Ⅱ."论题不清"
   Ⅲ."转移论题"　　　　　　　　　　Ⅳ."预期理由"
   Ⅴ."循环论证"
   A. Ⅰ、Ⅳ　　　　B. Ⅳ、Ⅴ　　　　C. Ⅱ、Ⅴ　　　　D. Ⅰ、Ⅲ和Ⅳ

3. 若驳倒对方的论证方式,则说明(　　)。
   Ⅰ. 对方的论题不成立　　　　　　　Ⅱ. 对方论题的真实性还有待证明
   Ⅲ. 对方的论据虚假　　　　　　　　Ⅳ. 对方论证方式犯了"推不出"的错误
   A. Ⅰ、Ⅱ、Ⅲ和Ⅳ　　　　　　　　　B. Ⅰ、Ⅲ和Ⅳ
   C. Ⅱ、Ⅳ　　　　　　　　　　　　D. Ⅰ、Ⅲ

4. 语言不能生产物质财富。如果语言能够生产物质财富,那么夸夸其谈的人就会成为世界上最富有的人。

   以下哪项论证在论证方式上与上述论证最为类似?(　　)
   A. 风水先生惯说空,指南指北指西东,倘若真有龙虎地,何不当年葬乃翁
   B. 有些近体诗是要求对仗的,因为有些近体诗是律诗,而所有律诗都要求对仗
   C. 加强税法宣传十分重要,这样做可以普及税法知识,增强人们的纳税意识,增加国家财政收入
   D. 人在自己的生活中不能不尊重规律,如果违背规律,就会受到规律的无情惩罚

5. 反证法所运用的推理形式是充分条件假言推理的有效式(　　)。
   A. 肯定前件式　　B. 否定前件式　　C. 肯定后件式　　D. 否定后件式

6. "对人民内部的民主方面和对反动派的专政方面,互相结合起来,就是人民民主专政。有什么理由要这样做?大家很清楚。不这样,革命就要失败,人民就要遭殃,国家就要灭亡。"

   这个论证中的论证方法是(　　)。
   Ⅰ. 直接论证　　Ⅱ. 间接论证　　Ⅲ. 归纳论证　　Ⅳ. 反证法
   A. Ⅱ、Ⅳ　　　　B. Ⅰ、Ⅱ和Ⅳ　　C. Ⅲ　　　　D. Ⅰ、Ⅲ

7. "凡金属都是导电体,因为,铁导电、铜导电、锡导电、铝导电,而铁、铜、锡、铝都是金属。"

   这个论证(　　)。
   A. 间接论证　　B. 选言论证　　C. 演绎论证　　D. 归纳论证

8. "有人说天下乌鸦一般黑,其实是不对的,因为,人们已经在一些地方发现了白乌鸦。所以,并非所有乌鸦都是黑的。"

   这段议论所运用的反驳方法是(　　)。
   A. 间接反驳　　B. 归谬法　　　C. 直接反驳　　D. 反证法

第八章 逻辑论证

9. 反证法与归谬法的主要区别是（　　）。
   Ⅰ. 前者用于论证，后者用于反驳
   Ⅱ. 前者须用排中律，后者不用排中律
   Ⅲ. 前者运用充分条件假言推理的否定后件式，后者用的是否定前件式
   Ⅳ. 前者不需设反论题，后者需设反论题
   A. Ⅰ、Ⅱ、Ⅲ和Ⅳ　　B. Ⅰ、Ⅱ　　C. Ⅰ、Ⅲ、Ⅳ　　D. Ⅱ、Ⅳ

10. 古希腊学者克拉底鲁曾说："一切命题都是假的。"亚里士多德反驳说："如果一切命题都是假的，那么这个'一切命题都是假的'也是假的。"亚里士多德的反驳用的是（　　）。
    Ⅰ. 直接反驳　　Ⅱ. 间接反驳　　Ⅲ. 类比反驳
    Ⅳ. 归纳反驳　　Ⅴ. 归谬法
    A. Ⅱ、Ⅲ　　B. Ⅱ、Ⅲ和Ⅳ　　C. Ⅰ、Ⅳ和Ⅴ　　D. Ⅰ、Ⅴ

四、综合分析题

（一）指出下列论证的逻辑错误。

1. 只有逆境才能出人才。因为从古至今，世界上没有哪一个杰出的科学家没有一段坎坷的经历。

2. 为什么说真理有阶级性呢？因为：第一，在阶级社会中每个人都有阶级性，无产阶级的阶级地位决定了它能认识真理、掌握真理，而资产阶级却不可能完全做到；第二，在社会科学领域中的许多真理，也不是为所有的社会成员服务的；第三，在社会科学领域，超阶级的、敌对阶级都能接受的真理，也是不存在的。可见，认识、利用和接受真理都是有阶级性的。

3. 我们应当尊敬教师，因为不尊敬教师是不对的。为什么不尊敬教师不对呢？因为学生应当尊敬教师。

4. 古希腊辩者欧布里德的一个论证：某人不认识自己的父亲。欧布里德先问这个人："你认识你的父亲吗？"那人回答："认识。"然后，欧布里德让这个人的父亲隐藏在帷幕后面，再问道："你认识这个人吗？"因为不知道帷幕后面是谁，这个人回答说"不认识"。欧布里德据此就证明：这个人不认识自己的父亲。

5. 某人的言论不要相信。因为他曾因接受过不正当馈赠而受到处罚。

6. 妻子关心地对丈夫说："人们都说你是一个没头没脑的工作狂，你应该调整调整，不然迟早会累病的。"丈夫说："难道你愿意我是一个无所作为的懒汉吗？"

7. 地球上出现的不明飞行物，肯定是外星球的宇宙人发射的，因为现代科学告诉我们，外星球可能存在着比地球人更高级的宇宙人。他们向地球发射宇宙飞行器是很自然的事。

8. 某电器厂厂长说："最近，我们厂的产品质量不太好，用户意见很大，这主要是因为前一阶段全厂职工普遍重视产品的数量，因此，忽视了产品的质量。"

9. 求证：四边形的内角之和等于360°。证明：正方形ABCD是四边形，因为它的四个内角都是直角，都是90°，其和等于360°，所以，四边形的内角之和等于360°。

（二）下列反驳是否正确，为什么？

1. 有些资产阶级经济学家认为，原始社会中的石斧也是资本。这是一种荒谬的见解。如果原始社会的石斧是资本，那么原始社会就该有资本家和剥削了，而事实上原始社会并不

存在资本家和剥削。

2. 在市场上,一位女顾客对女商贩说:"喂,老太婆,你卖的是臭蛋呀!"这位女商贩恼火了,说:"什么?我的蛋是臭的?我看你才臭呢!你敢这样来说我的蛋?你?要是你爸爸没有在大路上给虱子吞掉,你妈妈没有跟法国人跑掉,你奶奶没有在医院里死掉,你就该为你花里胡哨的围脖买件称身的衬衫呀!谁不知道,这条围脖和你的帽子是打哪儿搞来的。要是没有军官,你们这些人现在才不会这样打扮呢!要是太太们多管管家务,你们这些人都该蹲班房了。还是补补你袜子上的窟窿去吧!"

3. 加拿大外交官切斯特·朗宁竞选省议员,由于其父亲是传教士,朗宁出生于中国。因幼儿时期吃过中国奶妈的奶水,受到政敌的攻击:"朗宁是亲华派,因为喝的是中国人的奶,身上一定有中国血统"。朗宁反驳说:"你们是喝牛奶长大的,你们身上一定有牛的血统了。"

4. 有个年轻人在大街上随地吐痰,还乱扔果皮。一位环卫工人前去打扫并劝阻,批评她这是不讲卫生、不文明的行为,违反了城市卫生管理条例的有关规定。这个年轻人狡辩说:"我怎么不讲卫生了?我比你干净多了。再说,没人扔东西,要你们干什么?你们不就下岗失业了?"

(三)请分析下列论证的结构,指出论题、论据和论证方式。

1. 绿色植物通过光合作用都能释放出氧气,我们可以通过许多试验来证明。例如,水藻通过光合作用可以释放出氧气,麦苗通过光合作用可以释放出氧气,树叶通过光合作用可以释放出氧气……这是因为,绿色植物在光合作用过程中,水和二氧化碳变成糖类而释放出氧气。

2. 自然科学不属于社会意识形态。因为,只有为特定经济制度和政治制度服务的思想上层建筑,才属于社会意识形态。而自然科学直接同社会生产力相联系,它不属于上层建筑,它可以为任何社会制度服务。

3. 喜马拉雅山脉在过去地质年代里曾经是海洋地区。因为地质学已经证明,凡是有水生生物化石的地层,都是地质史上的海洋地区。地质普查探明,喜马拉雅山脉的地层中遍布珊瑚、苔藓、海藻、鱼龙、海百合等化石。因此可以得知,喜马拉雅山脉在过去地质年代里曾经被海洋淹没过。

4. 瞿秋白不是叛徒。如果瞿秋白是叛徒,那么就会出卖同志或出卖党的机密。但是,事实上,瞿秋白既没有出卖同志也没有出卖党的机密,所以,瞿秋白不是叛徒。

5. 我们必须实现安定团结的政治局面。究竟是安定团结的局面好,还是动乱不安的局面好?对于动乱所造成的灾难,全国人民有深切感受,决不允许这种局面再现。人民希望社会安定团结,希望生产得到发展,希望生活得到改善。

(四)请分析下列反驳的结构,指出被反驳的论题、反驳方式和反驳方法。

1. 短文章就没有分量?那不见得,文章不在长短,要看内容如何。内容有分量,尽管文章短小也是有分量的;如果内容没有分量,尽管文章写得像万里长城那样长,还是没有分量。所以不能用量压人,要讲求质。黄金只有一点点,但还是有分量的;牛粪虽然一大堆,分量却不见得有多重。说短文章没有分量是不切实际的。中国古代就有许多短文章,如《论语》、《道德经》等。《论语》中有不少好的东西,就是《道德经》在那个时代也有它突出的地方。

"三个臭皮匠,抵个诸葛亮"这样的话就很好。它十个字抵得上一大篇文章。类似的例子有的是。

2. 有人说:"吃鱼可以聪明。"真是这样吗?鲁迅先生因刺多费时,素不喜欢吃鱼,他那目光如炬的洞察力,所向披靡的批判锋芒,足以显示了他的聪明。"举家食粥"的曹雪芹,此时恐早已与鱼无缘,却写下了巨著《红楼梦》。就是喜食鱼头的聂卫平,如果只是一日三餐大吃鱼头,也绝无棋盘上的聪明的。那些花天酒地,终生绝无食鱼之虞的末代昏君与纨绔子弟,有一个聪明的吗?海底那些唯以鱼为食的生物,虽比人类出现的还早,至今也仅仅聪明到为人类的盘中餐而已!天才无疑是最聪明的,然而"天才,就是百分之一的灵感加上百分之九十九的汗水"(爱迪生语)。这是吃鱼就能吃出来的吗?历史上杰出的人物,反倒多是从困境中走出来的,是从"食无鱼"的境况中奋斗出来的。

3. 有人说形式逻辑也有阶级性,这种观点是不对的,如果形式逻辑有阶级性,那么历史上和现实中就应当有农民阶级的形式逻辑与资产阶级的形式逻辑之别,然而事实并非如此,形式逻辑对任何阶级都是一视同仁的。

4. 有一种观点认为,智力早熟会造成早亡。然而事实并非如此。5、6 岁就能作诗,9 岁通声律的唐代大诗人白居易活了 74 岁;控制论创始人诺伯特·维纳 10 岁入大学,14 岁毕业于哈佛大学,活了 70 岁;德国诗人歌德 8 岁能用德、法、意、拉丁、希腊等语言进行读写,他活了 83 岁……可见,并非智力早熟就会造成早亡。

附录C 论　　辩

不知大家是否看过"国际大专辩论会"。辩论会上,辩手们那雄辩的口才、敏捷的思维、丰富的知识还有那机警的应变能力与辩论技巧,许多人都很羡慕,都想具有那样的学识、风度和气质。那么,怎样才能具有这种辩论素质呢?我想,除了要掌握相关的专业基础知识外,逻辑思维能力也是其中一项必备要素。所以,在此我们就"论辩"中的相关问题,论辩中要明确和注意的一些逻辑问题作一探讨。

辩论赛场上论辩的问题一般都是事先确定的。往往通过抽签方式来确定"正方"和"反方";正方通常将要论辩的问题作为"论题"来进行论证;反方通常将论辩的问题作为"驳题"来进行反驳。因而正方论辩的目的是要寻找充分的论据,运用严密的逻辑推理,来确定论题的真实性;反方论辩的目的则是要寻找充分的论据,运用严密的逻辑推理,来确立论题的虚假性。

在论辩中,如何构建一个有效的论证?

首先,要明确你方究竟想要论证的是一个什么问题。

其次,你方准备用什么论据去论证你方想要论证的问题?

论辩的论题所涉及的问题通常是目前还无明确答案的问题,不论是正方对论题的论证还是反方对论题的反驳,其结果都不能简单地视之为"真理"或"谬误"。例如,1993年国际大专辩论会的一场辩论赛的辩题"人性本善";1999年国际大专辩论会的一场辩论赛的辩题"美是客观存在"等都是一些目前难有共识但却又为人关注的问题。

辩论中,论辩双方要为自己言论的合理性提出辩护,同时对对方言论提出驳斥。因而就要为论题寻找非常有力的论据;所不同的是,各方所依赖的作为论据的事实依据,是经常发生的普遍现象,还是个别事例;是具有实质性的社会现象,还是仅为过眼烟云的一时表象。

此外,辩论中论证的建构也需要找到合适的论证方式,即论证中所使用的推理形式。现如今论辩中所使用的论证方式,比较常见的是不完全归纳方法和归谬法(充分条件假言推理的否定后件式);辩论双方在用事实作为论据论证本方论题(观点)时,常常使用不完全归纳方法,当然也会辅之以能提高说服力的类比方法。而在反驳对方的某一论点、论据或论证方式时,通常使用归谬方法,使反驳鲜明有力。

可见,辩论是逻辑论证的综合运用,实际上涉及论证的三要素:论题、论据及论证方式。因而符合逻辑的论辩就要遵循前面章节中所述的逻辑论证的论证规则。

一是辩题要同一。

这是逻辑论证的基本规则之一,也是辩论中论辩的基本要求。一场辩论应当只有一个论题。不论哪一方,都不能"偷换论题"。在辩论过程中,正反双方经常会"偷换论题"。正方为了使本方提出的论据更加充分有力,经常会故意缩小论题的断定范围,常犯"缩小论题"的逻辑错误;反方为了争取主动,常常会故意扩大论题的断定范围,因而常犯"扩大论题"的逻辑错误。

这种故意扩大或缩小论题的手法貌似机智,实则是一种违背论辩逻辑要求的诡辩手法。

二是辩题要明确。

辩论中,保持"辩题同一"的一个前提就是辩题及其构成辩题的每一个概念都必须是明确的。但在实际论辩中,辩论双方通常会利用辩题或辩题中概念的不明确而故意偷换辩题,将内涵不明确的概念定义为有利于本方的概念或论题。想要避免这种情况,辩论双方就很有必要在准备论据前将辩题或辩题中涉及的概念进行明确。比如,1995 年国际大专辩论会中的一场辩论赛的辩题"知易行难";辩论时首先就要明确辩题中"知"和"行"这两个概念的含义;如果不这样做,很有可能使对手"偷换概念"或"混淆概念",将辩题中涉及的主要概念定义成有利于自己一方的概念,然后据此选取相关事实做论据进行论辩。这样做的结果,通常会使辩论成了不是"一股道上跑的车",论辩的不是同一个问题,论辩过程中双方只能是各说各话,使辩论难以正常进行。

三是不要答非所问、以问代答或有问不答。

在辩论中,"问"相当于"进攻","答"相当于"防守";辩论双方都有提问的权利,也有回答对方问题的义务。因此,从逻辑角度讲,辩论双方一般都应做到有问必答。有问不答,回避明确表明态度的义务,这是违背排中律要求的表现;而答非所问则是"偷换论题"的一种形式,违背了同一律的逻辑要求。例如:1993 年国际大专辩论会的一场关于"人性本善"辩论赛,反方辩手对正方辩手提出的"恶花是如何结出善果来的"的问题就采用了"有问不答"的手法,甚至用"我方早就解释过了"来搪塞。不仅如此,反方辩手还"以问代答",以"善花是如何结出恶果来的"来追问正方。这是违背论辩的逻辑规则要求的。当然,对于对方的"复杂问语"、明显不符合事实的问题,则应避免简单作答,否则很有可能会被对方"牵着鼻子走"。

以上是我们探讨的有关正确建构一个论证的问题。在现在的一些辩论赛场上,有些辩论队因为利用某些所谓的"技巧"而在论辩中取胜。但是这些所谓的辩论技巧违背了逻辑规律的要求,将辩论引向了歧途,使辩论的诡辩色彩越来越浓,削弱了辩论的逻辑力量和知识底蕴,我们是应当警醒的。在逻辑史上,希腊"智者"们为了在论辩中战胜论敌,片面追求辩论技巧,玩弄语言游戏,不惜颠倒黑白,给后世留下了许多荒谬的诡辩手法和伎俩,成为后学逻辑批判的对象。这点应是要我们始终注意的问题。

附录　模拟试题与综合练习题

模拟试题

一、填空题

1. 任何一种逻辑形式都是由_____和_____两个部分组成。
2. 在一个正确划分中,"母项"与"子项"之间的关系应当是_____关系。
3. 若 SAP 与 SIP 均真,则 S 与 P 之间可能具有的外延关系是_____或_____。
4. 概念具有的最基本逻辑特征是_____和_____。
5. 一性质命题的主项不周延,则这一命题是_____命题;一性质命题的谓项周延,则这一命题是_____命题。
6. 如果一个三段论有效式的结论是 SAP,大前提也是 A 命题,则小前提只能是_____。
7. 在关系概念"讨厌""朋友""父子"中,属于非对称关系的概念是_____,属于反传递关系的概念是_____。
8. 若 p 取值为假,q 取值为真,则"p→q"取值为_____,"p←¬q"取值为_____。
9. 与命题"只要人没有自知之明,就要犯错误"矛盾的合取命题是_____,与之等值的析取命题是_____,与之等值的逆蕴涵命题是_____。
10. "偷换概念"或"混淆概念"是违反_____逻辑要求所导致的一种逻辑错误。
11. 求异法又称_____,它的特点是_____。
12. 逻辑论证是由_____、_____和_____三个部分组成。

二、判断正误并简要说明理由

1. 同一序列的概念的内涵与外延间存在着内涵增加,外延随之扩大的反变关系。　　　　　　　　　　　　　　　　　　　　　　　　　　　　　(　　)
2. 主项不周延的性质命题一定是否定命题。　　　　　　　　　(　　)
3. 概念之间的从属关系是反对称关系。　　　　　　　　　　　(　　)
4. 如果同时肯定"必然 p"与"必然非 p",就会陷入"模棱两可"的境地,从而违反排中律的逻辑要求。　　　　　　　　　　　　　　　　　　　　(　　)
5. 直接证明是通过先确定反论题为假,然后根据排中律确定原论题为真的一种论证方法。　　　　　　　　　　　　　　　　　　　　　　　　　　(　　)
6. 回溯推理运用的是演绎推理的有效式:充分条件假言推理肯定后件式。　(　　)

三、选择题

(一) 单项选择题

1. 从(　　)的角度来考虑,单称命题可以作为全称命题来处理。
　　A. 对当关系　　　　B. 主谓项的周延性　　　C. 命题的形式　　　D. 语言表述

2. "人贵有自知之明"中的"人"是在( )意义上使用的概念。
   A. 单独概念   B. 属性概念   C. 集合概念   D. 非集合概念

3. Ⅰ.新闻班没有一个同学考试作弊。
   Ⅱ.新闻班有同学考试没作弊。
   上述两个命题( )。
   A. 不能同真,也不能同假   B. 可以同真,也可以同假
   C. 不能同真,可以同假   D. 可以同真,不能同假

4. 小明并非既会弹钢琴又会踢足球。
   如果上述断定为真,那么下面哪项也必定为真?( )
   A. 小明会弹钢琴但不会踢足球
   B. 如果小明会踢足球,那么他一定不会弹钢琴
   C. 小明会踢足球但却不会弹钢琴
   D. 如果小明不会弹钢琴,那么他一定会踢足球

5. 若用"Ds 就是 Dp"表示定义公式,则犯"定义过窄"的错误是指在外延上( )。
   A. Ds 等于 Dp   B. Ds 真包含于 Dp
   C. Dp 真包含 Ds   D. Ds 真包含 Dp

6. 以"如果 p 并且 q,那么 r"为前提进行反三段论推理,可得出的结论是( )。
   Ⅰ. 并非 p 并且 q   Ⅱ. 如果 p 并且非 r,那么非 q
   Ⅲ. 如果非 p 并且非 q,那么 r   Ⅳ. 如果 q 并且 r,那么非 p
   A. Ⅰ、Ⅲ   B. Ⅱ、Ⅳ   C. Ⅱ、Ⅲ和Ⅳ   D. Ⅰ、Ⅱ

7. 运用求异法确定因果联系时,考察的事例只能是( )。
   A. 被研究现象都出现的场合
   B. 被研究现象都不出现的场合
   C. 被研究现象出现和不出现的正反两种场合
   D. 被研究现象发生程度不同变化的场合

8. "我曾经想到你家去,但结果没有碰到你。"这个议论犯了( )的错误。
   A. "混淆概念"   B. "模棱两不可"   C. "自相矛盾"   D. "偷换论题"

9. "如果所有的鸟都会飞,并且鸵鸟是鸟,那么鸵鸟会飞。"
   从这个前提出发,需加上下面哪一组前提,才能逻辑地推出"有些鸟不会飞"?( )
   A. 鸵鸟不是鸟,且鸵鸟会飞   B. 有的鸟会飞,且鸵鸟是鸟
   C. 鸵鸟不会飞,但鸵鸟是鸟   D. 鸵鸟不会飞,且所有的鸟都会飞

10. 下列关于排中律的议论中,有哪些是正确的?( )
    Ⅰ. 同时否定"SEP"与"SAP"是违反排中律的
    Ⅱ. 同时否定"SEP"与"SIP"是违反排中律的
    Ⅲ. 同时否定"SEP"与"并非 SOP"是违反排中律的
    Ⅳ. 同时否定"SEP"与"SAP"并没有违反排中律
    Ⅴ. 同时否定"SEP"与"SIP"并没有违反排中律
    A. Ⅰ、Ⅲ和Ⅳ   B. Ⅱ、Ⅳ

C. Ⅲ、Ⅳ   D. Ⅰ、Ⅱ

(二)多项选择题

11. 当"所有S是P"为假而"有P不是S"为真时,S与P的外延关系是(　　)。

   A. 全同   B. S真包含P

   C. S真包含于P   D. 交叉

   E. 全异

12. 下列命题中,主项、谓项都不周延的有(　　)。

   A. 侦查员并不都是青年人   B. 有些失足青少年不是不能教育好的

   C. 我班的学生差不多都是会英语的   D. 并不是有的人生下来就很聪明的

   E. 有的经济合同是无效的

13. 以"必须P"为前提,可推出(　　)。

   A. 并非"必须非P"   B. 不禁止P

   C. 不允许P   D. 允许非P

   E. 不允许非P

14. 在论证过程中,如果违反论据方面的规则,就会犯(　　)的错误。

   A. "论证过多"   B. "预期理由"

   C. "论据虚假"   D. "论证过少"

   E. "转移论题"

15. 鱼和熊掌可兼得。

   以下哪项如果为真,能驳倒上述结论?(　　)。

   A. 鱼可得但熊掌不可得   B. 鱼不可得而熊掌可得

   C. 如果鱼可得,那么熊掌不可得   D. 鱼不可得,或者熊掌不可得

   E. 如果熊掌不可得,那么鱼可得

四、简答题

1. 构造命题变形推理,由"不搞阴谋诡计的人不是野心家"能否推出"有些非野心家不搞阴谋诡计"?请简述推导理由。

2. 将省略三段论恢复为完整式,并说明其是否正确?为什么?如果正确,写出其格与式。

   "他是个摇滚音乐迷,怎么可能是个品学兼优的学生呢?"

3. 根据性质命题的对当关系,选择相应的命题反驳下列命题。

   (1)有些水果不含维生素C。

   (2)有物质是静止不动的。

   (3)人都是自私的。

   (4)所有能言善辩的人都不是老实人。

4. 请写出下列命题的类型,并给出与其负命题等值的命题。

   A. 如果是艺术家,那么他就会写诗或绘画。

   B. 只有通过考试,才会被录取。

   C. 当且仅当喜鹊叫,客人到。

5. 写出下列推理的真值形式,分析说明推理是否有效?
   A. 要么广州队取得冠军(p),要么上海队取得冠军(q),要么大连队取得冠军(r);大连队取得冠军,所以,广州队和上海队没取得冠军。
   B. 如果它是稀有金属(p),其价格就比较昂贵(q);如果它是黑色金属(r),其价格就比较低廉(s)。它或者是黑色金属,或者是稀有金属;所以,其价格或者低廉,或者昂贵。
   C. 除非懂得使用炸药(p)并有条件取得炸药的人(q),才是本案作案人(r);董某懂得使用炸药并有条件取得炸药,所以,董某是本案作案人。
6. 请用简化真值表法(归谬赋值法)判定。
   "名不正则言不顺,言不顺则事不成,所以,名不正则事不成"是否为重言式?
7. 请用真值表方法判定下列命题的关系。
   (1)即使你不发言($\neg p$),我也要发言(q);
   (2)如果你不发言,那么我也不发言。

五、分析推理题

1. 某保密机关发生泄密案件,有关方面经过反复调查,掌握如下事实:
   (1)或者甲是泄密者(p),或者乙是泄密者(q)。
   (2)如果甲是泄密者,则泄密时间不会在零点前。
   (3)如果乙的证词真实(r),则泄密时间在零点前(s)。
   (4)零点时保密室灯灭了(t),而此时甲尚未回家(w)。
   (5)只有零点时保密室的灯未灭,乙的证词才不真实。
   问:谁是泄密者?请用形式证明的方法写出推理过程。

2. 有五名犯罪嫌疑人。
   甲:我们五人都没有作案。
   乙:丁是作案人。
   丙:我们五人中有人作案。
   丁:案发时我在家睡觉。
   戊:如果甲作案,则丁未作案或者乙未作案。
   调查证实,五人中只有两人说真话。问:谁说真话?谁是作案人?请根据逻辑基本规律分析推导过程。

综合练习(一)

一、判断正误并简要说明理由

1. 特称命题的量项"有""有些"的逻辑含义是"至少存在着",只限于部分。（ ）
2. 概念间的矛盾关系既是对称的,又是传递的。（ ）
3. 若同时否定"如果 p,那么 q"与"如果非 p,那么非 q",则违反了矛盾律的逻辑要求。（ ）
4. 归谬法是间接反驳的一种方法。（ ）
5. 规范模态命题是含有"必然""允许""禁止"等涉及人的行为规范及其规范程度的模态词的命题。（ ）

二、选择题

1. 在"大学生应当遵纪守法"和"大学生是国家的希望和未来"这两个命题中,"大学生"（   ）。
   A. 都是集合概念 　　　　　　B. 前者是集合概念,后者是非集合概念
   C. 都是非集合概念　　　　　　D. 前者是非集合概念,后者是集合概念

2. 直系亲属包括父亲、母亲、兄弟姐妹、配偶及子女。这个划分是（   ）。
   A. 正确的　　　　　　　　　　B. 不正确,划分不全
   C. 不正确,多出子项　　　　　D. 不正确,子项相容

3. 我们班没人英语四六级全过的。
   如果上述命题为假,则以下哪项不能据此断定真假?（   ）。
   Ⅰ. 我们班所有人英语四六级全过
   Ⅱ. 我们班有人英语四六级全过
   Ⅲ. 我们班有人英语四六级没全过
   A. 仅Ⅰ和Ⅱ　　　　　　　　　B. 仅Ⅱ和Ⅲ
   C. 仅Ⅰ和Ⅲ　　　　　　　　　D. Ⅰ、Ⅱ、Ⅲ都能确定真假

4. 已知"参加这次调研活动的代表都是民主党派成员",据此运用命题变形推理可必然得出的结论是（   ）。
   A. 不参加这次调研活动的代表都不是民主党派成员
   B. 民主党派成员都是参加这次调研活动的代表
   C. 非民主党派成员都不是参加这次调研活动的代表
   D. 有的非民主党派成员是参加这次调研活动的代表

5. 自我实现预言是我们对他人的期望会影响到对方的行为,使得对方按照我们对他的期望行事。
   下列属于自我实现预言的是（   ）。
   A. 龙龙本是一个很普通的孩子,但他的父母望子成龙,于是不惜重金让他读市里最好的高中,但最终龙龙也只上了一所普通大学
   B. 亮亮是周老师班上一名普通的学生,可是有一天一位智力测试专家告诉周老师亮

亮很有数学天分,于是以后数学课上周老师对亮亮格外关注,终于在半年后的考试中,亮亮的数学成绩有了很大的提高

C. 今天是雯雯的生日,她希望爸爸下班时能买生日蛋糕回来,果然爸爸在下班的时候买了一个生日蛋糕

D. 琳琳从小就希望自己能成为一个工程师,在大学毕业后他终于到一家公司当上了软件工程师

6. "表情紧张的被告是罪犯,有的被告表情紧张,所以,有的被告是罪犯。"以下哪项是对上述三段论的正确评价?(　　)。

　　A. 正确　　　　　　　　　　　　B. 错误,中项两次不周延
　　C. 错误,小项不当周延　　　　　　D. 错误,大前提不真实

7. "在若干要求离婚的案件中,虽然情况各有不同,但是强调婚姻双方感情破裂这一点是相同的,可见,婚姻双方感情破裂是要求离婚的重要原因。"上述因果关系的推断是用(　　)得出的。

　　A. 求同法　　　　　　　　　　　　B. 求异法
　　C. 共变法　　　　　　　　　　　　D. 求同求异并用法

8. 从对称性的角度看,在下列命题中关系项属于对称关系的是(　　)。

　　Ⅰ. 甘蓝比菠菜更有营养
　　Ⅱ. 在逻辑方阵中,A命题与O命题之间是矛盾关系
　　Ⅲ. 刘老师关心同学
　　Ⅳ. 夫妻在家庭中地位平等
　　Ⅴ. 在一定条件下,机械运动与物理运动可以相互转化

　　A. Ⅰ、Ⅲ和Ⅳ　　　　　　　　　　B. Ⅱ、Ⅳ和Ⅴ
　　C. Ⅲ、Ⅳ和Ⅴ　　　　　　　　　　D. Ⅰ、Ⅱ和Ⅲ

9. "如果甲队战胜乙队,乙队又战胜丙队,那么甲队就是这次足球赛的第一名或第二名。"若依次以p、q、r、s代替这个复合命题中的各个支命题,则这个复合命题便可用公式表示为(　　)。

　　A. (p∧q)∧(r∨s)　　　　　　　　B. (p∧q)→(r∨s)
　　C. p→(q∧r)∨s　　　　　　　　　D. (p∨q)→(r∧s)

10. 一个心理健康的人,必须保持自尊;一个人只有受到自己所尊敬的人的尊敬,才能保持自尊;而一个用"追星"方式来表达自己尊敬情感的人,不可能受到自己所尊敬的人的尊敬。

以下哪项结论可以从题干的断定中推出?(　　)

　　A. 一个心理健康的人,不可能用"追星"的方式来表达自己的尊敬情感
　　B. 一个人如果受到了自己所尊敬的人的尊敬,他一定是个心理健康的人
　　C. 没有一个保持自尊的人,会尊敬一个用"追星"方式表达自己尊敬情感的人
　　D. 一个用"追星"方式来表达自己尊敬情感的人,完全可以同时保持自尊

11. 从"禁止大学生赌博"出发,必然能推出(　　)。

　　Ⅰ. 大学生必须不赌博　　　　　　Ⅱ. 允许大学生不赌博

Ⅲ．不允许大学生赌博　　　　　　Ⅳ．大学生不应该赌博
A．Ⅰ、Ⅱ　　　　　　　　　　　B．Ⅲ、Ⅳ
C．Ⅰ、Ⅱ和Ⅲ　　　　　　　　　D．Ⅰ、Ⅱ、Ⅲ和Ⅳ

12．若"只有个子高的人，才能打篮球"为假，则（　　）为真。

　A．如果是个子不高的人，那么不能打篮球

　B．或者个子不高，或者能打篮球

　C．个子不高并且不能打篮球

　D．虽然是个子高的人，但不能打篮球

13．某位改革人士说，凡是效益好的国有企业，都拥有充足的自有资金。而那些效益不好的国有企业，都是债务负担过重，根本没有自有资金。他建议给每个国有企业补足自有资金，那么就不会再有亏损的国有企业。

　　这位改革人士明显地犯了一个逻辑错误。以下选项中，哪个与此错误相类似？（　　）

　A．你说谎，所以你的话不可信；因为你的话不可信，所以你说谎

　B．因为地面湿了，所以天下雨了

　C．一位律师为被告辩护说："你们看他有如此美丽温柔的妻子和活泼可爱的女儿，他会铤而走险地去抢劫银行吗？"

　D．如果患肺炎，那么就会发烧；某甲没有患肺炎，所以，他没有发烧

14．某酒店餐桌上有四个商人正在谈生意，他们分别是上海人、浙江人、广东人和江苏人。他们做的生意分别是服装加工、服装批发和服装零售。其中：

　　Ⅰ．江苏人单独做服装批发　　　　Ⅱ．广东人不做服装加工

　　Ⅲ．上海人和另外某人同做一种生意　Ⅳ．浙江人不和上海人同做一种生意

　　Ⅴ．每个人只做一种生意

　　从以上条件可以推出上海人所做的生意是（　　）。

　A．服装加工　　　　　　　　　　B．服装批发

　C．服装零售　　　　　　　　　　D．不是和广东人做同一种生意

15．已知下列条件：

　　Ⅰ．如果王强是工人，那么张弢不是医生

　　Ⅱ．或者孔亮是工人，或者王强是工人

　　Ⅲ．如果张弢不是医生，那么赵磊不是学生

　　Ⅳ．或者赵磊是学生，或者范军不是经理

　　以下哪项如果为真，可得出"孔亮是工人"的结论？（　　）

　A．范军是经理　　　　　　　　　B．王强是工人

　C．赵磊不是学生　　　　　　　　D．张弢不是医生

16．花匠正在插花，可供搭配的花有苍兰、玫瑰、百合、牡丹、海棠和秋菊六个品种。一组合格的插花必须有两种以上的花组成，同时必须满足以下条件：

　　如果有苍兰，则不能有秋菊。

　　如果有海棠，则不能有秋菊。

如果有牡丹,则必须有秋菊并且秋菊的数量必须和牡丹一样多。

如果有玫瑰,则必须有海棠并且海棠的数量必须是玫瑰的两倍。

如果有苍兰,则苍兰的数量必须大于所用到的其他花的数量的总和。

以下是两组不合格的插花,但只要去掉其中某种花或其一部分,就可以成为一组合格的插花。

以下哪项满足上述要求?(　　　)

Ⅰ.四枝苍兰,一枝玫瑰,一枝秋菊,二枝海棠

Ⅱ.四枝苍兰,一枝百合,二枝海棠,一枝牡丹

A. 两组都去掉一枝苍兰

B. 两组都去掉一枝海棠

C. Ⅰ中去掉一枝海棠,Ⅱ中去掉一枝苍兰

D. Ⅰ中去掉一枝秋菊,Ⅱ中去掉一枝牡丹

17. 由于信息高速公路上信息垃圾问题越来越严重,科学家们不断发出警告:如果我们不从现在开始就重视预防和消除信息高速公路上的信息垃圾,那么总有一天信息高速公路将无法正常通行。

以下哪项的意思最接近这些科学家们的警告?(　　　)

A. 只有从现在起就开始重视信息高速公路上信息垃圾的预防和消除,信息高速公路才可能预防无法正常通行的后果

B. 总有那么一天,信息高速公路不再能正常通行

C. 信息高速公路上信息垃圾的严重性,已经引起了我们的高度重视

D. 只要从现在起就开始重视信息高速公路上信息垃圾的预防和消除,信息高速公路就可以一直正常通行下去

18. 一项时间跨度为半个世纪的专项调查研究得出肯定结论:饮用常规量的咖啡对人的心脏无害。因此,咖啡的饮用者完全可以放心地享用,只要不过量。

以下哪项最为恰当地指出上述论证的漏洞?(　　　)

A. 咖啡的常规饮用量可能因人而异

B. 心脏健康不等同于身体健康

C. 喝茶,特别是喝绿茶比喝咖啡有利于心脏健康

D. 咖啡饮用者可能在喝咖啡时吃对心脏有害的食物

19. 有人认为鸡蛋黄的黄色跟鸡所吃的绿色植物性饲料有关。为了验证这个结论,下面哪种实验方法最可靠?(　　　)

A. 选出不同品种的蛋鸡,喂同样的植物性饲料

B. 化验比较植物性饲料和非植物性饲料的营养成分

C. 选择品种等级完全相同的蛋鸡,一半喂食植物性饲料,一半喂食非植物性饲料

D. 对同一批蛋鸡逐渐增加(或减少)植物性饲料的比例

20. "瑞雪兆丰年"这个结论是不可以用(　　　)得到的。

A. 完全归纳推理　　　　　　　B. 科学归纳法

C. 简单枚举法　　　　　　　　D. 不完全归纳推理

21. 人类学家发现早在旧石器时代，人类就有死后复生的信念。在发掘出的那个时代的古墓中，死者的身边有衣服、饰物和武器等陪葬物，这是最早的关于人类具有死后复生信念的证据。

以下哪项，是上述议论所假定的？（　　）
A. 死者身边的陪葬物是死者生前所使用过的
B. 死后复生是大多数宗教信仰的核心信念
C. 宗教信仰是大多数古代文明社会的特征
D. 陪葬物是为了死者在复生后使用而准备的

22. 我国的戏剧工作者中，只有很小的比例在全国30多个艺术家协会中任职。这说明，在我国的艺术家协会中，戏剧艺术方面缺少应有的代表性。

以下哪项是对上述论证最为恰当的评价？（　　）
A. 上述论证不能成立，因为它没有提供准确的比例数字
B. 上述论证有漏洞，因为我国的戏剧工作者中，只有很少的比例在全国30多个艺术家协会中任职，并不意味着在我国艺术家协会中戏剧工作者只占很少的比例
C. 上述论证有漏洞，因为我国的戏剧工作者中，只有很少的比例在全国艺术家协会中任职，并不意味着其他艺术种类的工作者中有较高的比例在我国艺术家协会中任职
D. 上述论证缺乏说服力，因为一个戏剧工作者在艺术家协会中任职，并不意味着他就一定在其中有效地体现戏剧艺术的代表性

23. 每逢下雨，街道和人行道就变湿。

如果上述论断是正确的，则下面哪个也一定是正确的？（　　）
Ⅰ. 如果街道和人行道都是湿的，那么正在下雨
Ⅱ. 如果街道湿了，但人行道没湿，那么没下雨
Ⅲ. 如果没下雨，那么街道和人行道都不会湿

A. Ⅰ　　　　B. Ⅱ　　　　C. Ⅲ　　　　D. Ⅰ、Ⅱ

24. 媒体上最近充斥着某名人的八卦新闻，这使该名人陷入一种尴尬的境地：如果不出面澄清和反驳，那些谣传就会被大众信以为真；如果出面澄清和反驳，这反而会引起更多人的关注，使那些八卦新闻传播得更快更广。这也许就是名人不得不付出的代价吧。

如果题干中的陈述为真，则下面哪一项必定为真？（　　）
A. 该名人实际上无法阻止那些八卦新闻对她个人声誉的损害
B. 一位名人的声誉不会受媒体上八卦新闻的影响
C. 在面对八卦新闻时，该名人所能采取的最好策略就是澄清真相
D. 该名人的一些朋友出面夸奖她，反而会起反效果

25. 经济学家：任何有经济效益的国家都能够创造财富。仅当一个国家的财富平均分配时，这个国家才能保持政治稳定。财富的平均分配消除了风险的存在，而风险的存在正是经济有效运转不可缺少的前提条件。

以下哪项结论可从以上的陈述中适当地推出？（　　）
A. 没有国家能够无限期地保持经济效益和政治稳定

B. 没有国家能够无限期地保持政治稳定和大量财富

C. 经济效益是一个国家创造财富不可缺少的前提条件

D. 任何一个平均分配财富的国家都将会无限期地保持政治稳定

26. 如果某个人的脑神经联系效能较高,那么他的脑神经联系的能耗较少。有一项实验的内容是,受试者被要求从一大堆抽象的图样中识别出一个样式,然后选择另一种图样来完善这个样式。实验的结果令人吃惊,在实验中表现最出色的受试者正是那些脑神经细胞耗能最少的人。

以下哪项假说最能解释此项实验中的发现?(　　)

A. 当受试者尝试识别样式时,其脑神经细胞的反应比做其他类型的推理少

B. 实验中在处理抽象样式时表现最佳的受试者比表现差一点的人享受了更多的满足感

C. 较善于识别抽象样式的人具备更有效能的脑神经联系

D. 当最初被要求识别的样式选定后,受试者大脑消耗的能量增加

27. 有一种观点认为,到21世纪初,和发达国家相比,发展中国家将有更多的人死于艾滋病。其根据是:据统计,艾滋病毒感染者人数在发达国家趋于稳定或略有下降,在发展中国家却持续快速发展;到21世纪初,估计全球的艾滋病毒感染者将达到4000万至1.1亿人,其中,60%将集中在发展中国家。这一观点缺乏充分的说服力。因为,同样权威的统计数据表明,发达国家艾滋病毒感染者从感染到发病的时间要大大短于发展中国家,而从发病到死亡的平均时间只有发展中国家的1/2。

以下哪项最为恰当地概括上述反驳所使用的方法?(　　)

A. 对"论敌"的立论动机提出质疑

B. 指出"论敌"把两个相近的概念当作同一个概念来使用

C. 对"论敌"的论据的真实性提出质疑

D. 提出一个反例来否定"论敌"的一般性结论

28. 高安中学的四位老师在高考前对某理科毕业班学生的前景进行推测,他们特别关注班里的两个尖子生。

张老师说:如果赵勇能考上浙大,那么方芳也能考上浙大。

李老师说:依我看,这个班没人能考上浙大。

王老师说:不管方芳能否考上浙大,赵勇考不上浙大。

赵老师说:我看方芳考不上浙大,但赵勇能考上浙大。

高考结果证明,四位老师中只有一人的推测成立。

如果上述断定是真的,则以下哪项也一定是真的?(　　)

A. 李老师的推测成立

B. 王老师的推测成立

C. 如果方芳考上清华,则张老师的推测成立

D. 如果方芳考不上清华,则张老师的推测成立

29. "柏拉图和亚里士多德都是古希腊哲学家。"这个命题是(　　)。

A. 关系命题　　　B. 性质命题　　　C. 选言命题　　　D. 联言命题

30. 新学期开学伊始,有些新生刚入学就当上了校学生会干部。在奖学金评定中,所有辽宁籍的学生都申请了本年度的甲等奖学金,所有校学生会干部都没有申请本年度的甲等奖学金。

如果上述断定是真的,以下哪项有关断定也必定是真的?(　　　)

A. 所有新生都不是辽宁人

B. 有些新生申请了本年度的甲等奖学金

C. 有些校学生会干部是辽宁人

D. 有些新生不是辽宁人

三、综合分析题

1. 证明:结论否定的有效三段论,其大前提不能是I命题。

2. 运用命题变形推理,由"犯罪行为不是合法行为"推出"有些非犯罪行为不是非法行为"。

3. 请用真值表方法判定下列命题的关系:

(1)既要马儿跑(p),又要马儿不吃草,这是做不到的。

(2)或者马儿不跑,或者马儿吃草(q)。

4. 下列言论中包含的复合命题推理是否有效,为什么?

甲对乙说:"'你母亲与你妻子掉进河里,你先救谁?'这个问题不好回答。如果说先救母亲,会指责我对妻子无情;如果说先救妻子,会指责我对母亲不孝。我选择哪一个,都会受到指责。"乙不以为然地说:"怎么会呢?如果说先救母亲,会称赞你对母亲孝顺;如果说先救妻子,会称赞你对妻子情深。你随便选一个,都会受到称赞呀!"

5. "赵某不是直接作案人,因为只有到过作案现场的人,才是直接作案人;经查证赵某没有到过作案现场,所以,赵某不是直接作案人。"

请问:上述材料中的论题、论据是什么?采用什么样的论证方式?

综合练习(二)

一、判断正误并简要说明理由

1. 谓项周延的命题一定是肯定命题。( )
2. 命题 SIP 和 SOP 间的关系是下反对关系,因此,若 SIP 真,则 SOP 真。( )
3. 运用类比推理所常犯的逻辑错误是"轻率概括"。( )
4. 将推理划分为必然性推理和或然性推理的依据是其前提与结论是否真实。( )
5. 在反驳中,指出对方论证方式中的逻辑错误,并不等于就驳倒了对方的论题。( )

二、选择题

1. 水果:苹果

   请在下列备选答案中选出一组与题干在逻辑关系上最为贴近、相似或匹配的( )。

   A. 鱼:鲸鱼　　B. 粮食:蔬菜　　C. 花卉:兰花　　D. 大豆:高粱

2. 下列性质命题中,主谓项都不周延,除了( )。

   A. 有的细菌是无害的　　　　　　B. 犯罪的不都是成年人
   C. 不少人有心理疾病　　　　　　D. 有些企业的产品是不合格的

3. "不变资本"和"可变资本"这两个概念是( )。

   A. 属种关系　　B. 交叉关系　　C. 矛盾关系　　D. 反对关系

4. 若用"Ds 就是 Dp"表示定义公式,则犯"定义过宽"的错误是指在外延上( )。

   A. Ds 等于 Dp　　　　　　　　B. Dp 真包含于 Ds
   C. Dp 真包含 Ds　　　　　　　D. Ds 真包含 Dp

5. 从"这架飞机上所有乘客都是英国人"可推出以下结论,除了( )。

   A. 有英国人是这架飞机上的乘客
   B. 有英国人不是这架飞机上的乘客
   C. 并非这架飞机上有乘客不是英国人
   D. 并非这架飞机上所有乘客都不是英国人

6. 某仓库失窃,四个保管员有嫌疑被传讯。四人口供如下:

   甲:我们四人都没作案　　　　乙:我们中有人作案
   丙:乙和丁至少有人没作案　　丁:我没作案

   如果上述四人中有两个人说的是真话,两个人说的是假话,那么以下哪项断定成立?( )。

   A. 说真话的是甲和丙　　　　B. 说真话的是甲和丁
   C. 说真话的是乙和丙　　　　D. 说真话的是丙和丁

7. 有四个外表看起来没有分别的小球,它们的重量可能有所不同。取一个天平,将甲、乙归为一组,丙、丁归为另一组,分别放在天平两边,天平是基本平衡的。将乙、丁对调一下,甲、丁一边明显要比乙、丙一边重得多。可奇怪的是,我们在天平一边放上甲、丙,而另一边刚放上乙,还没有来得及放上丁时,天平就压向乙一边。

   请你判断,这四个球由重到轻的顺序是什么?( )

233

A. 丁、乙、甲、丙　　　　　　B. 丁、乙、丙、甲
C. 乙、丙、丁、甲　　　　　　D. 乙、甲、丁、丙

8. "昨晚赵磊和康赫都没上晚自习。"
   以下命题如果为真,都能驳倒上述命题,除了(　　)。
   A. 昨晚赵磊和康赫至多有一人上晚自习
   B. 昨晚赵磊和康赫都上晚自习了
   C. 昨晚或者赵磊上晚自习了,或者康赫上晚自习了
   D. 如果昨晚赵磊没上晚自习,那么康赫上晚自习了

9. "孙老师又戒烟了。"
   由这句话我们不可能得出的结论是(　　)
   A. 孙老师一直抽烟,而且烟瘾很大
   B. 孙老师过去戒过烟,次数可能不止一次
   C. 孙老师过去的戒烟都没有成功
   D. 孙老师这次戒烟一定能成功

10. 王教授是湖北人,考试时他只把满分给湖北籍的学生。例如,上学期他教的班级中只有赵琳和孙娜得了满分,她们都是湖北人。
    以下哪项最可能用来指出上述论证中的逻辑漏洞?(　　)。
    A. 循环论证　　B. 以偏概全　　C. 自相矛盾　　D. 倒置因果

11. 不可能所有的错误都能避免。
    以下哪项断定的含义,与上述断定最为接近?(　　)。
    A. 可能有的错误不能避免　　　　B. 可能有的错误能避免
    C. 必然所有的错误都不能避免　　D. 必然有的错误不能避免

12. 小段到某公司面试,几天后,他得知以下消息:
    Ⅰ. 公司已决定,小段和小田至少录用一人
    Ⅱ. 公司可能不录用小段
    Ⅲ. 公司一定录用小段
    Ⅳ. 公司已录用小田
    如果上述消息中两条为真,两条为假。则以下哪项为真?(　　)
    A. 公司既未录用小段,也未录用小田
    B. 公司未录用小段,已录用小田
    C. 公司既录用了小段,也录用了小田
    D. 公司已录用小段,未录用小田

13. 南极的企鹅是"滑雪健将",每小时能滑雪30公里。人们观察发现,企鹅滑雪时让肚皮贴在雪面上,雪面承受全身重量,双脚作"滑雪杖"蹬动。人们由此设计了"极地汽车",车身贴在雪面上,两边的"轮勺"作"滑雪杖",这样,极地越野汽车试制成功了,时速可达50公里,比企鹅还快。这一陈述中包含了(　　)。
    A. 演绎推理　　　　　　　　　B. 归纳推理
    C. 类比推理　　　　　　　　　D. 完全归纳推理

14. 在黑、蓝、黄、白四种由深至浅排列的涂料中,一种涂料只能被它自身或者比它颜色更深的涂料所覆盖。

如果上述断定是真的,那么以下哪一项确切地概括了能被蓝色所覆盖的颜色?(　　)

Ⅰ.这种颜色不是蓝色

Ⅱ.这种颜色不是黑色

Ⅲ.这种颜色不如蓝色深

A.Ⅰ　　　　B.Ⅱ　　　　C.Ⅲ　　　　D.Ⅰ、Ⅱ

15. 古时候的两个部落,神帝部落所有的人都坚信人性本恶,圣地部落所有的人都坚信人性本善,并且没有既相信人性本善又坚信人性本恶的人存在。后来两个部落繁衍生息,信仰追随和部落划分也遵循着一定的规律。部落内通婚,所生的孩子追随父母的信仰,归属原来的部落;部落间通婚,所生孩子追随母亲的信仰,归属母亲的部落。

我们发现神圣子是相信人性本善的。那么,在以下各项对神圣子身份的判断中,不可能为真的是(　　)。

A. 神圣子的父亲是神帝部落的人

B. 神圣子的母亲是神帝部落的人

C. 神圣子的父母亲都是圣地部落的人

D. 神圣子的母亲是圣地部落的人

16. 与"只有具有社会危害性的行为,才是犯罪行为"矛盾的命题是(　　)。

A. 或者具有社会危害性的行为,或者不是犯罪行为

B. 虽然是不具有社会危害性的行为,但也是犯罪行为

C. 如果具有社会危害性的行为,就是犯罪行为

D. 要么具有社会危害性的行为,要么是犯罪行为

17. "打猎不仅无害于动物,反而对其有一定的保护作用。"

以上观点最有可能基于以下哪个前提?(　　)

A. 许多人除非自卫不会杀死野生动物

B. 当野生动物过多时,减少其数量有利于种群的生存和发展

C. 被猎获的动物大部分是弱小动物

D. 对经济困难的家庭来说,打猎也是一种经济来源

18. 和专门的研究机构不同,高等院校,即使是研究型的高等院校,其首要任务是培养学生。这一任务完成得不好,校园再漂亮,硬件设施再先进,教师科研成果再多,也是没有意义的。

上述议论的结构和以下哪项最不类似?(　　)

A. 一个饭店,最重要的是要顾客感到饭菜好吃。价格的合理,服务的周到,环境的幽雅,只有在顾客吃得满意的情况下才有意义

B. 一个人最要紧的是不能穷。一旦没有钱,有学问,有相貌,有品行,又能有什么用呢

C. 和学术著作不同,对于文艺作品来说,最重要的是它的可读性和观赏性。只要有

足够多的读者,高质量的文艺作品就一定能实现它的社会效益和经济效益,同时体现它的学术价值

D. 一个国家要发展,最重要的是保持稳定。一旦失去稳定,经济的发展,政治的改革就失去了可行性

19. 那些认为在棒球比赛中下手球没有危险的人,一定对查普曼的死不知道或者知道但并没有引起注意。1920年,查普曼被由投掷手卡尔投掷的下手球击中,结果死于脑部受伤。在刚进入新的世纪之际,应当呼吁在棒球比赛中正式禁止下手球的投掷方法。

以下哪项最为恰当地概括了题干的论证所使用的方法?(　　)

A. 用普遍原理来说明一个具体事例
B. 用煽动感情的方式来论证自己的观点
C. 用混淆概念的方式来掩饰自己论证中的漏洞
D. 用一个具体事例来说明一个普遍的结论

20. 某医院肠道门诊科同一天深夜有九位腹泻病人前来就诊,医生询问后得知,他们都吃了某超市出售的螃蟹。据此初步断定,腹泻可能是由螃蟹不新鲜引起的。上述推论运用到的探求因果联系的方法是(　　)。

A. 两步求同,一步求异　　　　B. 从同中求异
C. 从异中求同　　　　　　　　D. 共变法

21. 学校的篮球队、排球队、足球队在暑假期间训练学生分别为75人、75人和100人,而参加训练的学生总共150人。

出现这种现象,除了以下哪项外,都是有可能的(　　)。

A. 有的学生参加了两项训练
B. 参加三项训练的学生有50人
C. 参加两项训练的学生不多于100人
D. 参加两项训练的学生多于100人

22. 家家乐商场公关部职员的平均工资是营业部职员的2倍,因此,公关部职员比营业部职员普遍有较高的收入。

以下哪项如果是真的,将最能削弱上述论证?(　　)

A. 公关部职员的人均周实际工作时数超过营业部职员的50%
B. 公关部职员中最高工资与最低工资间的差距远远大于营业部职员
C. 公关部职员的人数只是营业部职员的10%
D. 公关部职员中有20%享受商场的特殊津贴,营业部职员中则有25%享受此种津贴

23. "只要不起雾,飞机就按时起飞。"

以下哪项正确地表达了上述断定?(　　)

Ⅰ. 如果飞机按时起飞,则一定没起雾
Ⅱ. 如果飞机不按时起飞,则一定起雾
Ⅲ. 除非起雾,否则飞机按时起飞

A. Ⅰ、Ⅱ和Ⅲ　　　　　　　　B. Ⅰ、Ⅱ

C. Ⅰ、Ⅲ   D. Ⅱ、Ⅲ

24. 一个有效三段论，若大前提是否定命题，则其小前提可能是( )。

　　Ⅰ. 全称肯定命题

　　Ⅱ. 全称否定命题

　　Ⅲ. 特称否定命题

　　Ⅳ. 单称命题

　　Ⅴ. 特称肯定命题

　　A. Ⅲ、Ⅴ   B. Ⅳ、Ⅱ   C. Ⅰ、Ⅱ   D. Ⅰ、Ⅴ

25. 妇女适合当警察是荒唐的。妇女毕竟比男子平均矮15厘米，轻15千克。很明显，在遇到暴力事件时，妇女没有男子有效。

　　以下哪项如果为真，最能削弱以上论证？( )

　　A. 警察要求携带和使用枪支，而妇女通常胆小怕枪

　　B. 有许多警察部门的办公室职位妇女可以做

　　C. 警察必须经过18个月的强化培训

　　D. 有些申请当警察的妇女比在职的男警察长得高大

26. 学校为了提高干部的业务管理水平，实现计算机管理，决定举办计算机知识培训班，要求干部们积极报名参加，小张约小李一道去报名参加学习，小李说："我又不是从事计算机专业工作的，有什么必要一定要去参加计算机知识的培训。我的工作业绩和管理能力是有目共睹的。"

　　小李的回答包含了什么错误前提？( )

　　A. 人们学习计算机应用知识是没有必要的

　　B. 计算机的普及是相当遥远的事

　　C. 计算机知识的学习应当在学生中进行

　　D. 只有从事计算机专业工作的，才应该学习和掌握计算机知识

27. 对同一事物，有的人说"好"，有的人说"不好"，这两种人没有共同语言。可见，不存在全民族通用的共同语言。

　　以下除哪项外，都与题干推理所犯的逻辑错误近似？( )

　　A. 甲："厂里规定，工作时禁止吸烟。"乙："当然，可我吸烟时从不工作。"

　　B. 有的写作教材上讲，写作中应当讲究语言形式的美，我的看法不同。我认为语言就应该朴实，不应该追求那些形式主义的东西。

　　C. 有意杀人者应处死刑，行刑者是有意杀人者，所以行刑者应处死刑。

　　D. 这种观点既不是唯物主义又不是唯心主义，我看两者都有点像。

28. 有甲、乙、丙、丁、戊五个人，每个人头上戴一顶白的或黑的帽子，每个人只能看见别人头上的帽子，不能看见自己头上的。一个人戴白帽子，当且仅当他说真话，戴黑帽子当且仅当他说假话。

　　甲说：我看见三顶白帽子，一顶黑帽子。

　　乙说：我看见四顶黑帽子。

　　丙说：我看见一顶白帽子，三顶黑帽子。

戊说:我看见四项白帽子。

以下哪项的断定是正确的?(　　)

A. 甲和丙都戴白帽子　　　　B. 乙和丙都戴黑帽子

C. 戊戴白帽子,丁戴黑帽子　　D. 丙和丁都戴白帽子

29. 某医生对病人甲说:"除非做手术,否则你的病好不了。"

从这句话可以知道(　　)。

A. 医生给病人做了手术

B. 病人的病被治好了

C. 病人的病没被治好

D. 医生认为,如果甲想治好自己的病,就必须准备做手术

30. 所有的桥牌爱好者都爱好围棋,有的围棋爱好者爱好武术,所有的武术爱好者都不爱好健身操,有的桥牌爱好者同时爱好健身操。

如果上述断定都是真的,那么以下哪项不可能是真的?(　　)

A. 所有的围棋爱好者也爱好桥牌　　B. 有的桥牌爱好者爱好武术

C. 围棋爱好者都爱好健身操　　　　D. 有桥牌爱好者不爱好健身操

三、综合分析题

1. "并非有的学术论文无须遵守逻辑要求,理论文章没有不遵守逻辑要求的,所以,理论文章都是学术论文。"这个三段论是否正确？是什么格与式？

2. 特称否定命题为什么不能换位？

3. 关于选派出国人员,甲乙丙三位领导的意见分别是:

甲:如果不选派小方(¬p),那么不选派小王(¬q)。

乙:如果不选派小王,那么选派小方(p)。

丙:小方、小王两人中,至少选一个并且至多选一个。

请用真值表方法解答是否有同时满足甲乙丙三位领导意见的方案。

4. (1)这份遗嘱是有效的。

(2)这份遗嘱是无效的。

对上述命题甲都赞成,乙都反对,是否违反逻辑基本规律的要求？为什么？

5. 1939年2月,面对抗日根据地难以想象的困难,毛泽东同志在一次干部动员会上说:"饿死呢,解散呢,还是自己动手？饿死是没有一个人赞成的,解散也是没有一个人赞成的,还是自己动手吧——这就是我们的回答。"这则材料中的论题是什么？是以什么样的论证方式进行论证的？

综合练习(三)

一、判断正误并简要说明理由

1. 划分后所得的子项必须是具有矛盾关系的概念。　　　　　　　　　　　　(　　)
2. 二难推理是以一个充分条件假言命题和两个选言命题作前提构成的演绎推理。
　　　　　　　　　　　　　　　　　　　　　　　　　　　　　　　　(　　)
3. 特称命题"有S是P"的含义是"具有P性质的S是存在的"。　　　　　　(　　)
4. 间接证明是通过先确定反论题为假,然后根据矛盾律确定原论题为真的论证方法。
　　　　　　　　　　　　　　　　　　　　　　　　　　　　　　　　(　　)
5. 在完全归纳推理中,其前提所考察的范围与结论所断定的范围无关。　　(　　)

二、选择题

1. P与Q是两个逻辑形式不同的性质命题,因此,它们的(　　)。
   A. 主项和谓项都不同　　　　　　　　B. 主项相同,谓项不同
   C. 量项和联项都不同　　　　　　　　D. 主项不同,谓项相同

2. 将"学生"限制为"大学生",概括为"知识分子"。
   以下哪项对上述的评价最为确切?(　　)
   A. 限制和概括都不正确　　　　　　　B. 限制正确,概括不正确
   C. 限制不正确,概括正确　　　　　　D. 限制和概括都正确

3. 设S为《祝福》,P为《鲁迅全集》,则S与P的外延关系为(　　)。
   A. 全异关系　　　B. 属种关系　　　C. 相容关系　　　D. 交叉关系

4. 下列各题中标有横线的语词,有哪些是在非集合意义下使用的(　　)。
   Ⅰ. 列宁的著作有数十卷
   Ⅱ. 《国家与革命》是列宁的著作
   Ⅲ. 列宁的著作是列宁写的
   Ⅳ. 列宁的著作不是一天能读完的
   Ⅴ. 小孙在书店里买了一本列宁的著作
   A. Ⅱ　　　B. Ⅰ、Ⅲ和Ⅳ　　　C. Ⅱ、Ⅴ　　　D. Ⅱ、Ⅲ和Ⅴ

5. "某架飞机上有9名乘客,其中有1名将军,2名企业家,2名律师,3名德国人,4名中国人。"补充以下哪项,能够解释题干中提到的总人数和不同身份的人数之间的不一致?(　　)
   A. 那位将军和其中的1名中国人是兄弟
   B. 2名企业家都是中国人,2名律师都是德国人
   C. 2名企业家都是中国人,另有1名德国人是律师
   D. 其中1名律师是1名企业家的法律顾问

6. 下列性质命题中主项周延,谓项不周延的命题有(　　)。
   A. 出席今天会议的不全是本单位职工　　B. 没有一种事物不是运动变化的
   C. 错误不都是可以避免的　　　　　　　D. 有些作物不是栽培的

7. "有些人不是坏人,因此,有些坏人不是人。"

　　以下哪个推理具有与上述推理相同的结构?(　　)

　　A. 有些便宜货不是好货,因此,有些便宜货是好货

　　B. 有些便宜货不是假货,因此,有些假货不是便宜货

　　C. 所有商品都是有价值的,因此,所有有价值的都是商品

　　D. 有些发明家是自学成才的,因此,有些自学成才者是发明家

8. 某些经济学家是大学数学系的毕业生。因此,某些大学数学系的毕业生是对企业经营很有研究的人。

　　下列哪项如果为真,则能够保证上述论断的正确?(　　)

　　A. 某些经济学家专攻经济学的某一领域,对企业经营没有太多研究

　　B. 某些对企业经营很有研究的经济学家不是大学数学系毕业的

　　C. 所有对企业经营很有研究的人都是经济学家

　　D. 所有的经济学家都是对企业经营很有研究的人

9. "某村有些人家有手工作坊",这个判断不可以理解为(　　)。

　　A. 某村可能所有人家都有手工作坊

　　B. 某村有些人家没有手工作坊

　　C. 某村可能只有一户人家有手工作坊

　　D. 某村所有人家都没有手工作坊是不可能的

10. 与"只要多施肥料(p),苹果树就不但能抗病虫害(q),而且结果多(r)"负命题等值的命题的真值形式是(　　)。

　　A. ¬(p→(q∧r))　　　　　　　　B. p∧(¬q∨¬r)

　　C. (¬p∨¬q)∧r　　　　　　　　D. (p∧q)→r

11. 以"必然 P"为前提,可推出(　　)。

　　Ⅰ. 并非"必然非 P"

　　Ⅱ. P

　　Ⅲ. 不可能非 P

　　A. Ⅰ　　　　B. Ⅲ　　　　C. Ⅱ、Ⅲ　　　　D. Ⅰ、Ⅱ和Ⅲ

12. 世界级的马拉松选手每天跑步都不超过6小时。一名选手每天跑步超过6小时,因此他不是一名世界级马拉松选手。

　　以下哪项与上述推理形式相同?(　　)

　　A. 跳远运动员每天早晨跑步,如果某人早晨跑步,那么他是跳远运动员

　　B. 油漆三小时内都不会干。某涂料在三小时内干了,所以它不是油漆

　　C. 家长和小孩做游戏时,小孩更高兴。因此,家长应该多做游戏

　　D. 如果某汽车早晨能起动,那么晚上也能起动。我们的车早晨通常能起动,同样,它晚上通常也能起动

13. "只有经济发达地区,才有环境治理的问题。"

　　以下哪个命题是上述命题的矛盾命题?(　　)

　　A. 没有环境治理问题的地区,一定是经济不发达地区

B. 经济不发达地区,并没有环境治理问题

C. 有环境治理问题的地区,一定是经济发达地区

D. 经济不发达地区,也有环境治理问题

14. 从郑、钱、周、李、王、吴六名工程师中选出三位组成一个特别攻关小组,集中力量研制开发公司下一步准备推出的高技术拳头产品。为了使工作更有成效,公司了解到以下情况:

Ⅰ. 郑、周两人中至少要选上一位

Ⅱ. 钱、王两人中至少要选上一位

Ⅲ. 周、王两人中的每一个都绝对不要与钱共同入选

根据以上条件,若王未被选上,则以下哪两位必须同时入选?(　　)

A. 郑、吴　　　B. 钱、李　　　C. 郑、钱　　　D. 郑、李

15. 以下议论都违反逻辑基本规律,除了(　　)。

A. 这辆巴士上的所有乘客都是有色人种,但有一位白人

B. 这辆巴士上并非所有乘客都是有色人种,也并非有乘客不是有色人种

C. 这辆巴士上并非所有乘客都是有色人种,也并非所有乘客都不是有色人种

D. 这辆巴士上并非有乘客是有色人种,也并非有乘客不是有色人种

16. 有人坚信飞碟是存在的,理由是:谁能证明飞碟不存在呢?

以下哪项与上述的论证方式是相同的?(　　)

A. 鬼是存在的。如果没有鬼,为什么古今中外有那么多鬼故事

B. 神农架地区有野人,因为有人看见过野人的踪影

C. 中世纪欧洲神学家论证上帝存在的理由是:你能证明上帝不存在吗

D. 科学家不是天生聪明的,因为爱因斯坦就不是天生聪明的

17. 在西西里岛的一个坟墓中发现的一个陶瓷花瓶的样本证明,这个花瓶是在希腊制造的。由于该坟墓的主人死于2700年前西西里人统治的年代,所以这个花瓶的所处位置表明,在2700年前,西西里岛与希腊之间已有贸易往来了。

以下哪一项是上述论断所基于的假设?(　　)

A. 生活在西西里人统治时代的西西里陶瓷工没有制造出与希腊陶瓷工制造的具有相同水平的作品

B. 在西西里人统治的年代,陶器制造中所使用的西西里黏土与同时代陶器制造中所使用的希腊黏土相似之处甚少

C. 在坟墓主人生活的年代,西西里岛与希腊之间有能够运输大量货物的轮船

D. 西西里坟墓里发现的花瓶不是坟墓的主人的后代在很多年以后放进去的

18. 在美国商界,有很多人反对政府对商业的干预。他们认为,这种干预提高了商业成本,削弱了有益的竞争,最终对企业和公众都不利。他们列举了货车运输业、航空业和电信业这样一些行业,在这些行业中非干预政策带来了明显的经济效益。但这些人所持的观点忽略了诸如金融业这样一些行业,政府干预在这些行业中是至关重要的。事实上在20世纪30年代,如果没有政府的干预,这个行业中某些部分会彻底崩溃。

以下哪项,最为恰当地指出了题干所使用的方法?(　　)

A. 通过反例来驳斥对方的观点　　　　　B. 指出对方的观点中存在着前后矛盾
C. 对对方立论的动机提出疑问　　　　　D. 对对方论据的真实性提出质疑

19. 由"如果是一部好的影片,那么它的思想性强并且艺术性高"这个前提出发,再补充前提和结论分别构成以下推理,其中正确的是(　　)。

Ⅰ.这是一部好的影片,所以它的思想性强
Ⅱ.这不是一部好的影片,所以它的思想性不强或艺术性不高
Ⅲ.这部影片虽然艺术性高,但是思想性不强,所以它不是一部好的影片
A. Ⅰ　　　　B. Ⅱ　　　　C. Ⅰ、Ⅲ　　　　D. Ⅰ、Ⅱ和Ⅲ

20. 高级干部都是普通公民,我不是高级干部,因此,我不是普通公民。
以下哪项是对上述推理的正确评判?(　　)
A. 推理正确　　　　　　　　　　B. 推理错误,小项不当周延
C. 推理错误,大项不当周延　　　　D. 推理错误,中项两次不周延

21. 要么老张当选人大代表,要么老李当选人大代表。
以下哪项如果为真,能驳倒上述命题?(　　)
Ⅰ.老张和老李都当选
Ⅱ.老张和老李都没当选
Ⅲ.老张和老李或者都当选,或者都没当选
A. Ⅰ、Ⅱ　　　B. Ⅰ　　　　C. Ⅲ　　　　D. Ⅰ、Ⅱ和Ⅲ

22. "孙某伤人不应负刑事责任。因为,孙某在伤人时已经喝醉了,而醉酒的人犯罪都不负刑事责任。"这一论证违反逻辑基本规律的要求,所犯的逻辑错误是(　　)。
A. 偷换论题　　B. 模棱两可　　C. 理由虚假　　D. 推不出

23. "有作案动机"和"有作案行为"之间是什么关系?(　　)
A. 前者是后者的充分条件　　　　B. 前者是后者的必要条件
C. 前者是后者的充分必要条件　　D. 前者与后者不构成条件关系

24. 一本小说要畅销,必须有可读性;一本小说,只有深刻触及社会的敏感点,才能有可读性;而一个作者如果不深入生活,其作品就不可能深刻触及社会性的敏感点。
以下哪项结论可以从题干的断定中推出?(　　)
Ⅰ.一本畅销小说作者,不可能不深入生活
Ⅱ.一本不触及社会敏感的小说,不可能畅销
Ⅲ.一本不具有可读性的小说的作者,一定没有深入生活
A. Ⅰ、Ⅱ　　　B. Ⅲ　　　　C. Ⅱ　　　　D. Ⅰ、Ⅲ

25. 甲、乙、丙、丁四人争夺国际象棋比赛的前四名。赵、钱、孙、李对此的预测如下:
赵:丁是第一名
钱:甲不是第一名,并且乙不是第二名
孙:如果乙是第二名,那么丙不是第三名
李:如果甲不是第一名,那么乙是第二名
结果表明,上述四人中仅有一人的预测正确。
请问甲、乙、丙、丁四人的名次应该分别是(　　)。

A. 第二名、第一名、第三名、第四名　　　B. 第一名、第二名、第三名、第四名
C. 第四名、第三名、第二名、第一名　　　D. 第一名、第三名、第二名、第四名

26. 一位社会学家对两组青少年做了研究。第一组成员每周看含有暴力内容的影视的时间平均不少于 12 小时。结果发现第一组成员中举止粗鲁者所占的比例要远远高于第二组。因此,此项研究认为,多看含有暴力内容的影视容易导致青少年举止粗鲁。

以下哪项如果为真,将对上述研究的结论提出质疑?(　　　)
A. 第一组中有的成员的行为并不粗鲁
B. 第二组中有的成员的行为比第一组有的成员粗鲁
C. 第一组成员中很多成员的粗鲁举止是从小养成的,这使得他们特别爱看暴力影视
D. 第二组中有很多成员行为很文明

27. 生活中有时可以看到一些人会反复地洗手,反复对餐具高温消毒,反复地检查门锁等。重复这类无意义的动作并使自己感到十分烦恼和苦闷,这就是神经症中的一种,称为强迫症。姜江每天洗手的次数超过普通人的 20 倍,看来,姜江是得了强迫症。

以下哪项如果为真,将对上述结论构成最有力的质疑?(　　　)
A. 姜江的同事也都经常洗手,比较起来,姜江并不是每天洗手次数最多的人
B. 姜江家人的洗手次数都比普通人高
C. 姜江的工作性质是需要洁净卫生的
D. 姜江在洗手时并没有感到任何的烦恼和苦闷

28. 因船舶遇难落水的人在水中最多能坚持多久?有人研究发现,会水的人在水温 0℃时可以坚持 15 分钟;在 2.5℃时,是 30 分钟;在 5℃时,是 1 小时;10℃时,是 3 小时;25℃时,是一昼夜。可见,人在水中坚持的时间长短与水温高低有因果联系。获得这一结论运用的是探求因果联系的(　　　)逻辑方法。

A. 求同法　　　　　　　　　　　　B. 求异法
C. 共变法　　　　　　　　　　　　D. 求同求异并用法

29. 如果未来父母在孩子出生前确实想要这个孩子的话,那么,孩子出生后肯定不会受虐待。

以下哪项如果成立,则以上的结论才会真(　　　)。
A. 会虐待孩子的人都是不想要孩子的　　　B. 爱孩子的人不会虐待下一代
C. 不想要孩子的人通常也会抚养孩子　　　D. 不爱自己孩子的人通常会虐待孩子

30. 一份犯罪调研报告揭示,某市近三年来的严重刑事犯罪案件 60% 皆为已记录在案的 350 名惯犯所为。报告同时揭示,严重刑事案件的半数以上作案者同时是吸毒者。

如果上述断定都是真的,并且同时考虑到事实上一个惯犯可能有多起作案,那么,下述哪项断定一定是真的?(　　　)
A. 350 名惯犯中可能没有吸毒者　　　B. 350 名惯犯中大多数是吸毒者
C. 350 名惯犯中一定有吸毒者　　　　D. 吸毒者大多数在 350 名惯犯中

三、综合分析题
1. 试证明:若是一个有效的第四格三段论式,则其结论不能是全称肯定命题。
2. 运用命题变形推理,由"该来的不来"推出"有些不该来的来了"。

3. 运用简化真值表方法判定以下真值形式的类型(重言式、矛盾式或协调式)：

　　((p→q)∧(r→s)∧(¬q∨¬s))→(¬p∨¬r)

4. 试用归谬赋值法判定下列推理是否有效：

如果甲(p)和乙(q)都是盗窃犯,那么丙是盗窃犯(r)；所以,如果甲是盗窃犯并且丙不是盗窃犯,那么乙不是盗窃犯。

5. 对下列命题甲都赞成,乙都反对,是否违反逻辑基本规律的要求？为什么？

(1)小赵既要当会计,又要当出纳。

(2)如果小赵要当会计,那么就不要当出纳。

参 考 文 献

[1] 金岳霖.形式逻辑[M].北京:人民出版社,1979.
[2] 吴家国.普通逻辑原理[M].北京:高等教育出版社,2000.
[3] 彭漪涟.逻辑学基础教程[M].上海:华东师范大学出版社,1999.
[4] 中国人民大学哲学院逻辑学教研室.逻辑学[M].北京:中国人民大学出版社,2008.
[5] 蔡贤浩.形式逻辑[M].武汉:华中师范大学出版社,1990.
[6] 陈波.逻辑学是什么?[M]北京:北京大学出版社,2002.
[7] 李小克.普通逻辑学教程[M].北京:首都经济贸易大学出版社,2002.
[8] 雍琦.逻辑[M].北京:中国政法大学出版社,1999.
[9] 张志成.逻辑学教程[M].北京:中国人民大学出版社,2003.
[10] 韦世林.校园逻辑[M].北京:北京大学出版社,2006.
[11] 韦克难,邓光汉.法律逻辑学[M].成都:四川人民出版社,2002.
[12] 王莘.逻辑[M].北京:北京大学出版社,2009.
[13] 王莘.逻辑思考[M].北京:北京大学出版社,2009.
[14] 樊嘉禄.普通逻辑简明教程[M].合肥:中国科技大学出版社,2008.
[15] 樊明亚.形式逻辑[M].北京:高等教育出版社,1999.
[16] 袁正校.逻辑学基础教程[M].北京:高等教育出版社,2007.
[17] 杨武金.GCT-ME逻辑考前辅导教程[M].北京:清华大学出版社,2003.
[18] 全国公共管理硕士(MPA)专业学位教育指导委员会秘书处.MPA联考高分突破逻辑分册[M].北京:中国人民大学出版社,2007.